U0731346

南京大学人文基金资助

第一卷

学衡名家讲演录

Lecture Series of Xue-heng Scholars

孙江 李里峰 —— 编

南京大学出版社

编 序

1922 年 1 月,由国立东南大学(南京大学前身)吴宓、胡先骕、梅光迪、汤用彤、柳诒徵等人发起创办的《学衡》杂志正式刊行。至 1933 年 7 月停刊,共刊出 79 期,发表思想文化评论、学术研究论文、旧体诗词文赋千余篇。创刊号揭橥其旨趣曰:"论究学术,阐求真理,昌明国粹,融化新知。以中正之眼光,行批评之职事。无偏无党,不激不随。"时光荏苒,激扬的文字逐渐泛黄,大师的背影已然远去,但《学衡》杂志和学衡派早已成为南京大学百年校史上的"记忆之场",其崇尚理性、反对极端、新旧交融、中西贯通之精神,也为南大学人奠定了值得珍视的学术传统。

进入 21 世纪,人文社会科学研究面临前所未有的挑战与契机。一曰全球化。不同国家、区域、语种之间交互碰撞,各种话语、方法、范式之争层出不穷,闭门造车式的学术研究越来越不可能存在。二曰反本质。经历了"语言学转向"的洗礼,绝对真理、价值无涉已成镜花水月,真实与虚构、延续与断裂、同质与差异共生共在,本质主义渐为表象主义所取代。三曰跨学科。分门别类的现代学科建制不再壁垒森严,问题导向、视界交融、理论借鉴、方法多元日益成为学术生长的催化剂。如何迎接挑战,把握契机,今日学者当深思之。

2014 年 12 月 24 日,南京大学学衡跨学科研究中心揭牌仪式在圣达楼报告厅隆重举行。未几,更名为南京大学学衡研究院。以学衡名之,既为彰显学术脉络,承继先贤遗风,也须预流学术前沿,树立时代风范,故倡言全球视野、本土实践的"全球本土化"(glocalization)研究。此与学衡传统,实一脉相承。"学"者,以学术为职志,论究学术、阐求真理也;"衡"者,衡平古今中西,无偏无党、不激不随也。一代人有一代人之学术,然论究学术、理性衡平之精神,迨有超越时空之价值存焉。西哲斯宾诺莎(Baruch de Spinoza)曾言:不要哭,不要笑,而要去理解。较诸学衡诸君所言,庶几近之。

以此而论,学衡者,非唯南大之学衡,亦为中国之学衡、世界之学衡也。学衡研究院成立之初,即筹设学衡名家讲坛,广邀学界同仁前来讲演交流。昔日学衡前贤,皆为学贯中西、博古通今之大师,虽不能至,心向往之。循此传统,学衡名家讲坛不论中西、新旧,不拘流派、风格,唯以学术性、思想性、前沿性为据,所邀者多为中外学界的大师名流,也有崭露头角的青年才俊。谈笑有鸿儒,往来无白丁,或清茶一杯,或把酒言欢,有论道之愉悦,无俗世之喧嚣,岂不快哉!

秉承学术为天下之公器的理念,学衡研究院拟将历次讲演实录结集付梓,名曰《学衡名家讲演录》。此为第一卷,收录 16 位中外学者的精彩讲演及现场互动,按主题大致分为"史学之林"、"概念之旅"、"记忆之场"、"个案之谜"和"当代研究"五栏。讲演文字俱在,无须赘言,仅略述其渊源如上,望读者鉴之。是为序。

目　录

史学之林

解释"中国"的困境——从近世历史看中国

葛兆光（复旦大学）

主持人语：各位同学，大家下午好。我们今天很荣幸地请到了我国著名的文史专家葛兆光教授来给我们南京大学学衡跨学科研究中心做首场报告。葛兆光教授无须我多做介绍，他的名字本身就是一张名片。但我仍然想说一句话，为什么我请葛老师来给我们做报告呢？我本人也是葛老师的粉丝，20世纪80年代我读大学的时候就读他的书，一路到今天。更重要的原因是，我们学衡跨学科研究中心向葛老师所创立的复旦文史研究院学习到了很多东西，也希望今后葛老师能继续指导我们的工作。接下来掌声欢迎葛老师演讲！

我今天来讲这个题目其实稍微有点忐忑，因为这个题目多多少少有一点敏感。我的题目是——《解释"中国"的困境》，这是个语言双套的方式：是在学术上解释中国的困境呢；还是讨论中国的困境？你可以从两方面理解，解释"中国"的困境，也可以读作——解释"中国的困境"。首先，我们讲第一个问题，为什么说在解释"中国"方面就已经出现了困境呢？现在的学术界，尤其是我们与美、日、韩的学术界常常讨论一个问题，就是中国究竟是一个什么样的国家？从历史上看它是一个传统帝国，现在已经是现代国家了吗？中国有多大的疆域？有多少个民族？留在历史记忆中的中国和历史中形成并不断变动的中国到底给现代中国带来了什么样的困境？这是一些很复杂的问题。我们都知道过去"中国"不是一个问题，大家习以为常地在各种论述里面使用着"中国"一词，并把它当作文明的基础单位和历史的论述前提，但现在"中国"是一个问题。

最近，许倬云先生写了一本书《华夏论述》，就是在讨论什么是"华夏"，什么是"中国"，他给我写信让我给他写一篇导读。我在写的时候已经觉得，像许倬云先生这样非常了不起的老一辈学者在解释"中国"的问题上已经面临困境。我虽然写了很长的导读，但在最后表明我多多少少不能完全赞同（他的观点），因为"中国"太复杂了，这是一个问题。

接着刚才所讲，这些历史给我们中国带来了什么样的困境呢？我们到海外交流的时候也经常讨论这些问题，我们把它归纳为"十大问题"。这"十大问题"大家可能都知道，我简单地说：一、高句丽问题，这是中、韩、朝之间的问题；二、东海和钓鱼岛的问题，这是中国和日本间的问题；三、南海、南沙、西沙的问题，这是与东南亚（尤其是菲律宾、越南）之间的纠葛；四、内蒙古和外蒙古,这也会是一个问题;五、棘手的新疆与"东突"问题;六、西藏和藏传佛教的问题;七、台湾问题;八、年纪大一点的人都知道中国和印度之间的"麦克马洪线"问题,"麦克马洪线"是合法的还是不合法的"问题";九、融汇在中国内部的各个族群的问题,因为我长期在少数民族地区生活,我对这个问题还有一些感想,我们是不是真正解决了内部族群的认同问题?十、最近刚刚平息的香港问题。这些问题涉及的关键词(恰好在 2012 年哈佛中国基金会在上海开过一个会,准备资助一些中国研究的题目,我们当时十几个老师在黑板上写关键词,最后剩下了五个关键词):疆域、族群、宗教、国家和认同,当然还有一些其他的跨语际问题也很重要。对于我们做历史研究的人来说,这五个词变成了大家关心的焦点。我刚刚所说的这十个问题不仅仅关系到这五个关键词,实际上,简单地归纳一下,它是中国和国际的、中国和周边的以及中国内部的三重困境。所以我今天既要讲在解释"中国"这个问题上的困境,又要解释中国处于什么困境之中,这个题目就是这样的一个出发点。我们是研究历史的,所以只能从历史的角度去讲。

我先从历史角度入手,讲一个比较远的事情。可能大家都知道历史学中的一个重要话题——"唐宋变革",我个人的界定,"唐宋变革"是从 755 年安史之乱开始,结束于 1005 年澶渊之盟(大家注意,很多书上将澶渊之盟说成 1004 年,这种说法并不对,因为它发生在旧历十二月底,那时候已经是 1005 年了)。我为什么强调这一点呢?因为我有点数字迷信,755—1005 刚好是 250 年,两个半世纪刚好是一个周期,或者说漫长的过渡期。宋与辽签订了澶渊之盟,两国的盟书要点很多,我挑三个来讲:一是"大宋皇帝致誓书于大契丹皇帝阙下,共尊成信,虔奉欢盟"。这段话值得我们注意,这个时候大宋与大契丹是对等的两个国家,那么汉唐时代所留下的天下帝国已经不存在了。许倬云先生在《华夏论述》中高度赞扬或者说非常留恋汉唐天下帝国,当然所有的中国人都留恋汉唐盛景,以前鲁迅讲的"汉人多少宏放"。可问题是笼罩四海的格局在宋朝已经结束,这个时候宋与辽不仅仅是对等的两个国家,宋还得输送二十万匹帛以及若干万两银子,甚至可以说,大宋皇帝与大契丹皇帝相比(为了买和平)地位还低了一些(当然,后来大宋皇帝和大契丹皇帝、大女真皇帝、大金皇帝相比,地位就更低,因为是舅甥之国)。笼罩四海、高居一切之上的天可汗帝国不复存在,所以要"共尊成信,虔奉欢盟",搞一个和平条约。第二段我就不详细讲了,国与国之间已经有了明确的界限,大宋这时候已经不是一个无限大的帝国了,而是一个有限的国家。第三是"告于宗庙社稷。子孙共守,传之无穷。有渝此盟,不克享国。昭昭天鉴,当共殛之",这个条约有神圣性,用现在的话讲,既有合法性,也有合理性,而且得到神圣的保卫。这时宋已经成为有限的国家,也是国际秩序中的一员,那时候已经有国际秩序了,而不再是天下秩序。

大家看这个地图,按照《宋史·外国传》,宋的周边都是外国,北宋这一块用我们现在的认知来看，基本上属于汉族中国，"汉族"与"中国"是一个重叠的概念，而辽、金、西夏、高丽等都算是外国。这时候中国进入了一个新时代，所以我经常讲，宋代成为宋代，不是在960年赵匡胤建立大宋王朝的时候，而是在1005年澶渊之盟签订后，1005年前的宋基本上是唐代文化、政治和历史的延续。很简单，大家学一点历史的都知道，一旦处于和平时期，就出现了天书、泰山封禅等奇奇怪怪的事情，《宋史》里讲只有封禅泰山可以征服四海，夸示外国，向外国宣示自己的合法性。第二，当时的知识分子已经意识到，一旦和平来临，皇帝便会滋生奢侈之心，宋初让皇帝遵守祖宗之法，不轻易改变，墨守成规就行，但到这时候就不一样了。后来王安石的"三不足"（"天变不足畏，祖宗不足法，人言不足恤"）就是这个道理。王安石是个好折腾的人，他的好折腾也是发生在宋真宗签订澶渊之盟以后。第三，我们现在的文化史、思想史、哲学史都把孙缇、胡瑗、石介叫作"宋初三先生"，这是一个非常大的误会，你算一算，他们登上舞台之时，宋朝已经建立80余年，如果按照朝代的划分，他们只能称为"中期先生"了，可是为什么要叫宋初三先生呢？因为他们登上文化政治舞台都到宋仁宗庆历年间了，此时的宋代才真正成为宋代。第四，大家要注意那个时候的一个特殊现象，到宋真宗时出现了一个最有意思的大变化——南方人开始登上政治舞台。澶渊之盟以前都是北方人当宰相，宰相王旦曾对宋真宗说怎么能用王钦若。可是后来王钦若当了宰相，他是南方人，王钦若因王旦的一句话晚当了十年的宰相。大家要注意，宋代最后形成有宋代特色的文化人，南方人占了很大的比重，唐宋八大家中很多是南方人。南方人与北方人还有一个不一样，大家都知道欧阳修与司马光同属一个阵营，可是他们之间发生过的最大争论就是科举考试中南方与北方的名额之争，司马光说北方人不擅长文学那一套的东西，所以要搞经术，表面上看是文学和经术之争，但背后还有南北之争。

但宋真宗时代最重要的变化是胡汉问题。北大的邓小南教授在她的《祖宗之法》一书里说，北宋一个很重要的成就是胡汉问题的消解。这是对的，但我要补充一下，宋代胡汉问题在内部消解了（唐代的胡汉问题是在内部），但转为了外部问题，即"华"与"夷"、"内"与"外"的问题。"我者"，即汉族，"非我族类，其心必异"，都是外族。这样一个胡汉关系的重要性在于，中国已经形成了有限的、以汉族为主的、抵抗外来宗教的国度，外面的国家如契丹、西夏的文化、族群均与我不同。所以澶渊之盟的誓书很重要，它将宋与唐截然划分开来，唐代的皇帝认为自己是天可汗，但到了宋代，虽然赵匡胤也有这个意识，他说"未离海底千山黑，月到中天万国明"，似乎气魄很大，但实际上正如钱锺书先生所说，八尺大床变成了三尺行军床，虽然说卧榻之侧不容他人酣睡，但说实话这个卧榻也太小了。

澶渊之盟签订之后，一个在民族、疆域、文化认同上清晰且单一的汉族国家开始形成了。这是一个从秦到清不断变动的疆域，我们讲的第一个问题是宋代帝国疆域的收缩和有限国家的肇始。关于什么是帝国，这个问题我现在无法讲清楚。去年美国新清史的代表人物欧立德教授（Mark Elliott）专门到复旦文史研究院讲"传统中国是一个帝国吗"，他认为只有清是一个帝国。我们暂且不管他的看法，先来回顾历史。

中国自秦以后大体上形成了一个中心清楚、边缘变动的国家，但到了宋代发生了巨大变化，即中国不再是天下帝国，而是处于多国秩序之中，形成了"我者"与"他者"界限清楚的中国。尽管至今中国人的心底仍残存着天下意识，我的一些学界朋友特别爱讲"天下"，认为"天下"这个词可以无限扩张，为很多行为做合法性论证，所以他们认为现在应该提倡"天下"，提倡"天下主义"，中国是一个"天下"国家。我们把话说回来，大家看那时的中国不再是一个帝国，南边大理国与安南是最典型的论据。唐代大理（云南）是中国的，宋代大理（云南）就不是中国的了，在《宋史·外国传》中云南是外国的，直到后来元代收复回来，而真正把它改造成具有中国属性的是明朝。安南（越南）国王自称皇帝，不在宋的管辖范围内。北方的大契丹国和后来崛起的女真显然是一边一国。我举个最典型的例子，宋仁宗回答契丹国的国书，契丹皇帝用了"北朝皇帝致书南朝皇帝"，这时南北还是一家，于是宋仁宗发这个国书给大臣们讨论，大臣们坚持认为不能用南朝北朝，一定要用"大宋皇帝致书大契丹皇帝"，那个时候是不支持一国两制的，而是支持一边一国，因为胡汉华夷不可以通融。再看西边，西夏与吐蕃自古以来并非中国的领土。在宋初八十年中对西夏的争论非常多，很多大臣认为那里"千里黄沙，本非华土"，应让其自生自灭，无须收复。有些人认为这是丧权辱国，割地赔款。有个大臣便说如果用"失地"来形容西夏，那么幽燕八州、河湟五郡都可以称为"失地"，大宋失去的土地多了，何必非要收复西夏呢！这是宋真宗时期最有名的文人杨亿所说。这个结果构成了宋代的国家形态，如果我们不是那么严格地用现在西方的学术语言来形容的话，即近代性与传统性纠缠在一起。

在国际上，对等的敌国意识形成了。《宋史》是第一部区分《外国传》、《蛮夷传》的史书，这说明周边的"野蛮"民族还算是我们国家的，但《外国传》写的是外国，国家的界限开始清晰。在领土边界上，已经有了各守边界的观念，边市贸易逐渐发达，如雄州的边市，泉州、宁波、广州等地设的市舶司等。同样，宋代开始有"国民"概念，国内有国事的讨论，即共识的形成，这个我就不再仔细讲了。

古代中国历史上的华夷观念和朝贡体制发生了很大的变化，首先从实际的策略转向想象的秩序，从真正的制度上的居高临下变为想象世界中的自我安慰。比如我曾经研究过乾隆八十大寿时，安南国王到承德来祝寿，送了点土产，乾隆帝赐赏二十三次，安南国赚得盆满钵满，所以说厚往薄来是中国朝贡体制的原则，你只要承认我是了不起的天朝大国，我就赏赐你很多东西。在政治上，过去那种傲慢的天朝大国态度，变成了实际的对等外交方略。在思想上，士大夫知识阶层关于"天下"、"中国"与"四裔"的主流观念,也从"普天之下莫非王土"的天下主义,转化为自我想象(把自己想象成天朝)的民族主义,宋代的民族主义是何等的厉害。学文学的人可以去检查一下,唐诗中主战与反战的诗都有,但到宋代,很难找到一首反战的诗词,如果有人说打仗很惨,那这人肯定是汉奸。

这样一来就出现了巨大的变化,但这种变化还不是最麻烦的,宋代将一个天下帝国变为一个有限的、类似民族和国家的实体,我们不能说它是民族国家,"nation-state"这个词不太好用,但我们可以说"民族"与"国家"大体重叠。假如宋王朝没有灭亡,会怎么样?中国是否变成了一个汉族国家?正如欧洲那样的一个民族一个国家(意大利人马蒂尼讲的一个民族只能有一个国家)的近代民族国家概念可能形成。但宋朝灭亡了,之后的三个王朝给中国带来了三重麻烦,也就是周边、国际和内部的麻烦。

第一个是蒙元王朝时期,帝国很庞大,但当蒙古军队踏平千里,笼罩四海之时,中国周边各国的自我中心主义也逐渐崛起,其中最典型的是日本。内藤湖南曾多次讲过这个道理,蒙古袭来刺激了日本的自我中心主义,使得日本的国家意识开始崛起,因为蒙古大军所向披靡,日本被蒙古大军打败了,日本的自我感觉却日益崛起。同时,高丽、安南等国亦是如此。所以,即使到了蒙元时代结束时,周边各个国家的自我意识仍开始崛起,这给中国带来了很大的麻烦。中国仍停留在过去我笼罩四海,你们都是我的小兄弟的心态中,实际上,经过这些后,此时的周边各国已不再认同中国的核心地位,不把你当大哥,如果你还顽固地延续这种观念,就会与周边发生矛盾。

第二重困境来自明代,明中期正德年间,一个葡萄牙人进入中国,从此开始了西洋人、西洋文化与思想进入中国的历程,中国从此被拖入了一个不同的国际秩序里面,中国历史必须被整编到全球历史中,中国文化也将面临欧洲文明的挑战。我一直不太同意中国遭遇西方只是在清代或者清代中后期的看法,其实从利玛窦时代以后,中国就已潜在地存在这种危机,我在《中国思想史》中用了两章来讲"天崩地裂"。虽然表面看起来是天文、地理知识的传播,但天文、地理以及有关世界的知识在中国政治上是非常重要的,中国天子的合法性与之有关,天文历法在中国从来不仅仅是一种知识,而是一种政治。明代还有一个问题,它的集权、移民、垦殖、修通道路强化了"汉族中国"的统一性,这在许倬云先生的《华夏论述》中占据了很大的篇幅,我觉得很有道理。原本中国各地各有特色,但到了明代,由于高度的中央集权,高度的权力压迫,把一个制度化的东西推进到各个地方,南京应该最了解这一点。当年明朝是哪个地方人少往哪个地方移民,移民也将整个国家同质化了,特别是明代中后期到清代雍正时期的"改土归流",把西南地区州县郡建制化,不再由土司管理,变成了国家的有机部分。由于形成了同一性的汉族中国王朝,它与西方开始遥遥相对,朝贡体制与国际秩序哪一原则来支配世界,知识基础、宗教信仰和思想取向,东方与西方的文化冲突如何消解,传统帝国与近代国家的制度差异如何解决,这都是中国进入国际秩序后出现的问题。

但是最根本的问题是第三重困境,即内部族群问题,这是因大清帝国版图扩大而形成的内部问题。本来,后金(更早是女真)部落最初是满族,未入关时就建立了蒙八旗,即满蒙帝国,1644 年以前编汉八旗——满蒙汉帝国形成。1644 年入关后,收复台湾,便形成了兼有汉、满、蒙的帝国,之后一连串地战胜大小和卓、平定准噶尔,形成了满蒙回汉帝国。乾隆年间,福康安后来把西藏带进来,成为满蒙回藏汉帝国。也有人说雍正年间大体结束的"改土归流"将广义的苗(西南夷)收编,满蒙回藏汉苗的大帝国形成。但问题是,宋、明时中国很有限,明代有一句话"嘉峪关外非华土也",我的一个朋友林梅村教授帮博物馆整理蒙古山水地图,其中标的很清楚,嘉峪关以外就是外国。大家看明代的一个《四裔图》,四裔之外均不是中国国土。但《清史稿》中记载"东极三姓所属库页岛,西极新疆疏勒至于葱岭,北极外兴安岭,南极广东琼州之崖山,莫不稽颡内乡,诚系本朝",那时候大清帝国的版图可大了。所以,一方面,中国有一个汉族的传统,汉族人总认为大禹治九州,到明朝十五省,清朝十八省,外面都不是中国,但另一方面,作为一个中国人,就像刚才讲的,又认为北到兴安岭,东到库页岛,西到疏勒和葱岭,南到海南岛都是中国的,这里面中国的性质不能用欧洲简单的民族国家概念来讨论。所以,我在《宅兹中国》中讲了一段话:中国并非像欧洲那样从帝国到民族国家,而是在无边"帝国"的意识中有有限"国家"的观念,在有限的'国家'认知中保存了无边'帝国'的想象,近代民族国家从传统中央帝国中蜕变出来,近代民族国家依然残存传统中央帝国的痕迹。[①] 所以,中国是一个被国家意识纠缠得很复杂的帝国。

我们要开始讲第三个问题,即到底中国是一个什么样的国家? 如何理解中国的复杂性? 早期日本学者矢野仁一等觉得"支那无国境",认为中国不是一个国家,包括很多和中国很友好的日本学者都认为中国应该回归到长城以南变为一个单一的汉族国家,内藤湖南的《支那论》就是这样一个论点。其次,现代学界以欧洲为标准的"民族国家"样式,把中国看成一个并没有实质同一性的帝国,最多是一个"文明体"或"文明国家",这是最近流行的基辛格(Henry Kissinger,1923—)的《论中国》和英国人马丁·雅克(Martin Jacques,1945—)的《当中国统治世界》中的观点,并由此衍生出以"文明"为中心的天下体系(马丁·雅克就是一名记者,他特别爱强调中国是一个文明国家,但究竟什么是文明国家,我们也不大搞得清楚,但他的说法得到了国内很多

---

① 葛兆光:《宅兹中国——重建有关"中国"的历史论述》,北京:中华书局,2011 年,第 28—29 页。

人一致的欢呼："对,中国特殊,中国有中国的模式,中国国家也该有中国国家的模式。")。第三种说法是后现代理论,将中国看作一个庞大的、没有同一性,只是依赖"想象"建构起来的"共同体",这就是安德森(Benedict Anderson,1936—2015)讲的"想象的共同体"。后现代我历来尊敬,但以我的看法,后现代就像过铁索桥——不断地拆桥板,最后可能连自己的桥板也拆掉了,拆下来不成片段。如本尼迪克特·安德森所言现代国家是想象的共同体,可是他所熟悉的是印度尼西亚,印度尼西亚这个国家是非常特殊的,和中国不一样,换言之,中国是非常特殊的,不可与其他国家一概而论。

特别重要的是,大家过去都接受了费正清学派的说法:从传统中国到现代中国,可以说是从"天下到国家"的过程,也就是从传统的帝国转向现代的国家,一方面开始通过有限的国家边界和条约来进入国际秩序,另一方面,支持天下想象的儒家学说已不再是主流,列文森(Joseph Levenson,1920—1969)在《儒教中国及其现代命运》中便持这一观点——从传统到现代。但我要强调的是,大家一定要注意另外一个脉络,中国从传统到现代虽然确实有从天下到国家的过程,但近代中国也有另一个"纳四裔入中华"的反过程。

从大清帝国到民国,在中国建国模式的问题上有两派不同观点,一派是采取"驱除鞑虏,恢复中华"的极端汉民族主义策略建立中国,以章太炎、孙中山、陈天华等为代表,但也有另一派以康有为、梁启超为代表,认为要维护多民族的中华大家庭,现代国家也要按照这个大家庭来。可是革命派夺取政权后,在很多因素影响下,不得不反过来采取保守派的策略,"五族共和"因而成为重要的口号,特别是在日本的强大压力之下。在中国现代国家的形成过程中,日本的因素非常重要,先是1894年的甲午海战,1895年的《马关条约》,后来新政受到日本的影响,以及二十世纪二三十年代中国感到的危机,大家都在捍卫"中华民族是一个整体",包括傅斯年、顾颉刚等人。1935年傅斯年有篇文章《中华民族是整个的》,1939年顾颉刚写了一篇文章《中华民族是一个》,本来不屑于说中华民族统一渊源、统一地域的顾颉刚就改变了自己的立场,在抗战时提出要重修教科书,维护中国统一。当时教育部在1935—1936年中曾发过指示,不许在教科书中讲民族问题,认为这是分裂国家。陈寅恪先生说这不是倒退吗? 可是像陈寅恪这样很理性的人比较少,大多数人在形势比人强的时代都接受了中华民族是一个整体的理论。最后将这一理论说得最清楚的是蒋介石的《中国之命运》。可见,"从天下到国家"与"纳四裔入中华"两个脉络经历了一个纠缠的过程,一方面,好像要从传统的天下帝国转向现代国家,但另一方面要努力将四裔即周边各民族纳入中华,恢复天下帝国,两个脉络的纠缠对现代中国形成了很大的影响。现代中国的很多问题都是从这个历史脉络中保留下来的。

大家都知道,两千年未有之巨变,它(中国)好像是一个"国家",但好像也是一个"帝国"。我的感受特别深，很多国家电视台的新闻都只关注自己本土，只有两个地方国际新闻特别多，一个是美国，一个是中国，中国连出租车司机都能谈论天下大事，所以天下帝国的胸怀与历史记忆实在是太深。中国又有一个被压抑的过程，经历了晚清以来的巨大冲击，不得不从"在传统内变化"转向"在传统外变化"，因此带来很多政治麻烦与思想问题。其中有三个是最根本的，第一个是"现代"，直到现在都在争论，中国应该走西方现代之路，还是走出一个新的不一样的现代？所以我觉得在中国多种现代性的说法比较受欢迎，也很合乎中国人自树其帜的想象。第二个是"国家"，是走向民族国家，还是捍卫汉唐以来，特别是清代以来的大一统帝国？我们的民族国家要加一个字即"多民族国家"，费孝通先生讲的"多元一体"理论是煞费苦心地去诠释国家的合法性与合理性。第三个是"文化"，是接受近代西方的文化价值，还是捍卫中国传统文化的特殊性？是承认自己的文化受到冲击而衰落，还是恢复中国文化在世界至少是在东亚或者亚洲的崇高地位？这都是很矛盾的，我们现在的很多思想问题都与我们近世的历史有很大的关系。

最后，我要回到开头的问题，我们刚才讲了那么多问题，那么多矛盾，那么多历史造成的结果，其实说起来可以概括为三个方面，第一、周边关系，第二、中西冲突，第三、内部问题。所以，我今天完全没有结论，也没有给大家带来灵丹妙药，历史学家是半个医生，他只有诊断病原的能力，没有开处方的权力，所以后边的半个问题留给政治家。中国面临的困境是应"改变中国"还是"中国改变"？或者加一个宾语"中国改变世界"？这就是我今天要讲的，既包含了解释中国存在的许多麻烦，也讲了中国确实存在着很多麻烦，以及我们怎么去理解它，即从历史上去理解它。谢谢大家！

提问互动

提问：您的《想象的异域》出版后在知识界引起了热烈的反响，包括新清史、东亚研究学者以及民间史学领域，印第安纳大学的蔡伟杰博士将您的研究和新清史研究对满文档案的关注相提并论，并将您的研究视角和台湾少数族裔的视野做比较，但我觉得他没有提出一些真正的不同。那么您如何看待您和新清史学者的区别？

葛兆光：如果说我和新清史研究之间有瓜葛，这大概是一个误会。我在《宅兹中国》第一篇文章中对新清史有不少批评，我从他们那里学习到很多东西，但和他们并不是同一战线的盟友，我和我的好朋友欧立德之间有不少的学术交锋。关于台湾少数族裔，我在批评的五个对象中也包括"同心圆"史论，我一直很尊重台湾学者发掘少数族裔和边缘族群认同的意义，但我不赞成把这些东西放得太大，并不认为它是一个要重新发潜德之幽光的东西。我遵循历史的脉络来讨论问题，既然它已经整编成为中国的一部分，或者与中国形成了复杂的纠葛关系，我们就应该把它放在中国史的脉络中。你看我关于《燕行录》的研究，我和韩国学者的差别非常大，韩国学者是把《燕行录》作为自己的史料讨论自身的问题，我是从周边看中国，焦点还是中国。

提问：我有一个问题想请教葛老师。不管"中国"在历史上的定义是什么，或者中国内部有多少个族群，今天解释中国之困境的答案是否可以这样理解，即我们今天权力所及的范围就是中国？就国家和权力的先后问题，我认为是权力在先，才有国家。就这个层面上的问题您是如何看待的？

葛兆光：我想做一补充，权力所及的范围是中华人民共和国，我们要对"国家"、"政府"、"祖国"这些概念做一定的区分。而历史学家不谈论政治，权力所及的地方，我们要承认其合法性，这个合法性是通过谈判、条约来确定的，现在中国有九百六十万平方公里领土，我们应该承认它是合法的中华人民共和国的管辖范围。之所以现在对领土问题产生新的讨论，是由于20世纪60年代福柯提出的概念，如权力和地图的关系，他认为地图是将领土政治化、合法化的方式，所以我们现在对地图非常重视。这其中和历史学产生了一个冲突，比如外蒙古的问题，历史学家说，它曾经可能是中国的领土，但我们不能代替政治学家说，这是中国的领土。所以一定要区分很多概念，理性最重要之处在于区分历史家和政治家所讨论的问题，国家、政府、祖国的概念是不同的。当然"中国"这个话题太复杂了，谁把"中国"这个事情说清楚了，谁就应该拿十个诺贝尔奖，但我们现在都说不清。

提问：您最近比较关注东亚中、韩、日三国不同的走向，您在《宅兹中国》一书的最后也提到了东亚区域史，那么，我们在讨论从周边看中国的话题时，是否也要注意从中国看周边，包括东亚区域史这样的历史叙述方式，和以国家为主体、有明确政治界限的叙述方式，它们之间如何衔接？如何对话？

葛兆光：你说的很对，我们现在之所以会讲东亚这个概念，和许多日本、韩国以及台湾地区朋友讲的有点小小的区别，尽管这是一个共同的区域，但内部的差异性和彼此的不认同是很强的，所以我把焦点放在17世纪中叶，明清易代以后，可看到这一时期中日韩越之间彼此的不认同。我之所以强调不认同甚于认同，是要改变中国人传统以来一直习惯的汉字文化圈、儒家文化圈、中国文化光被四表这样的一些说法，中国已经不是天朝，我们要懂得如何妥善地处理彼此长久互不认同的东亚各国间关系，东亚虽然共享一个历史，但一个历史中有很多矛盾，这是我特别想要说明的地方。

提问：我们在思考今天中国困境的内部问题时，是否能从宋以前的中国历史中得到一些历史经验？比如，唐及唐以前，岭南地区始终没有得到中原文化的认可。中唐以后，南方士人北上，融入全国性的士人交际文化圈中，南方慢慢得到了文化上的认同，这是否可以成为我们思考解决办法的一个历史经验？

葛兆光：历史经验当然有很多，你讲的是消除南北差异的问题，而古代国家处理边地问题的策略，如羁縻等方式，这些可能是一些经验，但如何吸取经验，其实是政治家的责任，历史学家只是把问题提出来，而政治家是要把事情做出来。学术只是一种资源，这种资源如何转化为可行的制度，其中有很多复杂的环节，任何的文化要想成为真正的、落实的文化，必须经过一条制度化的道路。思想史研究特别强调三个词——制度化、常识化、风俗化，精英人士的奇妙思想如果没有制度化，无法成为大家共同接受、国家力量得以推行、大家日用而不知的思想，这也只是一个外在的东西，抽象的思想要成为人们生活世界里的东西一定要经历这三种途径。

提问：您刚才讲到的"天下"概念是从文化角度理解的，而"民族国家"更多是一个政治学概念，对于文化和政治学两个不同的领域，您是如何弥补它们之间的鸿沟的？

葛兆光：古代中国过多地通过文化、文明来界定中国，但文化、文明没有边界，它虽然能形成认同、凝聚力量，但不能成为一个制度，建构一个现代的有形的国家。所以，从文化界定国家转向以政治制度界定国家的过程是必须要走的一步。尤其是当下，看上去全球化淡化了国家的界限，但其实全球化之后，国家越来越厉害。

（该演讲由南京大学历史学院博士生闵心蕙整理）

反常识的历史叙事——重审中国历史的若干命题

杨念群（中国人民大学）

主持人语：我们生活在一个知识空间里，其中充斥着许多谎言和假象，如何识破它们，我们可以换一个角度。下面有请杨念群教授给我们讲述反常识的历史，教我们如何从反常识的角度看由批判性话语构建的历史。

我上一次来南京大学还是三十年前读研究生的时候，在这儿待了一个月，也是在寒冷的冬季，但我觉得南大的氛围非常好，富有历史文化气息。今天我将和在场的老师同学交流一些我在历史研究方面的心得。大家看了标题可能觉得有些诧异，我在卖什么关子：要写一个反常识的历史，常识是我们日常生活中不可或缺的，支撑我们生活与行为的一些准则，我为何要从反常识的角度切入呢？凤凰卫视主持人梁文道曾写过一本书叫作《常识》，从时评角度来谈历史与现实的感想，他写这本书的初衷是，我们虽然处在忙忙碌碌的日常生活中，但很多时候我们却没有遵循社会的准则，缺乏常识。梁先生是从日常生活的伦理和逻辑角度入手的，我是反其道而行之。我与他的想法虽然异曲同工，但区别在于我感到我们恰恰生活在一些常识之中而不自觉，这些常识本身应当是被质疑的——为何它能成为常识，支配着我们的思想、行动和历史观？没有人去质疑，抑或有困惑而不自觉。我们如何在历史的叙事中从反常识的角度提出问题，重构历史的叙事？我的副标题"重审中国史研究的若干命题"，正是从这个角度与大家交流。

我首先举两个例子。第一，自古以来，大家都认为中国是由宗族组成的大家庭，我们的行为受其支配，并形成一个集体的行为而非个人的行为。"五四"以来，反宗族、反族权成为近代革命的一个主题。但实际上，中国人真正的聚族而居是从宋代以后开始的，宋以前只有大族，民间没有资格按照宗法的规定聚族而居。所以，"五四"的命题非常奇怪，我们反的难道是几千年来形成的一套成为历史事实的逻辑吗？其实不然，反封建、反宗法、反教条已经成为我们的常识，但这些常识需要质疑。第二，"封建"一词，我们总说谁"太封建"，意思是他太保守，但实际上，中国自秦朝以后早已没有封建，郡县制取代了过去的分封，然而，反封建成为我们的一个常识，无论它是否已经消失。我们是依靠哪些新常识活在当下的呢？

首先，我们总是习惯"进化论"的无处不在。历史永远是直线向前奔流，我们不打算停下来看一看。有人认为"历"和"史"联系在一起是一个近代以来的概念，"历史"联系到一起往往成为一个时间的概念。除此之外，"历史"还是一个空间扩张与伸缩的概念，但"空间的历史"在"时间的历史"中自然消失了。就是因为我们习惯于任何事情都要往前走，"物质"的力量非常重要，决定时间不断往前走的力量就是"物质"，它可以决定政治、社会、文化，我称这为"连带一体论"。在某种意义上它具有合理性，如果你去欧洲看卢浮宫等博物馆，巨大的雕塑、绘画让你觉得自己非常渺小，西方的物质文化压迫我们不仅仅是出于物质，还依赖于它们背后的逻辑。"大"是西方本身的一个重要特质。从西方回来，我有点"尺寸决定论"的感觉，中国文化以小见长，这样的历史形态贯穿于我们的历史进程中。我们以前的历史观与旧常识有关，旧常识被我们彻底摒弃，因为它们是向后看的循环论，如"黄金三代论"、"文质之辩"等，被质疑为保守落伍、动作太慢。

第二，我们总是习惯生活在高度"政治化"的历史叙事中。我们习惯于把很多东西政治化，比如封建的、专制的、保守的，私人对历史的基本判断无法存在。古代的"五种生产形态"，近代的"三大高潮、八大运动"都是一种政治的线性描述。

第三，我们总是习惯生活在"五四"启蒙叙事的逻辑中。宗族、家庭从温暖到黑暗，"宗族"在"五四"的叙述里变为一个完全负面的东西，《家》、《雷雨》等文学作品都是对宗族黑暗的隐喻。考试与用人制度从高效到腐恶，如《儒林外史》中的范进中举，儒教的没落（打倒孔家店），士绅的崩溃。"五四"分化成两种不同的传统——马克思主义激进青年的培养基和自由主义文艺青年的起源地。最后自由主义溃灭了，我们从此很少能从一种个人视角去观察常识性的东西，而是加上了很多集体的和激进主义的判断。旧常识成为与新常识二元对立的、非此即彼的状态，这是五四以后形成的一种状况，非激进即保守，非光明即黑暗。

第四，我们总是习惯从"城市—乡村"的二元对立来看变化。最初的乡村在文人眼里是美好的，是可隐居的休憩地。近代以来，介于城市和乡村间的镇是具有文化特色的（如周庄、乌镇在文化层面上被重新发掘），之后乡村逐渐被妖魔化为城市的对立面，城市变成繁华梦的基地，农民形象随之成为负面的。这个新常识的建立又被一个新新常识所替代，最近我在《读书》上写了一篇文章《上海亭子间文人之"病"》，讲萧军在延安的境遇，城市来的人在某种意义上成为需要改造的对象。[①] 毛泽东的乡村论、城市论与传统士人所崇尚的那种不尽相同，他有一个重要的观点：上海来的青年不要把乡村看成黑暗一片，乡村是未来中国生活、革命、理想的萌生地，你们要向工农学习。萧军想追求的是介于乡村和城市间的一种状态，但他拒绝接受改造，最后成为一个近乎"右派"的角色。所以，我们习惯了从"城市—乡村"不断摇摆的境地中来看乡村的变

---

① 杨念群：《上海亭子间文人之"病"》，《读书》2014年第12期。

化,而没有看到两者之间界限的模糊恰恰是近代欧洲革命的出发点和结果。

我刚刚简单介绍了一下我们依靠哪些新常识活在当下,接下来,我想和大家交流的是,我们面对这些新常识的时候应该采取怎样的态度?新常识产生的根源是什么?我把这种根源归结为"逆现代化现象"的产生以及历史叙事的"去政治化"与"再政治化",我一一为大家道来。

什么叫"逆现代化现象"?刚刚我提到的"连带一体论"所建立的常识认为,只要生活变化了,肚子喂饱了,政治、社会、文化自然会随之发生好的转变,这是一种直线式的常识和逻辑。但这种常识在改革开放后遭受了致命的打击,按照现代化的理论,生活越富裕,旧常识被消灭得越彻底。但事实恰恰相反,随着生活的富裕,在 20 世纪 90 年代初期南方出现了大规模的宗族复兴运动,以及求神拜佛现象,这是我所谓的"逆现代化现象"。现代化的理论像推土机一样,所有的旧常识应该在现代化的巨轮下被碾得粉碎,但这样的逻辑却产生了扭曲,旧常识有全面反扑的迹象,经济的猛进恰好与传统的再造构成了逆向互动的关系。

于是学界产生了一种"文化中心主义",在大家生活趋于好转的情况下出现了"文化热"、"国学热"、"孔子热"等。这些以文化为中心的思考是因为"逆现代化现象"出现后大家找不到一条出路,所以想通过脱离经济来重新解释文化。旧常识对新常识发起冲击后找不到一个新的支点,因为两者本身并不是抽象的,它们背后有着强大的制度和历史做支撑。但"国学热"兴起背后的制度被彻底地抽离与瓦解了,大家对于儒学的讨论集中在儒学是什么,儒学作为思想的形态是什么,每年都要开会,"国学热"形成一个"开会儒学"。实际上,"文化中心主义"本身并没有解决旧常识复归的问题,其背后的制度支撑已经成为"游魂"。"知识连带论"引发了旧常识对新常识的冲击,我在这里提出一个问题:我们打破了新常识之后是否一定要回到旧常识的窠臼之中,成为一个纯纯粹粹的保守主义者?有人认为西方对中国的侵害是得利于知识本身,而非坚船利炮。

"文化中心主义"的兴起涉及儒学再兴的问题。一个途径是儒学与日常生活紧密联系,将孔子变为一个普通人,即个人的孔子,身边的孔子。到底什么是"生孔子"、"死孔子"、"真孔子"、"假孔子"?这里面涉及旧常识与新常识之间的纠缠。李零先生对《论语》"君子周而不比,小人比而不周"的解读是:"比"是拉拉扯扯,"周"是和衷共济,放在日常生活的脉络中,这可以为我们提供很多智慧。

还有儒学与社会治理技术。儒学是对社会有用的技术,正如历史人类学以"空间"消解"时间",因为时间脉络中的儒学没有作用,把它复原到空间的状态才有意义,而从民间的基本生活状态发现儒学作为一种社会治理技术是如何节约成本的。

还有"儒学社会主义"、"儒家宪政主义",我就不展开了。这是"资治"的帝王师心态,儒学被再政治化。儒学绝不是现代意义上的宪政和民主，两者之间不能画等号。

最后是"儒学民族主义"。最早儒学讨论的是华夷之辨，"非我族类，其心必异"，到了现在儒学成为对抗西方的资源，西方是远来的"夷"，我们接受了"夷"的逻辑和制度，但又在自卑与自信中不断徘徊。关于儒学有很多旧常识，也搭建了许多新常识，最后形成了"三十年河东、三十年河西"的局面。从政治的角度，用民族主义的语言去解释儒学是什么，这是我想和大家讨论的第二个方面：如何找到新常识的根源。

接下来，我们如何建立起反常识的历史观？这有点耸人听闻。我们应如何把常识反掉，从反常识角度理解中国历史。这些反常识常常会落入一个新常识的脉络中，有一个观点叫作"早期近代论"，中国拼命地在自己的历史中找出疑似与西方相近的因素，这真的是反常识吗？我觉得恰恰落入了西方中心论的圈套，我们为何要在过去寻找类似西方近代化的因素呢，这些反常识对我来说不是真正的反常识，接下来我尝试着来与大家探讨什么是我心目中的反常识。

第一，反"进化论"。这不是说逆着"进化论"走，而是相对于"进化论"，寻找其他更合理的历史观，如果有，是否可以和"现代化"并列作为历史研究的选择。从相对于（非相对立）旧有的新常识的角度来提出我们的反常识历史观。反"进化论"可从重审"文质之辩"入手。"文质之辩"是一个古老的观念，"文"与"质"的互动是中国古代历史观的精髓，《论语》中说"质胜文则野，文胜质则史，文质彬彬，然后君子"。"质"是内在的本质，朴实无华，"文"是外在的修饰，赏心悦目，"野"是粗陋鄙俗，"史"是精巧、文雅。"质"太多了，"文"的部分就显得粗陋，"文"太多了压过了"质"，显得太精巧奢靡。文质相须而用，文太多、质太多都不好，最好把两者结合起来。首先，历史也是在"文质"的相互消长过程中才能前进，这不是循环论，恰恰是一个螺旋上升的理论，千万不要低估古代人的智慧。

还有一种说法，道德是"质"，礼乐是"文"，文和质相辅而行，道德太多流于刻板，礼乐太多流于奢靡，必须时时有所损益。这个历史观太高明，中国社会是礼法结合，秦朝用周礼被批过于烦琐，汉代改为黄老之治，文质和道德、礼乐之间是非常复杂的辩证关系。其次，文质论和学风变化密切相关，明清易代，明代学术自由奔放，王阳明也是我的学术偶像，清代认为明代之学空疏、过文，必须向实学（质）的方面转变，清考据之学与明心学之间不仅仅是思想理路的变化，还涉及人本身的气质、性格，制度、礼乐的复杂状态。

此外，用"阶级论"梳理中国的变化显得非常刻板，不适合中国，中国讲究流品、品度与伦际。钱穆先生曾指出，西方社会有阶级无流品，中国社会有流品无阶级，表面上中国阶层分明，其实有很微妙的轻重、雅俗之分，流品中体现出的文化韵味很难翻译成西方的语言，不只是一种高低、贵贱简单的等级划分，其中有人文品位和伦际。我主张从"文质之辩"一增一损一益的角度去看中国历史，这就比"进化论"直线的一直奔向前的历史观显得更为有趣和复杂，更为贴近我们对于文化特质的理解。

第二，是反"哲学论"，反对把儒学理解为中国哲学史意义上的概念体系，现在儒学多谈"礼"、"气"、"仁"是什么，但儒学的本质不在于谈"玄"，也不在于其审美，而是一套节省制度成本的系统。所以儒学不应该为旧制度的终结负全部责任。唐宋以后面临的统治选择有两点："以吏为师"还是"以儒为师"，换句话说是，采取"制度主义"的办法还是"道德主义"的办法，结果道德主义更能节省统治成本，于是脱颖而出成为中国统治的基本手段。大家读黄仁宇先生的著作，他的一个著名命题是"数目字管理"，他认为道德主义要不得，我们要通过制度进行数目字管理。但这样人岂不是变成了行尸走肉，如果人没有道德作为中心的支撑点，他不过是机器中的零件。因此，"反道德"论不能把道德支撑的制度与节省制度成本的儒学完全打掉，那么中国就不能成为中国了，也成为不了纯粹的西方。

儒学的节省成本具体表现在，儒家讲"无讼"，讲协商，尽量少进衙门，就是因为诉讼的成本太高。中国古代审判过程不是西方形式法的程序，而是"情"、"理"、"法"的结合，对刑事案件按规定处理细节，对民事案件则完全是按照人情世故加以裁断。大清律例中"律"、"例"是分开的，"律"是规定好的法律程序；"例"是对"律"的灵活补充，对某个个案在具体情境下加以处理，因时而变，这也是中国法的最重要特点。我们总是用西方的法律标准来说中国没有民法，但中国的民法都包含在对例本身自由选择的"情"、"理"、"法"的处理中，这未必与法律的真精神相违背。道德主义虽然被认为是应该摒弃的旧常识，但在这点上不应被完全否定，我认为应该拿出来重新讨论。那么，节约成本的思想前提是人性本善，恶习可以通过修炼劝诫变成善习（这点很难做到），儒学地域化变成了一种"地方性知识"，这是我二十多年前提出的，宋明理学的布衣儒者入朝先格"君心"，再格"民心"，这与汉代儒学精英化走的是完全不同的路子。

其次，节约成本的社会前提是祭祖的民间化，地方宗族的形成，宋儒把儒学渗入基层社会。宋以前不能祭五代以上的祖，朱熹认为应该让老百姓祭祖，儒学通过宗族组织渗透到民间，节约成本的社会前提才能形成。人人拜祖才能敬宗收族，民众自发地用道德规范约束自己，这是宋儒的贡献。节约成本的途径有官方督促、民间监控、个人觉悟等，乾隆皇帝曾发谕旨讲教养观，老百姓生活变好的同时，道德与思想觉悟也应提高，这是官员应负的责任，于是从教养入手将百姓生活从日常水平提高到道德水平。节约成本的机构有乡约、宗族家族、士绅、书院、社仓、义仓等，这里我就不仔细讲了。

第三，"反制度"论。新常识假设"科举制"以八股文为中心选拔人才，是个戕害人性的制度，这是最大的误解。我这几年常常为科举制辩护，它不仅仅是一个单纯的考试过程，还是教育制度、身份分配制度、地区代议制度的结合。大家如果有兴趣去看一些科举的试卷,就会发现它的厉害之处。科举共有五场,第一场是《四书》《五经》题解和试帖诗,这是一般所说的八股文的范围,我们以前认为这是科举制的全部。但还有论、表、诏诰、判和策等,诏诰是模仿皇帝的谕旨,判是给你实际的案子来判决。我曾经看到一道题说保甲制度在人口稠密的地区设计上没有问题,但在山区人口分散的地区该如何实施,这是一个相当严密的地方治理的难题。类似于这样的题非常多,比如治水等,它的难度远胜于如今的高考,这与我们想象中的科举完全不同。

最后一点和大家交流的是"反自治论"。"皇权不下县"是当下社会史的一个难题,它是真实的情况吗?大家都读过费孝通先生的《乡土中国》,我们一提都是他的"双轨制",皇权在县以上是行政的,在县以下是自治的,"自治论"流行了至少有三十年。学界因此分为两派:一种认为太平天国运动以后地方自治能力大大加强,导致清朝的垮台和革命的兴起,美国的孔飞力(Philip Kuhn,1933—2016)、魏斐德(Frederic Wakeman,1937—2006),日本的重田德、森正夫(1935—　)、岸本美绪(1952—　)、沟口雄三(1932—2010)都认为有一个所谓的自治的地方社会。另一种观点恰恰相反,认为晚清"同治中兴"后国家力量大大加强,洋务运动之后国家力量借助现代化的力量突飞猛进地增长,以至于向地方渗透的行政能力日益增强,导致地方秩序的彻底崩溃,遂有中国共产主义革命的发生,持这一观点最著名的就是杜赞奇(Prasenjit Duara)。但是国家的力量到底在什么样的意义上加强了,地方自治到什么程度,大家争论不休。我个人比较倾向第二种观点。明代里甲制的实行比较系统,但在"一条鞭法"实施后崩溃,民众交税用自封投柜法交纳白银,无须从事实际劳役,银子转化为可交易的东西,国家通过银子去购买雇工。在这个过程中,收税权从里长甲长等乡绅回到县政府胥吏之手,这是国家重新控制地方的最重要的转折。我举这个例子想说明"双轨制"是否能保持自治状态,可见夸大地方自治的作用是有偏差的,对于费孝通先生的"双轨制"等新常识是个挑战。

新常识与旧常识间在不断地互动,最后我的结论是,我提出"反常识"的历史叙事不是要构成非此即彼的二元对立局面,也不是单纯地对以往的历史观进行"对抗",构成一种所谓反叛的历史学。"反常识"中的"反"是对应的意思,即对应于已构成我们生活常识的那部分历史观提出商榷和修正,以期克服一种刻板僵化的历史认识,激活一些鲜灵的思想。既然是"对应",不是"对抗",那么"反常识"的历史观也许在不久的将来会被作为常识受到批判,这正是我期许的。历史之所以丰富和有趣,恰恰是在不断替代的过程中充实自己,只有这样,历史学方能进步,在人文领域里,任何观点都应该是并行不悖的,不存在最终的权威。

不久前我在巴黎蓬皮杜艺术中心杜尚专展里读到一句话,这句话对我的启发非常大:"'品味'无所谓好与坏,因为对一些人是'好'的,对另外一些人却是'坏'的,最关键的本质是:它总是一种'品味'。"我以此勉励自己,也希望勉励大家去探索一种被公认为不合理的、不合主流的异端观点,你们应该有勇气去探索,因为它总是一种品味,这是现代艺术探索的真谛,也不妨移为历史研究的借鉴。我的演讲完了,谢谢大家!

提问互动

提问:您所说的"反常识"的历史叙事,反常识是对固有常识的反动,而您也提到在不久的将来,反常识本身也可能会遭受一种反动,这种对常识不断地反省、反动是否会消解常识本身呢?换言之,常识——为大多数人所默认的东西,是否在将来消亡?

杨念群:我觉得这种可能性不大,因为我们现在就生活在新常识无法消解的年代。我们力图做出一种努力,使新常识对我们的支配感有所偏离,回到一个旧常识被彻底抛弃后的年代,使得新旧常识之间可以形成合理的对话。比如我们对于历史的一些基本看法,如果你经常往前看的话,能不能尝试往后看一看。近代西方的历史是拼命往前看,对未来的期许过高,但中国的历史对未来的期许不高,对过去经验总结的期许很高,这恰恰是我们历史最优秀的品质。我想,应该把旧常识中的一些东西打捞出来,成为我们前进的动力。

提问:对于学界"开会儒学"的玄谈,以及由政府行政力量介入的儒家学习,您是如何看的?

杨念群:我觉得这些现象都有其合理性,"开会儒学"没有什么问题,但在"开会儒学"之外,应当探讨儒学自身制度化的历史,从这个角度重新理解儒学,探讨儒学和历史的关系。儒学在某种意义上是灌输的结果,它与体制、制度的配套不能分离。

提问:您讲到"旧常识"被"新常识"取代,"新常识"被"新新常识"取代,那么这是否体现了一种进化观念?和您之前提到的反进化之间是什么关系?第二个问题是,您刚才举的例子,科举、封建等在我看来是一种名实之辩,我们反的是我们想象的东西,那您今天的历史叙事是否会成为一种哲学叙事?

杨念群:第二个问题先回答你,这不是一个名不副实的问题,而是历史上本来就有的问题,如科举制有史料证明,它是一个循环的体制,不同的资源在上中下三个层次得以合理的分配,第一个层次可以进入翰林院,第二个层次如举人可以当县官,第三个层次比如秀才可以当乡绅,这是一个合理分配的、相对循环的体制,退休后的官员也会回到乡下,考试连续失利的也有可能考进翰林院,我把这种体制概括为身份分配体制,这是一个历史事实,而非逻辑概念。

第二点,新旧常识的关系不是谁反对谁、谁消解谁的哲学关系,是我们过多地受新常识的支配,成为新常识的奴隶,我们应该从旧常识中发掘一些可能对新常识有所助力的东西,与新常识结合成为我们现在生活、治学的准则,这是我真正的目的。不要陷入新旧常识的二元对立中,两者间是互动的、弥补的联动关系。你这个哲学问题我用历史来回答。

提问:我们在各种各样的常识中发现其真伪、糟粕,虽然每个人都应有自己的见解,但我们也应该对一些问题有所共识,这些共识的标准应该是什么?

杨念群:我并不反对这些共识,我们不可能真正地推倒进化论,因为我们生活在进化论熏陶和塑造的历史与现实中。回答你的问题很简单,进化论涉及的一切东西都是我们目前的共识,有些共识是无法推翻的,比如物质文明达到一定程度后对文化社会的影响,我们现在的衣食住行是西方意义上的表述,这些无法改变,但我们可以对其中的一些偏差做出更好的判断,用以往被忽略的常识对这些判断加以弥补。

提问:我想就您刚提出的"反自治论"提一个问题,您说不能过分夸大地方自治的作用,杜赞奇曾提出过"权力内卷化"概念,在这样一种情况下,太平天国后的地方力量是否更集中于地方的中间人、精英当中,这恐怕不能说是皇权或中央权力深入到县以下了。

杨念群:大家以往太强调太平天国之后地方精英对军事力量的掌控,甚至对社会本身的控制作用。我们观察国家近代化的过程,会发现中央力量越来越强大,新中国成立后,共产党对中国社会的治理和控制方式,已经证明这一点。我们从后果可以反推回去,这是一个国家权力不断加强的过程,这与地方自治空间的扩大又有相辅相成的关系,甚至有人说地方自治是形成现代国家的基础,但最后还是归于国家力量。

(该演讲由南京大学历史学院博士生闵心蕙整理)

西方马克思主义的历史学：一个全球的考察

王晴佳（美国罗文大学）

主持人语：各位同学，各位老师，我们今天在炎炎盛夏请到了著名的王晴佳老师，与我们讨论西方马克思主义历史学。我们都知道王老师从事中国史学史、欧洲史学史、史学理论的研究，在这个领域属于顶尖学者。我手上这本刚刚翻译成中文的书讲的是中国的传统史学（伍安祖、王晴佳：《世鉴：中国传统史学》，北京：中国人民大学出版社，2014年）。我们也都知道，王老师早就写过关于后现代史学的文章。所以，他在这个领域是非常难得的，能够汇通中西史学传统的一个大学者。今天王老师特意来到南大给我们带来这样一个讲座，机会难得，我们掌声欢迎王老师。

非常感谢！主持人这么简明扼要的介绍让我诚惶诚恐。我的研究兴趣的确比较宽泛。我选择这个讲题是因为恰好对此做了一些研究。近年我与伊格尔斯（George Iggers）两人，从跨文化的角度对史学史的发展做了一些考察。除了写作了《全球史学史》之外，我们迄今又编了3本论文集，这一本是第三本，内容是从全球范围来考察马克思主义历史学的变迁，所以这个"历史学"是一个复数的"历史学"（histories），因为马克思主义历史学本身就不是单纯的一种。我选择"西方马克思主义历史学"这个讲题也考虑了这里的政治环境，但其实这本书包含了不少非西方地区和国家的内容，其中也有中国马克思主义历史学的一篇文章，作者是李怀印教授，他是苏州大学的毕业生，然后在中国社会科学院研究生院硕士毕业，在UCLA（加州大学洛杉矶分校）随黄宗智教授获取了博士学位，目前在德州大学任教。我们编的这本书，以前没人做过，所以是各种语言中的第一本。当然在中国和苏联，有不少马克思主义史学的研究，但从全球的角度，涵盖拉美、非洲等地的研究几乎没有。我们这本书应该是今年8月份出版，前两天我还在做最后的校对。我相信此书出版后会有不小的作用和意义。那么我就主要根据此书的内容来谈一谈。需要解释的是，我因为去国已久，对国内的马克思主义史学的教学不是特别了解，所以有可能会讲一些常识性的问题，请各位包涵。那么我先开始，希望大家批评指正，我们一起互动。

马克思主义历史学当然是18世纪启蒙历史观的一种产物。从这个意义上来说，马克思主义历史观其实跟孔德（August Comte，1798—1857）、黑格尔（G.W.F.Hegel，1770—1831）、孔多塞(Marquis de Condorcet，1743—1794)的历史观都是有可比之处的。启蒙运动的历史观有比较重要的几个方面：从历史哲学的角度来看，进步观念与历史一线发展的看法是比较重要的。但是从历史实践来看的话，就是以民族国家为单位来观察和写作历史。由这些方面看，德国的两位学者比较重要，一个是黑格尔，另一个就是兰克(Leopold von Ranke，1795—1886)。兰克与黑格尔的治学取径不同，但他们的观点基本上都是启蒙运动的产物。兰克学派抑或兰克本人为什么这么重要，以至于成为近代史学之父，是因为他专注于从近代民族国家的形成来写作历史，这在当时有开拓性。而考订的方法、批判资料的方法在兰克以前就出现了，可以从文艺复兴、印刷术的普及开始讲起。印刷术这一环节很重要，在印刷术普及以前是抄本，抄本的话是 copies of copies，必然会犯不少错误。而到了印刷术普及以后，考证文本的精确性就显得重要了，因为书印出来是为了公众，里面如果有很多错误的话，问题相对比较严重。于是从这个时候，也即文艺复兴开始，考订方法就不断完善，而考订方法被应用到历史学里，在兰克以前就出现了，沃尔夫(Friedrich August Wolf,1759—1824)对《荷马史诗》的详细校订就是一例。以后尼布尔(Reinhold Niebuhr)也从发现和考订史料出发，重构古罗马的历史。

所以兰克成为"近代史学之父"，并不全在于他的考证方法和批判史学。他对历史的看法和专注于从早期民族国家形成的主题来书写历史，更为重要。兰克写过英格兰史、德意志史和法兰西史等等，以后又尝试在这些国别史的基础上构建世界史，这些方面他有重大影响。举例来说，当今的图书编目，仍然以国别史为基本单位。在西方的图书编目法中，历史科是 D，史学史、史学理论和世界史就是 D，而 DA 是英国史，DB 是法国史，以国别来编排。中国的图书编目自然不同，如史学以 K 字开头，但 K 之后的史书实际还是根据国别编排的。但是现在这种编目法我感觉以后会有很大的变化。不过迄今为止，史书的编目是以国别史为主的，这从一个侧面体现了兰克及其学派的重要性。兰克的另一个影响就是他的教学方法——"研讨班"或 seminar，现在为全世界的历史教学所采用。最后，兰克认定历史会直线式进步，这观点仍然影响深远。中国也不例外。我们有一句口号叫"落后就要挨打"，20 世纪 90 年代开始颇为盛行，就反映了这种直线式历史发展观，认为中国在近代相对西方落后了。我以前出版过《后现代与历史学》①，有的学者的反应是，我们中国还没到现代，所以就不用谈后现代，近似于我们还要赶超现代西方先进国家之类的话语。

黑格尔的《历史哲学》，中文版最好的译者还是王造时。黑格尔强调，理性和精神是历史演进的基础，两者之间可以互换(interchangeable)，同时他又谈到热情(passion)也很重要，也即理

---

① 王晴佳、古伟瀛：《后现代与历史学》，济南：山东大学出版社，2006 年。

性与热情的互动推进历史的变化。然后是他的辩证思维方法，在西方马克思主义之后的发展当中有很大的影响。他强调有一个正反两方面的交互作用推动发展，而如何发展与演变，他又从一个地域上陈述，理性从东方逐步走到西方，落脚在中欧与北欧，那个时候的理性得到了最大程度的扩张，人的自由也获得了最大限度的扩展。

大家也知道，马克思（Karl Marx，1818—1883）把黑格尔辩证法吸收过来，同时把它颠倒了一下，将精神、理性视为生产方式的产物。马克思还更为具体地讨论社会各个阶段的发展规律，这两个方面构成了马克思主义的基本原理，也即生产力决定生产关系，经济基础决定上层建筑，你们对此应该耳熟能详。在具体的历史发展过程中，经济基础会造成一个社会分裂成两大阶级，相互产生对立的矛盾，于是阶级斗争推动了历史的演进发展，如同马克思、恩格斯的《共产党宣言》里所说的那样。顺便一提的是，《共产党宣言》常被列入西方大学本科生的阅读书目，是必读书之一。

马克思从其理论出发，提出了一些预言，如资本主义必然灭亡等。从19世纪下半叶特别是到20世纪上半叶开始，别人认为他的预言已经没有说服力了。不过他的所谓"铁的法则"（iron law），也即资本造成社会的两极分化也不是完全没有影响力。大约在5年前，美国有一个"占领华尔街"运动，它的口号就是"99％对抗1％"，因为美国的贫富差距非常大，这个提法与马克思主义的说法有关。2006年我去雅典开会，中国人熟知的后现代主义者海登·怀特（Hayden White，1928—   ），也自命为马克思主义者，见到我就跟我说："Edward，Marx is right！"因为2006—2007年刚好是出现资本主义危机的时期，怀特的意思是马克思的预言还是对的，资本主义有其不可克服的内在问题。但马克思"铁的法则"在具体应用上出现了偏差：他认为99％的人都会变得极端贫困（这个极端贫困非常重要），于是酿成社会变革，因此从资本主义到社会主义的变革是一个易如反掌的事情。马克思对暴力本身或者说阶级斗争，虽然谈到一点，但并不特别看重。对阶级斗争强调得更多的是恩格斯（Friedrich Zngels，1820—1895），恩格斯有一本书叫《家庭、私有制和国家的起源》，力图用阶级斗争理论来解释人类历史。而马克思在《路易·波拿巴的雾月十八日》那篇著名的文章里，并不完全运用阶级斗争来解释。他在文中提到了小农，对小农就不看好，把小农说成是需要装在袋子里的马铃薯。他要解释路易·波拿巴（Louis Bonaparte，1808—1873）如何上台，便无法完全采用阶级斗争的理论。这就是说，他当时已经开始修正自己的观点，社会也许分成了两半，但他不把小农看成一个劳动阶级。

在西方，Marx（马克思本人）和Marxism（马克思主义）是两个不一样的概念，原因是马克思变成一个主义的话就有了教条性。其实马克思本人也说过这样一段很著名的话，他说：如果经济决定论是马克思主义的，那我不是一个马克思主义者。我上面所说的马克思认为社会转型易如反掌是因为他认定资本主义有一个问题：剩余价值会无限扩大，因为资本家贪欲无限，于是贫困化扩大，最后社会上有一个广大且又极端贫困的阶级，而富人就会非常少，因此穷人推翻富人易如反掌。他的另一个预言就是，在1848年欧洲掀起一系列革命的时候，社会主义可能就会到来，而这个预言大家都知道在他生前都没有能够实现。由于这两个预言，有人就说马克思主义过时了，已经不再正确了。

马克思主义的影响与历史本身的发展存在一种历史关系。如果我们回顾一下19世纪，许多人都说19世纪是历史学的时代，因为历史学从学科上来说是一个看起来平铺直叙的学科，不做很多分析。当然我们读了一些后现代思想家对历史学的批评后，我们知道其实历史学也讲因果关系。有些作者就指出，一般的史书会讲一个故事，然后接下来说 therefore，或者 then、accordingly 之类的话，那就是说前面是因，后面是果，对不对？看起来平铺直叙，这里面也呈现了一定的因果关系。在近代历史学发达的19世纪，兰克说道："我只要如实直书就可以了"。在他眼里，历史上的因果关系是很自然的，民族国家代表了近代历史的主流，我只需把这个现象写出来，所有国家都会依此建立民族国家，那么西方中心论、领先全球其他民族便成了一种自然的现象，所以兰克说"如实直书"，不用过于强调这个因果关系。

民族国家建立以后，相互之间必然会有竞争。但在第一次世界大战以前，西方人以为这个竞争可以是良性的。亚当·斯密（Adam Smith，1723—1790）的《国富论》就表达得很清楚，这是一个良性的竞争，各国富裕之后人类也会富裕，然后整个世界也会得到进一步的发展。但是到了1914年，一战的爆发一下子就把这种乐观情绪给打破了。这次大战自然是欧洲国家竞争的结果，而各国之间的结盟、所签订的合约，使得一场局部战争演变成世界大战。这场大战还是军事史上的转折点。法国北部打了以凡尔登战役为代表的三场战役，三场战役里边进攻方死伤惨重，因为有了新发明的机关枪，一扫一大片，于是进攻方便吃亏，然后双方采取不进攻的方式，也就是所谓"西线无战事"，大战变得旷日持久。一战对西方文明产生了很大的冲击，以后影响20世纪学术发展的思潮，例如存在主义、相对主义等等，基本都是在一战之后产生的。西方人的自信心受到了很重的打击，于是出现了《西方的没落》这样的书。

我们可以从历史学的角度看一下一战的转折性影响。近代英国史学界的领军人物是阿克顿勋爵（Lord Acton，1834—1902），他主编了《剑桥近代史》。他现在为人所知的是这么一句著名的话：绝对权力导致绝对腐败。在当时，他编的《剑桥近代史》有重大的史学史意义。阿克顿不说他编的是一种"world history"，因为对他而言，这种观念是非常明显的，"modern history"在欧洲最早出现，以后世界其他各地区也要遵循这样一条道路往前发展，因此不言而喻。对于近代或现代，他在前言中有这样一段话："It was an awakening of new life（新生活的一种觉醒），the world revolved in a different orbit(整个世界按照不同的轨道发展),determined by influences unknown before(由前所未有的力量所掌控)。"换句话说就是,近代是一个崭新的时代。如果大家学过德语的话,就知道"近代史"是"neuen Geschichte","neuen"就是"新"的意思。阿克顿是在德国受教育的,他在《英国历史评论》创刊的时候就写了一篇文章,介绍德国的历史学派,也就是兰克学派。在欧洲文字中,近代和现代都是"modern",所以近代史就是一个全新的阶段。阿克顿继续说:"After many ages persuaded by of the headlong decline and impending dissolution of society...the sixteenth century went forth armed for untried experience(以往的许多时代都衰落了,社会走向了崩溃……但自16世纪以来,一个史无前例的经验降临了)...and ready to watch with hopefulness a prospect of incalculable change(于是充满希望地展望未来,因为它将带来不可估量的变化)。"你看他是非常乐观的,把近代世界看成是"玫瑰色的"(rosy),很自信。

但是斯宾格勒(Oswald Spengler,1880—1936)与阿克顿的观念截然不同。他的《西方的没落》出版于一战后,对西方的历史观念产生了重大的冲击。其中一点就是他很反对历史发展的三段论(古代、中世纪和近现代)。我前面说中国的历史教育还是受制于启蒙思想家的一些历史观,比如我们的历史课程设置,仍然遵照三段论的分期。其实西方的历史教育已经采用了四段论的分法,加了一个"early modern history",这个"period",即宗教改革和文艺复兴(Renaissance and Reformation)时期,认为这是一个重要的时期。另一点是斯宾格勒对西方中心论的批评。他质疑西方中心、西方领先世界这个观点,强调西方文明只不过是他观察到的十几种文明中的一种,其他文明都已衰落,所以西方文明的衰弱也是不可避免的。当然,作为一个西方人,斯宾格勒称其书为《西方的没落》,也许在心中还是希望西方文明能够再生。但是他书中的观察具有深远的影响。在一定程度上,斯宾格勒可以说是当代多元史观和全球史观的先驱者之一。

那么,在斯宾格勒之前的19世纪—20世纪初年的历史哲学家里面,马克思为什么重要呢?我认为有一点,那就是马克思是唯一对当代社会有批判意识的哲学家。你们如果读爱德华·卡尔(Edward Carr,1892—1982)的《历史是什么?》,里面提及19世纪是尊重历史、尊重事实的一个时代,就是当时认为只看事实就可以了,讲清楚就可以了,因为事实是摆在那里的,西方是走在世界前面的,我们不用多解释。只有马克思——你们或许可以举另外的人,但是我的知识所限,我认为马克思是最重要的一位——他对当时蒸蒸日上的西方社会,做了深刻的批判。我认为这就是为什么马克思影响力经久不衰的原因。当黑格尔等人认定近代西方无比美好的时候,马克思主义却认为这个社会有其致命的弱点,会被另一个更新、更美好的时代所取代,那就是社会主义替代资本主义,后者必然灭亡。这是一种对现实社会的批判态度。

我们大家都知道，西方的教育不是一种应试教育，它不想给你一个处方，然后让你照单全收。西方的教育强调批判的思维，大学的本科教育就是如此，研究生阶段更为注重。马克思为什么重要，也体现在这个地方。他是他那一代思想家里面最具批判思维的。大家也知道"intellectual"这个字眼在西方意思就是一个不在制度内而在制度外的人。举例而言，民国时代好多学者留洋回来，受到了这个感召，包括汪精卫都说过不做官，胡适也说过不做官，傅斯年也说过不做官。他们作为知识分子，都想与政府之间保持距离。傅斯年说得很清楚，我要做政府的诤友。其实"intellectual"本身就该是一个"批评者"（critic）。对于资本主义社会，斯宾格勒没有做太多的分析，而马克思则从经济理论出发，对此还做了不少深刻的批判分析。

马克思主义的影响力还借助了历史本身的发展，一战改变了欧亚的地图，苏联不但出现了，而且面积辽阔，另外还有一组与苏维埃俄国相邻的国家。后者在当时是社会主义革命的潜在的发生地、发源地，于是列宁主义就变得比较重要。它修正了马克思主义，认为在这些国家里，有可能也会发生革命，演化成马克思所谓的"世界革命"，也就是资本主义到社会主义这个全球性的转变。以此为目标，列宁希望以强有力的政党，领导一场革命，以求成为这场世界革命的导火线。"十月革命"和苏联建立的世界影响就在这里。有一点大家都知道，那就是 1921 年中国共产党成立。这个事件与列宁上述的信念是有关系的。列宁一方面修正了马克思主义，认为苏俄可以发生社会主义的革命，另一方面他在建国之初，在白军围剿和国际干涉（包括日本、美国都有参与），西方竭力想扼杀这个共产主义的"怪胎"的艰苦条件下，居然成立了第三国际，派经费、人员到各个国家去，建立共产党。这种做法有点难以理解，但其实是一个意识形态方面的作为。列宁想证明我在俄罗斯建立了一个社会主义的国家，是一个尝试，如同火星一样把整个世界能够点燃，产生世界革命。1921 年中国共产党成立了，日本共产党也差不多同时成立。这一共产主义的运动，对西方世界产生很大的冲击。20 世纪初期，马克思认为资本主义会被社会主义取代的预言似乎有可能会实现。

但是列宁主义同时代也产生了一个很不一样的反响，就是卢卡奇（György Lukács，1885—1971）、柯尔施（Karl Korsch，1886—1961）、葛兰西（Antonio Gramsci，1891—1937）对之在理论上的质疑和挑战。我上面提到了那些有潜在革命的国家，那么那些国家的革命有没有成功呢？没有，都没有成功。这三位学者一个是德国人，一个是匈牙利人，一个是意大利人。这些国家的共产党如果按照列宁的做法，也建立一个铁的纪律的共产党的话，它们的共产革命或许能成功。但这是猜测。总之，在 20 世纪初，只有苏俄一个国家建立了共产主义。上述三位马克思主义者开始对列宁主义进行不同的探讨，提出了批判；他们的著作后来变成了西方马克思主义的先驱。第一是卢卡奇的《历史与阶级意识》（*History and Class Consciousness Studies in Marxist*

Dialectics），此书有中文版①。卢卡奇谈到了要回到黑格尔，强调辩证法，淡化阶级色彩。他在书名上就把"意识"放在里面了，而意识属于上层建筑，在唯物主义中不占主导地位。根据恩格斯等人对阶级分析的传统说法，似乎只要你处在同一个经济水平上，你就会从属于一个阶级。阶级意识是自然而然产生的——因为我们经济收入相仿，我们的思维也相似。而卢卡奇提出"意识"本身值得重视，这对以后的马克思主义史家颇有影响。另外，他又重视"异化"，社会的异化、阶级的异化等，但异化是否一定形成对立的阶级，也许不尽然。

我这里以法国大革命的研究为例，因为我想在中国讲法国大革命的爆发基本上会以马克思的观点为主：中产阶级兴起，经济地位提高以后，他们的政治权利没有得到同样的认可，所以才进行这样的革命。但是二战以来很多法国大革命的研究已经说得很清楚，中产阶级并不一定有同样的想法或意识。当时的法国或许和现在的中国社会类似。如果你很穷，你到南京或者其他地方来创业，你的想法是希望创业成功，得以跻身新贵阶层。在法国大革命前夕也是这样，那些发财的中产阶级或资产阶级可以有渠道往上爬，他们可以买官、买贵族的头衔，所以，那时的资产阶级或中产阶级与贵族阶级之间不一定有那么大的矛盾。情况的确是，当时不少贵族如拉法耶特（Marquis de Lafayette，1757—1834）都是反对王室的，他们也参与了革命。所以你从阶级斗争来谈就比较难解释这些问题，为什么拉法耶特这样的人也会与中产阶级携手一起来反对国王。有的学者会说这个法国革命是一个偶然现象，是由于革命之前的几年农业歉收所致。也有人说是由路易十六政治上的失误造成的。所以经济基础变动造成异化是可能的。但是异化是不是一定会演化成两大对立阶级，这是一个值得思考的问题，卢卡奇在这方面有开拓性的思维。

柯尔施写了《马克思主义和哲学》（*Marxism and Philosophy*）。他是一位哲学教授，提出一些马克思主义的观点，受到了当时追随列宁主义的一些人的抨击，以致他还被开除出共产党。他后来以学者身份终老，一直抑郁寡欢，非常不得志。他讨论了相对性的问题，对马克思、恩格斯的解释提出不同看法，特别强调辩证法的思维。柯尔施也反对将经济基础决定上层建筑、阶级构成看成是绝对的，而是希望辩证看待，揭示其中的相对性。

而在这三位中间，葛兰西可以说是最重要的一个人物，对西方马克思主义发展影响甚巨。葛兰西提出了所谓的"文化霸权"，仔细考虑了这个上层建筑因素。他承认社会有可能会形成两大阶级，但资产阶级在统治社会的时候，会营造一种氛围，他称之为"cultural hegemony"（文化霸权），使得那些在资产阶级之外的许多不同阶层的人都受制于它，希望跻身于内。葛兰西指出，这个文化氛围或霸权形成以后，资产阶级的统治就不再那么简单，不是像马克思、恩格斯所

---

① 卢卡奇：《历史与阶级意识》，杜章智等译，北京：商务印书馆，2012 年。

说的强权暴力的统治,而是有了文化的因素。其结果是,社会上可能有一批人想造反,但另外有很大一批人不想造反,反而想参与到这个体制内。中国不少年轻人自称"屌丝",却对考公务员十分热衷,也许就是一个写照。

总结一下的话,这三个人讨论的核心问题是有关经济基础决定上层建筑的概念,讨论这种决定是唯一的还是绝对的,提出了一些疑问。再举一个中国社会的例子:如果我与你赚一样的钱,每个月都赚两千块钱,但我对中国和自己抱有希望,认为只要自己努力,以后可以从每个月两千块钱升到两万甚至二十万。而相反你拿了两千块之后,感觉这辈子没有希望了,因此就想上山造反了,这也是一种可能。其次,这三位思想家对阶级构成、阶级意识这些问题做了深入的思考,认为都不是自然的和绝对的。而从思想和政治背景来看,他们的思考,其实就是对列宁领导的苏维埃政府的性质和形式的反思。他们质疑列宁修正马克思主义,不认为是一个真理。他们有这样的思考也很自然:你列宁说苏维埃的成功是一个"spark",一颗火星,会引发世界革命,但到最后却没有如你所说,因此你的做法值得我们再考虑。

现在我们重点讲马克思主义对西方史学的影响。最明显的就是注重社会经济在历史上的作用。我们来看一下重要的年鉴学派。20世纪历史学的发展,年鉴学派可以说是一个缩影。如果你们看年鉴学派的兴起过程的话会发现,它在思想根源上与马克思有很大的关系。兰克学派在19世纪末、20世纪初主导了西方的史学。兰克本人其实是一个大师,但大师变成一个学派以后,就变得非常僵化了,僵化到历史研究基本上以政治事件的描述为主。兰克强调运用档案,他之后的追随者完全是以档案为主,而且可以说是厚颜无耻地用档案为民族国家来大张旗鼓地辩护。普鲁士学派是兰克学派的主要代表,其成员就认定这一套研究方式。他们以为民族国家既然代表了世界历史的主流,那我们写民族国家的历史,利用档案为民族国家辩护,就是理所当然的。那时德国还没建国,于是他们争论德国的统一应该是以普鲁士为主的"小德意志"还是包括了奥地利的"大德意志"。这种只注意政治事件描述的史学有明显缺陷,即历史研究的范围变得越来越狭隘。

此时不满这种政治事件史的德国史家卡尔·兰普雷希特(Karl Lamprecht,1856—1915)对此传统提出了挑战。他提出历史的写作不能完全局限于政治人物的传记和他们的一些行为,或者外交家的传记和行为。兰普雷希特希望勾勒德意志民族精神的演化,拓宽历史研究的范围,写德意志社会心理的历史构建。而在英国,这一尝试的代表人物是亨利·托马斯·巴克尔(Henry Thomas Buckle,1821—1862),其名作是《英国文明史》。法兰西的弗朗索瓦·基佐(François Guizot,1787—1874)也持有相似的意见,认为文明的演化该是历史研究的范围。这些人物对年鉴学派第一代的吕西安·费弗尔(Lucien Febvre,1878—1956)和马克·布洛赫（Marc Bloch，1886—1944）都有影响和启发，因为费弗尔和布洛赫也不局限于政治事件史。

兰普雷希特在德国对兰克学派发起的挑战并不太成功，但他的尝试有国际回响。他在1902年被美国哥伦比亚大学邀请做了一系列讲座，结集出版为《历史是什么？》，以后又传到世界各地，包括日本。兰普雷希特注重的历史的总体演化，有点像年鉴学派后来讨论的"全体史"（total history）。美国哥伦比亚大学的教授詹姆士·鲁滨逊（James Robinson，1863—1936）与兰普雷希特志同道合，他写作出版的《新史学》，其实也主要是检讨兰克学派的不足并探讨如何突破其藩篱。鲁滨逊的同事查尔斯·比尔德（Charles Beard，1874—1948）写了《美国宪法的一个经济解释》，从经济条件检讨美国宪法制定者的意图，认为这部宪法其实是一个阶级的产物。

年鉴学派在费迪南·布罗代尔（Fernand Braudel，1902—1985）手里有了长足的发展。他最重要的书当然是《地中海与菲利普二世时期的地中海世界》。一举成名后，他花了大半生时间致力于写作《15至18世纪的物质文明、经济和资本主义》，探讨物质文明与资本主义的发展。你们可能知道我最近刚刚出了一本有关筷子饮食文化史的书①。其实布罗代尔也许是第一个讨论饮食文化结构如何影响历史进程的人。"资本主义"的第一卷叫 The Structure of Everyday Life（《日常生活的结构》），其中他从比较的角度，讨论饮食文化如何制约经济结构，认定这些因素是历史演进的根本要素。如果说布罗代尔注重历史的"长时段"，那他承认受到了马克思的启发，认为马克思的天才就在于注意到了长时段的因素。布罗代尔由此希望更进一步，从社会经济转到自然环境和饮食文化等方面。《15至18世纪的物质文明、经济和资本主义》中引用马克思主义的地方很多，所以年鉴学派的发展与马克思主义有很大关系。

马克思的阶级斗争理论也帮助史家视野下移，现在仍然流行的"subaltern studies"（下层研究）发源于印度。我以前写过一篇英文的文章，后来经翻译在中国发表，题为"悖论的力量"，其中讲到了印度学者如何受到中国马克思主义史学的启发和影响。其实注意到这一点的也不是我一个人，印度也有学者讨论"subaltern studies"如何受到中国马克思主义或毛泽东思想的影响。中国史学界在20世纪五六十年代有所谓"五朵金花"的讨论，其中农民战争史的研究比较重要。而在我看来，中国的农民战争研究影响了印度学界，因为印度与中国一样，同属农业大国，后来变成近代国家，面临如何处理农民问题的难题。正统马克思主义不认为农民是革命阶

---

① Q. Edward Wang, *Chopsticks: A Cultural and Culinary History*, New York: Cambridge University Press, 2015.

级，只有毛泽东认为农民是无产阶级，可以成为革命的先锋。我在大学读书的时候对当时农民战争的讨论颇有兴趣，相关论文看了不少。研究农民战争和农民起义的时候，一个严重的问题就是记载的史料都处在农民的对立面，称起义农民为"贼"或"寇"。农民战争史的研究者必须反过来读这些史料，从中获取一些相关信息，来重构农民起义的经过。

下层研究学者也遇到同样的问题，而且似乎更严重，因为印度社会的下层大都不识字。学者采访了下层民众，然后形成文字，这个东西还是下层的吗？下层研究的著名女学者斯皮瓦克（Gayatri Spivak）有一篇有名的文章，题目就叫《下层能说话吗？》（"Can the subaltern speak?"）揭示了这个问题的核心。所以我的文章指出以下层研究为主的后殖民主义理论，至少有一个思想渊源是中国的马克思主义历史学。

中国的"五朵金花"讨论的另一个热点，就是中国历史的分期问题。自然这是马克思主义史学的一个问题，也就是讨论社会形态的转变。布罗代尔之后的勒华拉杜里（Emmanuel Le Roy Ladurie，1929—　）（前者的接班人之一），就特别注重社会的整体的、结构性的转化。他的名作《朗格多克的农民》就是一个尝试，他不认为经济模式是唯一重要的因素，认为还有人口和其他自然因素。在华文史学界，台湾的毛汉光曾出版了《两晋南北朝士族政治之研究》两卷本，其中基本都是数据和表格。这种历史研究借用勒华拉杜里的话是"没有人的历史"，希求做社会的结构性分析，以致读起来索然无味。注重社会结构性转化，与马克思主义相关，因为在西方，历史写作的传统是叙述史，也就是讲故事，而如果没有"人"在其内，那么故事从何讲起？但有趣的是，勒华拉杜里很快变了，回归了叙述史的传统。他在《朗格多克的农民》出版9年以后，写了《蒙塔尤》一书，以朗格多克的一个小村庄为对象，重构一个"全体史"，里面便充满了人物和故事。这是一个变化，但其初衷仍然是从一个横切面出发，构造一个社会结构的全体，于是小村庄更容易成为其对象。

二战之后，马克思主义对史学的影响跟共产主义政权的建立有很大的关系，马克思主义史学成为正统。在中国，马克思主义历史学在20世纪30年代时候还是有很多讨论的，到了50年代以后也有很多讨论，但基本上已被奉为正统。战后日本马克思主义对历史学影响非常之大，第一，当然是1945年之后马克思主义者都从监狱里放了出来，第二就是由于战败，整个日本都在讨论日本近代性的问题。对日本学者来说，他们对明治维新以后日本的变化颇为自豪，认为是短时间内获得了一种"超克"，后来居上，变成了一个近代国家。但日本的战败，让竹内好等人对此近代化道路提出了严厉的批评，认为所谓"近代的超克"，导致了日本军国主义。战后西德的史学界，也有类似的反思。日本和德国在近代化的道路上，都出现后来居上的态势，但在战后的学者看来，这种后来居上，使得它们具有更多的攻击性。在日本，对明治维新之后的历史抨击较强烈的是马克思主义史家，所以战后的日本史学界，马克思主义学派长期占据优势。

但1989年出现了一个转折，标志马克思主义影响的衰落，柏林墙的倒塌是一个标志。在西方学界，你自然可以是一个马克思主义者，甚至是共产主义者，不过社会主义国家的变化，会对他们的政治认同产生影响。如果一个国家用暴力对待自己的公民，就会使这些学者难以接受。举例来说，美国的尤金·杰诺维希（Eugene Genovese）和他太太伊丽莎白·杰诺维希（Elizabeth Genovese）是公开的马克思主义史家。但到了1989年之后，他们都公开宣布不再是马克思主义者了。换句话说，马克思主义到了90年代在全球范围都进入了一个新的时期，正好可以做一个总结，所以我们认为目前是编辑、出版我们这本书的较好时机。

我们这本书的重点是马克思主义史学在20世纪后半期的发展变化。一般认为，60年代开始，马克思主义研究出现了一个"文化的转折"（cultural turn），也就是从原来强调历史唯物论和阶级斗争推动历史发展，转到注重上层建筑以及上层建筑如何与经济基础互动。如同上面所说，马克思本人的历史研究，也没有僵化地认为阶级斗争是社会变革的唯一因素。他自己对拿破仑三世上台的分析，就是一例。马克思显然认为法国存在的大量农民以及他们对强权、强人的崇拜，是一个更为重要的原因。

对马克思主义阶级斗争理论的第二个修正来自伯恩斯坦（Eduard Bernstein, 1850—1932），以前在中国他被斥为臭名昭著的修正主义代表。伯恩斯坦的主要论点其实基于现实的观察，他注意到资本主义的发展，不但产生了工业资本家，也产生了大量小业主，即中产阶级，因此阶级分化并不绝对，不是"铁的法则"。在他之后，西方几乎所有的经济学家都认同这一点，他们认为社会要稳定，必须保证这个中产阶级的存在，因此伯恩斯坦有很多先见之明。有人说过一句评语，我认为是非常中肯的评语，说整个20世纪历史的发展证明，资本主义国家吸取了社会主义的因素，而社会主义国家没有吸取资本主义的因素。当然到了80年代以后就不同了，中国甚至更早，1978年底就开始吸取资本主义的因素。

换句话说，当代的资本主义社会与恩格斯当年写《英国工人阶级状况》的年代已经大相径庭。19世纪的英国雇佣童工，没有八小时工作制，所以工人状况悲惨。但在一战以后，劳工紧缺，社会走向了改良。如1919年英国就给予妇女选举权，美国在次年跟进，其原因之一就是妇女在战争当中和之后，都已经走出家庭，加入了劳工的队伍。日本战败之后，妇女也获得了政治权利。这些都是变化的标志，其他方面也同样有明显的改变。事实上，在20世纪英国成了社会福利最好的国家之一，工党本质上是一个社会主义的政党，在英国政坛一直与保守党平分秋色。而在美国，虽然贫富分化严重，但同时也存在一个强大的中产阶级，定义十分宽泛。一个大学毕业生,有一份相对稳定的工作(如年收入三万美元以上),就是中产阶级的一员。而更重要的是,这些人自认为是中产阶级,虽然他们的经济收入与处在中产阶级上层的人相比,其实有蛮大的距离。但这种自我感觉是绝妙的,因为如果你认为自己是社会的中坚,用中国的话说就是进入了体制内,那么就不会考虑挑战甚至推翻这个社会制度。美国其实生活水准并没有我们想象的那么高。一般四口之家的年收入如果达到6万美元以上就是美国收入的均值了,如果年收入达到20万以上,就算富人了,可能是顶端的15%甚至10%了,所以中产阶级的收入幅度很大、很宽。所幸的是,美国房价较低,如果两口子各赚3万元年薪,那就是一家6万,而美国房贷可以借到收入的3倍,因此那两口子便可以买18万价位的房子,而这个价格在美国许多地方可以买带单独的三卧室的别墅(带车库)甚至更大的房子,除了在纽约曼哈顿等人口集中的大都市。不过美国中小城市居多,因此一般人生活压力不大。当然美国的富人可以非常富,年收入几百万乃至几千万美元,但这些人只占人口的百分之零点零零几,与一般人隔绝。美国社会的稳定因素是有一个相对庞大、也自我认同的中产阶级的存在,与马克思、恩格斯当年对资本主义社会的理解已是非常不同了。

如果中产阶级可以有一种自我认同,那么工人阶级的认同意识或阶级意识也值得研究。这是现今马克思主义"文化转折"的主要内容,其中爱德华·汤普森(E. P. Thompson,1924—1993)的《英国工人阶级的形成》一书有示范意义,至今仍是英美研究生的必读书之一,所以你们当中有人想去西方攻读博士,或许应该先将这本书读了。虽然从叙述手法来说,此书写得并不那么出色,但汤普森从文化这个角度来考察阶级意识的构成,从各个方面举了许多例子描述,突出了"形成"(making)这个观点。他的观点也就是我们上面谈过的,两个人即使生活在同一经济条件之下,对社会并不一定具有相似的看法和态度。汤普森认为要研究阶级意识形成的过程,必须看到工人阶级与其他社会阶层之间的互动,做历史的考察,细致地勾勒他们如何形成自我认同。他强调说,这个工人阶级的意识,与其说是"被造的",不如说是"自造的",也就是工人自己在行动中觉悟到的——"The working class made itself as much as it was made"。

以历史叙述的精湛、流畅而言,艾瑞克·霍布斯鲍姆(Eric Hobsbawm,1917—2012)也许是一位更好的史家。他著述宏富,如《革命的年代》、《资本的年代》、《帝国的年代》、《极端的年代》等。这些著作对近代资本主义的兴起和近代社会的渊源及特性,从历史的角度做了多种阐述。他提出过著名的"双重革命说",认为近代社会奠基于法国革命和工业革命。从这一论断也可以看出霍布斯鲍姆的马克思主义立场,即注重经济基础的变化和上层建筑的更新,因为法国革命也部分实践了以后成为近代社会思想基石的许多理念。霍布斯鲍姆去世前的最后一部著作出版于 2011 年,题为《如何改变世界?》①。这个书名也显然是马克思主义的,因为马克思有一句我们耳熟能详的名言,那就是"以往的哲学家仅仅解释了世界,而更重要的是要改变世界"。霍布斯鲍姆在书中承认,马克思的一些预言过时了,但资本主义社会暴露出的种种弊病,又让人感到马克思主义的现实性和相关性。这是霍布斯鲍姆的基本信念,所以他是当代马克思主义的著名史家。

汤普森和霍布斯鲍姆都是战后英国共产党历史学家小组的成员。20 世纪 50 年代后期匈牙利事件之后,不少人(包括汤普森)退出了这个小组,但霍布斯鲍姆没有。马克思主义史学在英国的重要阵地是《历史工作坊杂志》(History Workshop Journal),由原来共产党历史学家小组的成员拉斐尔·萨缪尔(Raphael Samuel,1934—1996)在 70 年代创办。创办时期十分草根,而现在则成了国际史学界的重量级刊物。不过他们杂志的网站还是强调,现在是数据化的时代,资料的搜寻范围扩大了许多,可以让史学界之外的人共享,因此他们特别欢迎任何对历史有兴趣的人共同参与历史研究,构建历史的想象,然后将历史分析变为改变世界的工具。从这点来看,《历史工作坊杂志》还是具有明显的马克思主义的倾向。

还值得注意的是,《历史工作坊杂志》在 1987 年至 1994 年间,加了一个副标题,叫"社会主义和女性主义史学家杂志"(Journal of Socialist and Feminist Historians)。社会主义与女性主义联手,是一个值得关注的事,需要解释一下。兰克史学以前受人尊崇,一个原因就是它标榜"客观"。但兰克史学的传统是从政府档案出发研究政治、外交史,其研究、关注的对象自然是男性精英,因此在女性主义眼里,根本就无客观性可言。而马克思主义史学家注重下层民众,因此也不认同兰克史学的客观性,所以两者联手挑战兰克传统的近代史学,这就是原因所在。

女性主义史学从 20 世纪 70 年代开始,渐渐成为西方史学界的显学。在美国史学界,当今女性主义史学的领军人物是邦妮·史密斯(Bonnie Smith)。她是史学史、思想史专家唐纳德·凯利(Donald Kelley)的妻子,两人都在新泽西州的罗格斯大学任教。但在起初,罗格斯大学看重的是凯利,因为他是思想史的重量级学者,又是《思想史杂志》(Journal of the History of Ideas)的主编,他妻子史密斯是跟随他到罗格斯大学的。凯利有多种著作,有些已经翻译成中文,如《多面的历史》②。

但最近二十年,史密斯的地位直线上升,其地位和影响明显盖过了她先生,这从一个角度反

---

① Eric Hobsbawm, *How to Change the World:Marx and Marxism*, London:Little Brown UK,2011.

② 唐纳德·凯利:《多面的历史:从希罗多德到赫尔德的历史》,陈恒、宋立宏译,北京:生活·读书·新知三联书店,2003 年。

映了妇女史研究的兴盛。邦妮·史密斯有一本重要的著作，可惜中国学界还没翻译过来，题为《The Gender of History：Men，Women and Historical Practice》《历史的性别：男人、女人和史学实践》，2000 年由哈佛大学出版。① 从书名看，此书内容涉及近代历史学的实践，是一本史学史的著作。她研究这些方面，也许受到了凯利的影响，但史密斯的角度非常不同。她从兰克等史学大家的信件入手，揭露了这些史学大师其实非常歧视女性，甚至将找寻档案史料与征服女性相比拟，并用了一些露骨、肉麻的话语，因此这些人建立的史学研究标准，根本就无法称之为客观史学，而兰克创办的研讨班，既不关心女性的课题，也没有任何女性参与。

其实史密斯所言不虚，我这里举一例帮助说明。二战以前的美国学界非常歧视女性。民国时期北大的第一位女教授陈衡哲，是任鸿隽的妻子，胡适的朋友。她的女儿任以都后来也到美国留学，在她母亲的母校 Vassar College（瓦萨学院）毕业以后到哈佛下属的女子学院 Radcliffe College（拉德克利夫学院）攻读博士，是费正清的女弟子。我曾经采访过她。她告诉我说，在她求学的时候，Radcliffe College 的学生不能使用哈佛大学的图书馆，即使费正清出面也不行。任以都获得博士学位以后，长期在宾州州立大学任教，但她从来不说自己是哈佛大学的博士，而坚称自己是 Radcliffe College 的博士（其实 Radcliffe College 是哈佛大学的一部分，一般人都会称自己是哈佛毕业的）。同样，哈佛的现任校长德鲁·福斯特（Drew Faust）的兄弟们都上了普林斯顿大学，而她因为是女的，普林斯顿大学到了 20 世纪 60 年代还不收女生，所以她只能去了 BrynMawr College（布林茅尔学院）这所女子学院，后来在宾夕法尼亚大学获得了历史学的博士学位并留校任教。而 Faust 前几年出任哈佛大学的第一任女校长，也从侧面看出女性学者地位的大幅攀升。在女性主义学者眼里，如果历史写作不关注占全人类一半的人口，自然便毫无客观性可言了。

《历史工作坊杂志》与女性主义联手，共同扩展历史研究的领域。他们挑战兰克史学的传统，提倡研究社会史、公共史、家庭史和日常生活史，希望历史写作不再高高在上，而是紧密地与社会现实互动、交流，并参与现实政治，这些都反映了马克思主义的持久影响。同时，这些领域也是当代史学的主要趋向。总体而言，当代史家希图研究、写作"自下而上的历史"（history from below），对边缘人物、社会底层加以重点研究。许多倾向马克思主义的劳工史学家参与其内，他们的研究扩大了史料的范围，进行大量采访，用口述史料重建劳工的生活。同时倾向马克思主义的史学家还对原来忽视的奴隶和其他底层人物加以研究，因此劳工史研究的新发展，一

①　Bonnie G. Smith，*The Gender of History：Men，Women and Historical Practice*，Cambridge，Mass：Harvard University Press，2000.

定程度上代表了马克思主义史学的最新动向。

马克思主义影响的第二个方面是对历史走向的宏观考察。最近史学研究走向了所谓的"碎片化"。但这只是一个方面,另一个方面则有全球史的努力。从事全球史研究的学者自然不都是马克思主义者,但他们像马克思当年一样,希望对历史的现状和未来走向做出分析和展望。同时,他们又批判地看待马克思主义的遗产。比如马克思虽然有全球的视角,但他关注的主要对象是西欧,并将希望放在男性白人的工人阶级身上。现在有不少学者指出了这些研究的不足,概括为西方中心论思维。例如有一本较新的著作,题为 *Marx at the Margins*(《在边缘的马克思》)①,它就指出了马克思的西方中心论立场,并检讨了马克思主义对西方之外地区的影响。马克思其实当年比较关注印度和中国,如他的《大不列颠在印度的统治》就是名篇,而在中国第二次鸦片战争期间,他也谴责了英法联军侵略中国的暴行。但他也许受到黑格尔的影响,认为有一个恶的历史作用,即血腥的镇压也能成为历史演进的杠杆。换句话说,马克思虽然对中国和印度当时的处境充满同情,但他又说"英国的今天就是印度的明天",也就是资本主义的英国是印度发展的模式和归宿。西方马克思主义者对马克思主义遗产的这些批评和研究,值得中国学界注意并部分地加以吸收。

我想我今天就讲到这里,谢谢各位!

提问互动

提问:王老师,我想就英国马克思主义史学向您提两个问题,第一是霍布斯鲍姆去世后,以他为代表的最有影响的马克思主义史学家都已去世,我们今天该如何评价他们的史学遗产呢?第二,英国马克思主义史学在学界的影响非常大,但英国共产党的政治影响却非常小,政治与学术的分野是由什么原因造成的?

王晴佳:我不完全同意你的观点,共产党在英国本身影响力虽然不大,但西方对共产党的一般印象是列宁主义、斯大林主义,马克思主义作为意识形态的衰落体现在两方面,一个是反斯大林高潮,另一个是 1989 年的政治风波。反过来说,英国工党的势力一直都在,这是社会主义和共产主义的区别,社会主义思想和运动从马克思那里而来,其影响力永远都在。霍布斯鲍姆之后马克思主义史学确实发生了断裂,但仍有不少坚持马克思主义的学者。

提问：现在很多人认为不应该将"年鉴学派"称为学派，而应称作"年鉴运动"，您认为现在年鉴运动的回潮是受到横向其他史学流派的影响多，还是其自身学术反思更多？

王晴佳：我觉得还是自身的原因更多。我和北大老师合作的《外国史学史》一书，里面提到计量史学的重要性，勒华拉杜里用年轮分析社会，历史学科的科学化是一个潮流，这与他之前整体史的策略有关，他的研究越来越小，接受人口学、地理学、经济学的影响，9年之后写了《蒙塔尤》，这是一个自然的发展过程。从法国学界和西方学界的接触来说，并不非常多，比较重要的人物是罗杰·夏蒂埃（Roger Chartier），第四代年鉴学派代表人物，而彼得·伯克（Peter Burke）本人也说，"年鉴学派"只是一个称谓而已，其理路的发展更多还是内在变化的结果。

（该演讲由南京大学历史学院硕士生程善善整理）

德国汉学史的三个断层

罗梅君（Mechthild Leutner，德国柏林自由大学）

三十多年前，我的博士论文探讨了马克思主义史学在中国 20 世纪 30 至 40 年代这一重要的转型与过渡时期的形成和发展，并着眼于年轻的中国史学家如何受马克思主义思想的影响开始重新书写与阐释中国历史。他们不仅仅是具有背景和动机的年轻历史学家，当时中国政治演变的进程也直接影响到他们对马克思主义史学的概念化。我的论文在体制、人员、方法论等层面呈现出中国的历史科学与政治发展相互交织的局面。

反过来观察，德国的中国学是如何发展的，其政治和学术的联系如何得到体现，又有哪些具体的发展脉络呢？虽然许多汉学家已经意识到这一点与兰克（Leopold von Ranke，1795—1886）的假设相反，"它本来是怎么样"，这其中体现了知识生产层面上存在的主观性与客观性的纠葛，以及政治因素对学术作品或明显或隐蔽的影响。政府机构或促进或阻碍了学科的发展，但就德国政治对汉学的发展和汉学知识生产的影响至今缺乏深入探究，或许是被刻意回避了。

如果从世界观、社会政治活动、研究方法、学术成果和中国观点的紧密联系来观察，我将在下面对德国汉学的发展进行概述，其中提及的相互关系显而易见，同时决定性地影响到汉学这一学科的形成。

在相关的学术和政治背景下，有三个主要的政治转折点和断层，迫使汉学这一学科在德国产生了关键性的断裂，其发展受到阻碍甚至倒退：一是 1830 年和 1848 年资产阶级革命背景下的政治限制和迫害；二是 1933 年至 1945 年期间，许多汉学家和中国学家由于受到纳粹独裁统治的迫害而移民，在纳粹时代，不仅存在广泛的政治迫害，更因为种族原因对犹太人进行屠杀；三是 1990 年德国统一后对民主德国的汉学进行体制上的清算和摧毁。上述三个时期有着相异的历史背景，对汉学的阻碍与摧残也出于不同的政治原因和方式，但其对汉学的政治干预都是不可忽视的。由于在第一个断层时期相关的学者大概只有三个人，那时的汉学在学术领域还没有自己的地位，所以至今几乎没有汉学家予以关注，但体制上的断层在这里清晰可见。随后两次对汉学的干预不仅由国家予以合法化，而且也是在职业同行的帮助下进行的，其中纳粹的迫害在历史学科史上达到了前所未有的程度，有逮捕、解雇、职业禁止和限制以及强制移民等。在这三个断层中，汉学家受到迫害不仅因为其特殊的身份，更因为政治上的活跃，但无论如何，它一定涉及中国研究的总体方向。这些官方的、出于政治动机的介入和打击，影响是巨大的，甚至延续到了今天,以至于造成某些学术领域的消失及学科定位的边缘化,如对人文和社会科学采用系统科学的方法进行工作。因此,这完全适用于在 1830 年和 1848 年资产阶级民主革命以及纳粹专制统治背景下产生的学术断层,以构建汉学和霸权二者的关系。汉学被等同于翻译及语言学的分析,对学科的理解与发扬是由汉学代表人物主导的,被排除在大学教学之外的汉学家不仅缺乏一种体制环境,而且也根本没有足够多的赞同他们立场的"学生"。

第一部分我将重点讨论三个相关人士,包括他们的政治理念、受迫害情况及其对中国的诠释。第二部分中由于大量的人受到普遍的体制性迫害,因此我所列举的受迫害者与他们对中国的诠释只是个别案例。第三部分是对 20 世纪 90 年代断层的论述,我仍将注重制度方面,而非个人关于中国的学术理念或专门观念。

第一个断层:1830/1848 年的资产阶级共和革命

在德国,"汉学"被定义为基于中国语言资源的科学研究[1],其历史起点并不是一个语言学的学科。普遍认为德国汉学的创始人是 19 世纪的威廉·硕特(Wilhelm Schott,1802—1889)和格奥尔格·贾柏莲孜(Georg Conon von der Gabelentz,1840—1893)。硕特在柏林大学担任中国语言教授超过半个世纪[2],贾柏莲孜在莱比锡和柏林研究中国语言二十多年[3]。然而,鲜为人知的还有海因里希·库茨(Heinrich Kurz,1805—1873)、卡尔·弗里德里希·诺依曼(Karl Friedrich Neumann,1793—1870)和约翰·海因里希·普拉斯(Johann Heinrich Plath,1802—1874),他们三人同样在这个时期把中国作为主要研究领域[4]。尽管他们在中国研究上有所差异,但是在三个方面具有共同点:第一,他们对汉学有着文化和历史的理解;其次,他们认同中国的差异化,以非欧洲中心论的方法诠释中国;第三,他们在 1830—1831 年和 1848 年资产阶级革命时期遭受迫害,因为他们也像当时很多其他科学家那样为共和资产阶级、民主自由、社会解放,反对阶级不平等和国家统一做斗争。在反革命统治的日子里,他们被监禁、禁止工作,或被所在国驱逐。通过这些方式,他们被剥夺了(可能)作为汉学家的学术训练(H. Franke 1961:71)。我们可以推测,中国提供给他们的不仅是研究的对象,也是作为表述他们自己社会政治思

---

① 这个宽泛的"汉学"定义,参见 H. Franke 1974:1232。

② 关于 Schott,参见 Leutner 1987。

③ 关于 Gabelentz 的详细论述,参见 Erkes 1953/54,Richter/Reichardt 1978,Kaden 1979。

④ 详情参见 Leutner 2001a。

想的手段,这是一种"自我证实"①的方式,他们在对与德国相关的立场,以及对中国负面形象的批判性讨论中,使自己的社会政治观点得以巩固。②

海因里希·库茨曾在巴黎师从著名的 J. P. 阿拜尔-利姆特(J. P. Abel-Rémusat,1788—1832)学习满学和汉学,从 1828 年到 1831 年曾发表关于中国哲学家的论文,如关于孔子、孟子、庄子、老子以及中国诗歌等。他不想把中国哲学仅仅归结为孔子与儒学,同时也研究老庄与道家,认为后者体现了"智能或理智(道)"的基本原则,这与儒学的教条主义不同。库茨把老子"道"的概念解释为"标识",作为"理智的原则"(Kurz 1830d:563,567),他认为《道德经》与古希腊哲学家柏拉图的著作有相似之处。

库茨还修正了秦始皇的负面形象,认为他是中国的统一者和封建制的驱逐者,并带领中国抵御匈奴的侵略,他曾邀请所有的朝廷官员,"要他们公开和自由地表达对政府的意见"。秦始皇也是一个"理智的崇拜者"(Kurz 1829b:1002,1097f)。库茨的《秦始皇关于儒家与道教的特征》一文,读起来就像在他自己的时代对德国的政治问题发表评论:宣传德国统一,反对特权阶层,推崇与人民相联系的君主观念,信仰理性的力量——库茨相信这种思想在秦始皇那里也能找到。

1829 年以来,库茨驳斥关于中国没有诗歌的普遍偏见。作为共和党人,他也认为在中国存在着新闻自由(参见 H. Franke 1961:68)。库茨描绘了中国古代伟大传统的图画和随后社会和文学的江河日下,他指责这首先是儒家造成的,但他也看到了道家哲学从理智学说到迷信的退化。1830 年 7 月巴黎革命所主张的自由、平等、人民主权得到库茨的充分认可,他回到了德国,并于 1831 年 10 月成为慕尼黑大学第一个汉语和鞑靼语讲师。但他的教学许可证于 1832 年 3 月 24 日被内政部撤回,因为他被认为是参与革命派的活动。1832 年 4 月,库茨接手在奥格斯堡出版的共和党日报《时代》,主张新闻自由,并自己撰写文章,其中包括讽刺政府宗教的"国家报"。库茨因为冒犯君主于 1832 年 5 月 25 日被捕,被判处监禁两年,他在奥格斯堡作了公开道歉。在拘禁期间,他翻译过中国的小说,但在 1834 年出狱后,由于找不到就业机会,库茨被迫放弃了汉学,移居瑞士,在那里担任德国文学教授。③ 直到 1961 年,已经完全忘记了库茨的德国汉学界才重新发现他的汉学著作,并加以赞赏(H. Franke 1961:61ff)。

---

① Münkler 2000:146,他认为这源于曼德维尔写于 14 世纪的游记,同样也可以认定这里涉及其他几部汉学著作。

② 从 19 世纪 30 年代起,越来越多的以种族中心主义、种族理论为基础的观念以"进步"的西方的优越性与半野蛮、半开化的中国相对比,见 Leutner1986:405。

③ 对照在德国新传记中的传记条目(Neuen Deutschen Biographie),Berlin 1982,Bd. 13,S. 334f。

卡尔·弗里德里希·纽曼是第一个到中国旅行的德国汉学家,他曾在巴黎跟随 J. P. 阿拜尔-利姆特学习汉语。他从对世界历史的理解出发,深入探讨中国近代史,特别是中国与欧洲列强的关系。纽曼和他的中国研究在汉学界缺乏认可[①],其成果质量欠佳,可能与他把自己定位为文化历史学家有关(H. Franke 1968:7),他并非"真正的"汉学家。

纽曼来自一个犹太家庭,这个群体到 1812 年乃至更晚遭到大规模歧视,只是由于作为学生皈依基督教,纽曼才有机会得到一个公务员的职位(Dickerhof 1978:294)。他的共和启蒙思想和对社会的批判态度植根于他受社会歧视的经历。1828 年他在巴黎学习亚美尼亚语和汉语。从 1830 年 4 月至 1831 年夏初,纽曼前往澳门和广州,围绕中国研究进行深造。1832 年 2 月,他成为慕尼黑大学普通文学、汉学、亚美尼亚语言文学以及民族学的教授,作为回报,他把自己大部分的中国藏书捐赠给了慕尼黑国家图书馆。[②]

纽曼从他那个时代的意识形态和政治问题出发,完成了许多学术成果,同时也是其后 20 年间全系最受学生欢迎的教授。[③] 他离开了文献学,超越了一般汉语和中国文字的研究,以社会科学的方法对政治和历史做重点探讨(Dickerhof 1978:301)。1837 年,他写出了非常重要的《广州英国社区的驱使与野心》,该文表现出对于中国对英国采取行动的理解(Neumann 1837a:V)。后来,他在《盎格鲁-中国战争史》中尖锐地揭示出鸦片战争的原因,并再次批评英国的做法不道德和缺乏人性(Neumann 1855:30)。这项研究被殖民时期和后来的汉学家所忽视,因为他们与纽曼不同,认为鸦片战争是必要的,有益于中国的"开放",[④]及其文化和传教事业。不过纽曼后来的作品,较少批评英国在中国的扩张行为。

纽曼在"启蒙运动和自由主义"的思想基础上确立了科学的态度,对其社会影响深表关切(Dickerhof 1978:290, 305)。他主张"东方文学……从神学,尤其是圣经的束缚中解放出来",在 1838 年创办的《东方学杂志》[⑤]第一期中对此进行了陈述。与历史学中占统治地位的民族国家趋势相反,纽曼倾向于比较和普遍的历史。他把中国的历史以及亚洲其他国家的历史纳入世界历史,使之成为世界历史的一部分,显然他所持的是反黑格尔和反赫尔德的观点。他希望继续

---

① 对其能力更详细的评估,主要来自非汉学家,如 Reismüller(1916),Dickerhof(1978),罗梅君(2015)。

② 柏林皇家图书馆在预付款之前获得了这些图书,共 2400 册。但是普鲁士政府不准备接手整个收藏或满足纽曼与他的学术生涯有关的要求。纽曼本人与克拉卜洛特进行论战,并回到"黑格尔派和虔诚主义历史学派之间的中立"立场(Dickerhof 1978:300)。

③ 为他取得巨大成功的,不是在 1838 年冬季学期作为主要内容的语言学专题课,而是他的历史讲座,每学期有 200—300 名听众(Dickerhof1978:303F)。

④ 福兰阁的观点认为鸦片战争对于中国的开放和由一般国家向民族国家的发展是必要的。

⑤ 参见在 *Gelehrten Anzeigen 7* 发布的广告(1838),S. 409,引自 Dickerhof 1978:321。

推进"启蒙运动历史的普遍建立"(Dickerhof 1978:329),反对"欧洲中心论"的偏见(Neumann 1837b:152f),承认"所有种族的天然平等",并看到了作为"进步载体"的新人类的理想。历史对他来说不是外交阴谋和战争故事,而是"历史的世界",是"工业、贸易和当代所说的文化"(Dickerhof 1978:328f, 332)。"证实大型人群过去和现在怎样存在,这些和那些国家和文化形式怎样对他们的幸福和痛苦产生作用,这是我们这个时代的任务,我想说,民主的历史书写。"——这是纽曼的信条(Neumann 1861:X)。

纽曼对 1848 年的革命事件持欢迎态度,他认为这在政治上和社会发展上是必要的(Dickerhof 1978:313)。他对法兰克福前议会的参与,对自由党的贡献,对教会的批评,以及对世界历史的科学理解,导致他在 1852 年提前退休。[1] 退休之后,纽曼不再介入汉学领域,他的学术作品也渐渐被遗忘了。

约翰·海因里希·普拉斯于 1822 年进入大学,主修神学,后来在哥廷根学习语言学和历史。他于 1829 以研究埃及的论文获得古代史教授资格。与纽曼类似,普拉斯也受到海里恩(Arnold Heeren, 1760—1842)的"普遍和文化历史观点"以及施洛瑟(Friedrich Christoph Schlosser, 1776—1861)的世界历史方法的影响。这在他 1830 年出版的鸿篇巨制《满洲里人民》中显而易见。总体看来,普拉斯认同耶稣会士对中国的印象和看法,对清朝这段历史给予正面的评价,尽管他认为中国的条件和发达的欧洲相差甚远。清朝皇帝被认为是仁慈和公正的,绝非专制武断(Plath 1830/2:714ff, 789, 813ff.)。很显然,普拉斯把中国与德国各州 1830 年的统治者角色、国家和法律进行了对比讨论。

普拉斯参加了 1831 年 1 月 8 日市民占领哥廷根市政厅的行动,他们要求在汉诺威的国王认可市民代表选举(H. Franke 1960:16ff)。由于汉诺威军队重新占领了这座城市,他和其他民主党人被捕,被判处 12 年徒刑。[2] 他在这漫长的监禁期学习汉语。当他离开监狱时,已成为一个"残破"之人。他于 1848 年成为德国图书馆馆员,但由于国民议会的解散第二次被解雇,成为反对派的受害者(Paust 1952:8,10)。由于他能够编写巴伐利亚州立图书馆纽曼捐赠的中文书籍的图书目录,1860 年被任命为巴伐利亚科学院编外成员,1864 年转为正式成员。此时的普拉斯研究中国先秦历史,利用中国原始材料勾画出高度差异化的图像,包括中国古代的法律和法制。他的著作中始终贯穿着一个公正统治者和良好政府的想法。总体而言,他认为中国的特点

---

[1]　由于其历史讲座中对"自由主义情绪的公然表达",纽曼被迫提前退休(Jolly 1886:530)。他的教席本应由其理论对手,个性化历史书写和客观性基本要求的创立者利奥波德·冯·兰克(Leopold von Ranke, 1795—1886)取代,但后者没去就任。

[2]　详情见 H. Franke 1960:20ff。

是"有秩序的法律国家",但是要对"事实状态"加以区分(Plath 1866:779,786)。普拉斯主张跨学科的研究,他不赞同赫尔德和黑格尔关于中国停顿的观点和欧洲中心论的历史观(参见 H. Franke 1960:52)。

普拉斯广泛研究文化和普遍历史的做法得到莱比锡的汉学家孔好古(August Conrady,1864—1925)的认同。阿尔弗雷德·佛尔克(Alfred Forke,1867—1944)则把普拉斯的大量学术工作归结为对孔子和儒学的研究。1960 年,福赫伯将普拉斯称作"与威廉·硕特(Wilhelm Schott)和格奥尔格·贾柏莲孜(Georg Conon von der Gabelentz)并列的上个世纪最重要的德国汉学家"(H. Franke1960:7)。

随着这三位汉学家在政治上受到排斥或被边缘化,他们把汉学作为文化历史和世界历史一部分的广泛理解也被随之丢失,之后的德国汉学基本上以硕特和贾柏莲孜为代表,局限于语言文字学,直到 20 世纪 20 年代和 30 年代初,他们的研究课题和观点才又一度得到广泛的理解、接受和扩展。

第二个断层:纳粹时期学科的衰落和专业领域的萎缩

在德国汉学史上,纳粹时期是一个新的转折点,意味着在 20 世纪 20 年代汉学研究中发展起来的新领域和宽视野的终结,最后回归学科的狭窄老路。[①] 汉学家受到政治压迫和排斥,许多人被迫移民,这再次削弱了对汉学学科的理解,也导致汉学成果数量的下降。在此之前,柏林的福兰阁和莱比锡的孔好古已经培养了一批优秀的专家,包括语言学、医学和医疗史、艺术史、民族学、宗教、建筑、哲学、文学和中国历史等领域的学者。不仅在大学,而且在民族学和艺术史博物馆也设立了与中国和东亚研究有关的职位。

汉学仍然是一个年轻,但稳步扩大和分化的学科,这也见于新创办的期刊:除了自 1847 年以来发行的德国《东方学会杂志》(Zeitschrift der Deutschen Morgenländischen Gesellschaft)和自 1898 年以来发行的《东方语言学杂志》(Mitteilungen des Seminars für Orientalische Sprachen),两者都包含了大量汉学研究的论文。现在又增加了更多的杂志:《东亚艺术杂志》(Ostasiatische Zeitschrift,联合创始人威廉·科恩)1912 年创刊于柏林,《亚洲学术期刊》(Asia Major)1920 年创刊于莱比锡(布鲁诺·辛德勒),为以文化研究为导向的年轻一代汉学家提供了发表园地,他们的英语论文也可以得到国际同行的认可。1925 年,卫礼贤(Richard Wilhelm,

---

① 这种情况也见于奥地利和其他德语区国家。如果没有特别说明,下面的论述主要是依据 Leutner/ Leutner2015。也见于 Kern 1999, Felber 1996, Lewin 1979, Leutner 2001b, Walravens 1990。

1873—1930)创办了以文化研究为导向的杂志《学报》(Sinica)，由法兰克福中国研究所编辑，此刊第一次发表中国学者的论文，实现了中国学者在中国之外的学科对话。

纳粹时期并不是突然到来，而是有它的意识形态先导，即德国民族主义和保守主义思想[①]。与当时主要潮流相逆的政治观点在学术领域没有多少生存空间。例如莱比锡汉学家何可思 (Eduard Erkes, 1891—1958)，他是坚定的社会民主党人和坚定的无神论者，在 20 年代中期被认为不适合当教授，尽管他在 1917 年就完成了教授资格论文，其他同事也发表了积极的意见[②]，但主要由于福兰阁在 1924 年的严厉批评，他没能得到一个编外教授的职位，也没能在一年后被提名成为孔好古的继任者。直到 1928 年第二次审核时他才如愿以偿，这与"汉学领域学派间的鲜明对立"有关。

何可思关于中国的观点与他的政治立场有直接联系，有人严厉地指责他是一个"无政府主义者"，以"激进的革命立场解释'道'这个哲学概念"[③]。1933 年，何可思因为柏林东亚艺术博物馆主任奥托·库梅尔(Otto Kümmel)的告发被解雇，并被莱比锡大学取消授课资格。[④] 这一时期遭到相同命运的还有莱比锡"文化历史和人种学"的一些代表人物(Felber 1996:81)。何可思被解雇后，纳粹统治者对他从以前的监视和排斥转为直接的制裁。

总体而言，德国汉学在 1933 年至 1945 年由于迫害和移民而遭受重创，人员流失严重，机构大大减少，甚至纳粹政权的代表在 1942 年也谈到这个专业人员流失严重的问题[⑤]。总体而言，汉学萎缩为一个非常狭窄的专业领域。

到目前为止，共有约 50 名汉学家或专业人员被确认受到民族主义迫害，其中 43 人为男性，6 人为女性。他们中的 30 人是因为犹太血统，许多人也同时出于政治原因，比如积极或者主动反对纳粹政权，这和其他纳粹受害者的情况是相似的。1933 年后，遭受纳粹政权迫害的汉学家中有 38 人拥有德国国籍，10 人持有奥地利护照，一人有波兰和匈牙利血统，此外还有法国人马

---

① 关于这个题目参见 Abendroth 1984。

② Alfred Forke, Bernhard Karlgren (1889—1978), Erich Haenisch, Paul Pelliot (1878—1945), Giovanni Vacca 和 Richard Wilhelm(1873—1930) 为何可思写了正面的评语。见 UAL (Universitätsarchiv Leipzig), PA 445 Eduard Erkes, Film Nr. 516 Bl. 76ff, Bl. 83, Bl. 86ff und Bl. 94。

③ 参见 Schmitt, Orientalistischen Literaturzeitung 7 (1924), S. 431f。

④ 参见 Personalbogen Eduard Erkes (UAL PA 445 Eduard Erkes, Film Nr. 516, Bl. 7)。

⑤ "Bericht (1942) des Chefs der Sicherheitspolizei und des SD für die Parteikanzlei, weitergeleitet am 5. August 1942 an das Reichsministerium für Wissenschaft, Erziehung und Volksbildung über die Lage der Sinologie und Japanologie in Deutschland", 1942, in *Newsletter Frauen und China*. Berlin, Nr. 7, September 1994. S. 1—17. 安全警察和帝国保安部首脑写给总理的关于德国汉学和日本研究状况的报告(1942)，于 1942 年 8 月 5 日转给帝国科学、教育和民众教育部，刊于 *Newsletter Frauen und China*. Berlin, Nr. 7, September 1994. S. 1—17。

伯乐（Henri Maspero，1883—1945）和中国人曾垂祺。曾垂祺是柏林大学东方语言系的讲师，在此执教 15 年之后被解雇，表面上的借口是说他与犹太女子结婚（Leutner 2001：445ff）。社民党成员，《中国和欧洲——18 世纪知识和艺术的关系》（1923 年德文版和 1925 年英文版）一书的作者阿道夫·雷希文（Adolf Reichwein，1898—1944）和作为图书馆馆员的汉学家菲利普·谢弗尔（Philipp Schaeffer，1894—1943），也是德国共产党成员，他们付出了生命的代价，由于抵抗纳粹政权而被处决。① 法国著名汉学家马伯乐是研究古代中国的专家，因参与抵抗活动而被关进集中营，并被拷打致死。

在大学工作的老年和中年一代汉学家，如莱比锡的何可思、法兰克福的鲁雅文（Erwin Rouselle，1890—1949）、柏林的费迪南德·莱辛（Ferdinand Lessing，1882—1961）、哥廷根的古斯塔夫·哈隆（Gustav Haloun，1898—1951）、柏林的沃尔特·西蒙（Walter Simon，1893—1981）等都遭到了严厉的打击和迫害。但受影响最大的是年轻的汉学家，他们曾开辟了汉学的新领域，现在大部分人被迫移居国外。当时受害最严重的年龄组在 26—35 岁，有 14 人之多，这些人刚刚毕业或完成博士学业，仅 1919 至 1936 年在柏林大学获得博士学位而被迫移民的汉学家就有 7 人。经济史学家白乐日（Etienne Balázs，1905—1963）移居法国，人类学家和社会学家艾伯华（Wolfram Eberhard，1909—1989）到美国伯克利任教，语言学家约翰内斯·米仕（John Mish，1909—1983）建立了纽约公共图书馆的东方学部，卫礼贤的儿子卫德明（Hellmut Wilhelm，1905—1990）继承他父亲的事业，继续研究《易经》。另外值得一提的是后来以研究亚细亚专制主义著称的魏特夫（Karl August Wittfogel，1896—1988），他在思想上和政治上属于左倾的法兰克福社会研究所。魏特夫自 1920 年以来成为德国共产党的一员，在 1920 年就出版了关于孙中山的著作，并以《觉醒的中国》一举成名。1930 年他以论文《中国的经济和社会》在法兰克福获得博士学位，并提出了古代中国是一个水利社会的创新理论。他的著作同情中国革命运动，并在中国历史研究中打上了马克思主义的印记。由于意识形态的原因，他像许多德国共产党成员一样于 1933 年被逮捕并被关押到集中营。在国际援助力量的努力下，他在 1934 年获释，但被迫移民美国，于 1947 年在哥伦比亚大学担任教授，对美国汉学的发展产生了显著影响。但此时魏特夫已放弃马克思主义的批判立场，在 1947—1956 年支持麦卡锡反共产主义方案，反对左派和左倾自由主义知识分子。

在 36 名被迫移民的汉学家中，有 9 人去了英国，4 人去了法国，20 人去了中国，在那里寻找就业机会。许多人做到了，尽管他们的生活条件不稳定，但能够继续进行科研工作，其研究成

---

① 参见 Felber 1996：84f，此外还有其他资料来源。

果能够在天主教会于 1934 年在北京办的辅仁大学学报《华裔学志》(*Monumenta Serica*)上发表。但他们在德国本土发表研究成果的机会大大减少：《亚洲学术期刊》(*Asia Major*)由于出版商是犹太人而在 1933 年被禁止出版，《学报》(*Sinica*)于 1942 年被停刊，《东亚杂志》(*Ostasiatische Zeitschrift*)则失去了它的联合创始人威廉·科恩。在日本侵略中国之后，尤其是 1945 年之后，多数生活在中国的德国汉学家再次移民，前往美国。他们中也有些人选择与他们的中国同行共命运，如地质学家米士(Peter Misch, 1909—1987)和中国佛教研究专家李华德(Walter Liebenthal, 1886—1982)等，他们随中国的大学一起内迁，在西南联大继续进行研究，与中国同行密切合作。李华德直到 1952 年仍继续在中国进行科研工作。1945 年之后，没有一个移民的汉学家回到德国(或奥地利)继续自己的学术生涯(Kern 1999：240)，只有个别人作为客座教授或由于私人原因返回德国或奥地利。但是在法国、英国，特别是在美国，这些学者对他们所流亡国家的汉学和中国研究的创建与发展做出了决定性的贡献。这些受纳粹迫害的汉学家有 25 人在大学和学院担任教授，另外 8 人担任讲师，4 人在专业图书馆工作。

德国和德语国家的汉学家人数锐减，汉学研究的整体水准随之下降，更谈不上学科的发展了。例如，20 世纪 20 年代由福兰阁(Otto Franke, 1863—1946)开创的中国现代区域研究，直到 50 年代才由他的学生卫德明(Hellmut Wilhelm, 1905—1990)重新开始。卫德明先移民到中国，然后于 1947 年移民到美国，在西雅图华盛顿大学远东和俄罗斯研究所担任教授。[①] 在德意志联邦共和国，区域研究直到 20 世纪 60 年代才作为一个学术领域被接受。

这些移民学者对 1945 年之后德国汉学学科的体制建设和内容创新都没有产生什么影响。在 20 世纪 50 年代德国汉学重建的过程中也缺少他们的身影，只有两位受过迫害的汉学家，何可思和贝尔森(Siegfried Behrsing, 1903—1994)分别在莱比锡和柏林洪堡大学继续进行汉学教学。在德意志联邦共和国，纳粹政权的支持者如汉堡的弗里茨·耶格尔(Fritz Jäger, 1886—1957)，哥廷根大学的汉斯·斯丹格(Hans O. Stange, 1903—1975)——他是前纳粹党和冲锋队成员，以及法兰克福的卡尔·亨茨(Carl Hentze, 1883—1975)，都获得了教授职位。[②] 柏林自由大学和科隆新任命的学者都是前纳粹党成员，他们和自己的同行一样，把注意力集中到古代中国及其经典文本的教学和科研上。其他站在纳粹政权对立面的汉学家如柏林的埃里希·海尼士(Erich Haenisch, 1880—1966)，不愿与纳粹有什么联系，在 1945 年以前就把视野局限于政治

---

① 区域研究的起源与 1887 年在柏林大学成立的东方语言系有关。早在 1914 年在德国就开始了对外国的科学研究是否必要的争论。

② 一个例外是傅吾康(Wolfgang Franke, 1912—2007)受聘于汉堡大学，他不是纳粹党成员，并多年生活在中国。

上比较中性的中国古典文本的语言学研究。① 战后西德的汉学主要关注翻译、介绍和评论中国古典文本,变成了一个相对比较狭隘的学科,具有创新能力和创造力的年轻学者对这门学科有更广泛的理解,却不得不离开这个国家。这时的德国,汉学家主要研究古典文献学,而不太关注当代中国。如果对 20 世纪五六十年代的教授及其学生们进行观察,会看到以现代中国为对象的社会科学和在语言学意义上的"真实"汉学之间形成了一种对立,这种情形一直延续到现在。

第三个断层:德国汉学的"战胜者"和"被战胜者"②

我把 20 世纪 90 年代早期德国统一后对民主德国汉学的清算,看作德国汉学史的第三个断层。在这里,可以观察到在原德意志联邦共和国汉学家的支持下,国家权力对原东德汉学代表人物的压制和清算,年轻学者受到的影响尤其严重。统一之后,作为战胜者的西德对被战胜者东德,尤其是东德的知识分子和科学精英群体实行封锁和清算,而不是实施整合和宽容的政策。胜利者不满足于对东德领土的政治占领,他们认为清除以马克思主义为基础的政党和国家知识是必要的。汉学家曾是民主德国智慧的一部分,他们将面临审查和清除的命运,无论其学术素质多高,也无论其意识形态和政治立场如何。

除了政府机构,一些西德汉学家也介入了清算过程,他们许多人在 20 世纪 50 年代离开德意志民主共和国,前往西德继续自己的学术研究。③ 莱比锡大学的汉学代表人物哲学史家拉尔夫·莫里茨(Ralf Moritz)得到了一个"新"的职务,但与此同时,柏林科学院的中国研究小组和社会科学院却被完全解散,学者们被解职,只能在其他机构担任短期职务。

柏林洪堡大学的中国研究所是东德汉学的教学和研究中心,1990 年有 21 人供职,其中包括三名正式教授和三名编外教授,研究领域涉及现代和古代中国、翻译和口译、中国现代文学与古典文学、现代和古代文化、经济史、社会史以及当代中国政治等等。它毫无疑问是当时德国大学中规模最大的汉学研究所。但是到了 1993 至 1994 年,该研究所由于政治压力而大幅裁员,最后只剩下几个人。以慕尼黑汉学家沃尔夫冈·鲍尔(Wolfgang Bauer,1930—1997)为首的改

---

① 在 20 世纪 40 年代初,埃里希·海尼士和福兰阁在他们的研究论文中就以类似的中国情形对法西斯独裁统治,特别是罪恶的战争进行谴责,参见 Leutner 1987:46/50。海尼士是 1944 年唯一对马伯乐和其他德国汉学家提供支持的汉学家,然而他的支持被拒绝了,参见 H. Franke 1970:113。

② 这是费路 1994 年相关论文的题目。

③ 对于全德国汉学在 20 世纪 50 年代和 60 年代的发展的意义,这里不予讨论,许多合格的汉学家,其中大部分是爱德华·何可思的学生,从东德流亡西德继续自己的学术生涯。这种东西向的人才流动也发生在其他科学领域,但需要更多的分析。

制和聘任委员会对该所进行重组,决定削减编外教授和重新招聘三名正式教授,并将学科发展方向压缩到语言学和文化研究这个非常狭窄的领域。① 在公开招聘中,原有教授也需要重新应聘,结果只有一名教授,即从事中国语言研究的贾腾(Klaus Kaden)获得新任命。中国文学教授梅薏华 (Eva Müller)被解雇之后,其职位找不到合适的人选来填补,于是她作为访问教授接替了自己的职位,可以继续工作,却失去了一个正式教授的所有权利及与此岗位相关的助理人员。该学科方向逐渐"干涸",梅薏华退休后,只能以学期为单位聘任一名客座教授短期授课。第三位新任命的教授是研究前现代中国文化的道教专家——原教授费路(Roland Felber,1935—2001),由于许多国际知名汉学家的努力,②最终作为编外人员得到聘用,直到退休。当时有人提出由柏林自由大学和柏林洪堡大学共同组成泛柏林中国研究院的设想,将两所大学的汉学研究机构合并,这样就无需对洪堡大学的汉学机构进行清算。但是由于改制和聘任委员会主席沃尔夫冈·鲍尔的反对,这一设想无法实现。有人说,民主国家应该容忍持不同政见者,甚至是那些没有政治权力的马克思主义者,但是沃尔夫冈·鲍尔认为解雇洪堡大学的汉学家是政治的需要,因为他们是德国统一社会党党员,是"东德政权的象征性人物"。

这些措施的直接后果是原东德汉学存在的土壤被铲除,其代表人物在专业上和人格上受到歧视,对学科发展的影响力完全被遏止。③ 年轻的汉学家们不约而同地被迫退出学术机构。西德代表人物的霸权意识和政治立场,类似于德国的领土延伸,在学术领域的势力范围也得以扩展。他们成功地把原民主德国的中国研究边缘化,并在政治上予以抹黑。这包含一个广泛的背离,一方面是以区域研究为导向的观念,一方面则是研究领域迅速窄化,仅仅局限于传统语言学的范畴。在原教授退休后出现了学科水平的整体下降。2014 年,洪堡大学决定对汉学学科进行全面调整,并重新增加两个教授职位。现在的情况较当初虽有所改观,但是洪堡大学和学院具有代表性的汉学学术内容仍然缺失,目前既没有专门的中国现代汉语学教授,也没有专门的中国文学和中文翻译学专业。

更严重的是对特定理论和方法论的清算,广泛意义上的历史唯物主义观点在统一后的德国的学术机构中将不复存在。两种不同的理论和方法论之间的争论——现在不仅仅是在汉学,也涉及所有的社会科学学科——自此以后至少在体制化的学术领域内不会再进行。历史学家沃尔夫冈·蒙森(Wolfgang Mommsen)提到,在他的专业里也存在类似的批判性马克思主义方法

---

① 参见 Felber 1994:3。除非另有说明,下面的信息是基础资料,依据费路 1994 年以及我作为柏林自由大学中国学教授对清算过程的个人观察。

② 一位国际知名的汉学家就指出这种清算过程是"兄弟自相残杀",缺乏容忍和"复仇"(Felber 1994:2)。

③ 参见 Felber 1994。

的"衰落",2000年,他对过去缺乏关于历史根本问题的学术论争深表遗憾,而东德时期的历史学家们曾以马克思主义为导向进行过富有成效的讨论。①

总体而言,尽管这三次断层及其历史状况存在很大差异,但都对德国汉学的发展造成了严重的后果:资源减少,水平下降,某些研究领域和研究方法被边缘化。相比之下,纳粹时期汉学家受迫害大规模流亡的影响是最为深远的,对德国汉学研究带来的阴影至今仍未完全消除。

提问互动

提问:我对19世纪30年代汉学家对中国道教的关心特别感兴趣,因为道教成为国际汉学研究的对象是从20世纪初开始的,大家认为道教这种民间活着的宗教才是中国真正的宗教。我从日本来,日本关心道教是因其用道教批判西方文明和儒家文明,您刚才说的是用启蒙思想诠释中国道教,两者间的想法不太一样,能不能进一步解释一下?

罗梅君:您的问题很好。19世纪库茨提到道教主要还是受了启蒙思想的影响,他在法国大革命的影响下,认为"道"是理性的概念。在当时西方没有很多关于道教的研究,那个时候还不是关心活着的道教,而是文本书籍中的道教。到20世纪20年代,反纳粹统治者里有8个是研究道教、佛教的,从比例来说挺高的。他们之所以研究这个,是因为在第一次世界大战的时候,有一种说法是西方的文化是无知的,而在中国和印度可以发掘出一些有意思的思想,不同于传统西方的物质思考,后者是精神层面的思考,这种思考集中于佛教、道教研究上。

提问:现在德国汉学与美国汉学相比,优势在哪里?

罗梅君:20世纪50年代末,美国华盛顿大学有两位教授开拓了区域研究,一个研究俄国、一个研究中国,这样的研究德国早在20年代就有人开始做了。当时德国、法国的汉学研究都很强,弗兰克在柏林将汉学与其他学科相联系,他们也做历史学、语言学、民族学研究。到60年代,波鸿大学、柏林自由大学、洪堡大学也借鉴了美国的区域研究。现在德国汉学界一部分按照美国的现代社会科学理论进行研究,另一部分则是古典汉学研究。当然现在德国受到美国新自由主义思想的影响也越来越多,所以未来可能会发生一些改变。

提问:我很关心当下的海外中国研究,您提到传统的汉学研究和新兴的史学研究,那么您如

①　见2000年7月4日弗里茨·克莱因自传的演讲"室内和室外"。Ein Historiker der DDR, Frankfurt/M. 2000, im Dahlemer Autorenforum, Schleichersche Buchhandlung.

何看待当下正热的"中国学"研究？

罗梅君：近一百年来，很大程度上是由西方学者决定如何解释中国问题；最近这几十年，越来越多的中国学者也要求自己解释中国的问题，如同萨义德所说的解释权力。但当下学术的话语权还在美国的主流学界，很多人只能置身边缘。我写过一些文章提到了处于边缘的汉学，19、20 世纪的汉学家如此，当下的德国汉学家和中国学者也是如此。应该走怎样的道路，大家可以提出来应互相学习，找到共同的道路，但这条路还不清晰，现在西方主流思想与 30 年之前的多元化思想已截然不同，越来越窄，过去至少有两派，现在只能区分主流和边缘。新自由主义思想在很多学科内部非常强，如何解决这个问题我也不太清楚。

概念之旅

19、20 世纪之交的"新名词"和新国语

沈国威（日本关西大学）

主持人语：今天我们很荣幸请来了国际上研究 19 世纪以来新词语新概念的著名学者沈国威教授，给我们做一次关于中国近代新名词和新国语的讲座。同学们可能听说过学衡跨学科研究中心，去年 12 月 24 号正式成立之后，在未来的若干年里面，我们会陆续地进行一系列的活动，今天沈国威教授的讲座是学衡名家讲坛第五讲。沈国威教授是第二次来南京，他第一次来南京的时候，估计在座各位还没有出生，在座各位的爸爸妈妈或许也还没有出生。他 12 岁的时候就无票乘坐火车在全国搞"大串联"，大家可以想象那是个什么时代。这是他第二次来，要给我们留下些新词语、新概念。我们掌声欢迎。

我今天讲的题目是"19、20 世纪之交的'新名词'和新国语"。历史上汉语发生了几次大的变化。对在座的各位来说，感觉最明显的可能是 20 世纪 80 年代改革开放以后汉语发生的变化，出现了大量的新词语。词语的巨变在汉语的历史上已经有过几次，最近的一次就是 19 世纪末、20 世纪初，汉语由古汉语（我们有时也称作"近代汉语"）变成了现代汉语。这个变化分几个层面，最显著的就是五四新文化运动中的"言文一致"，用白话写小说，提倡白话文学。

这一时期的汉语发生了哪些变化呢？大概有三个层面的内容。第一是发音。在这之前，南京官话具有"标准语"的地位，所以大家都用南京官话，发南京音。但是到了 19 世纪中叶以后，北京官话逐渐取代了南京官话，有一些北京的土音也被当作正确的发音使用。比如说台湾学者来做报告，他们有的人不说"你和(he)我"，他们说"你 hàn(和)我"。这个 hàn 是北京的土音，被当作正确的国语语音带到了台湾去。南京官话里面没有这个发音，这就是一个发音层面的东西。

另外一个是语法层面，胡适在《文学改良刍议》里面提出来要讲语法，那么当时的中国有没有语法？中国语法指的是什么？语法会有哪些作用？关于这个问题我去年写过一篇小文章。现代汉语的口语语法，大概是在 20 世纪 30 年代前后逐渐形成体系的，在胡适写那篇文章时还没有。胡适说，我们要创造一种新的国语语法，他说他和几个教授正在做这方面的努力，但是他没有完成。这是语法层面的变化。

第三个就是词汇。词汇当时叫"新名词"，这个新名词本身包括几个意思，一个意思是所有

新的词,包括名词、动词、形容词等。但当时"新名词"对应的是英语 term,而不是 noun。因为那时"名词、动词、形容词"这样的说法还不普遍。也就是说"新名词"是一个术语层面的问题,包括科技术语和一大批抽象词汇。我主要做的是汉字词语由 19 世纪向 20 世纪演化这样一个词汇研究。在考虑这个问题时,一个最重要的外部因素是日语。我们今天就说一说世纪之交的新名词对我们现在使用的现代汉语产生了哪些影响,现在的汉语在词汇层面上有了哪些新的变化。在讨论中,我们会涉及汉语和日语互相影响、互相借鉴的问题。

我刚才用了一个"汉字词语"的说法,这对汉语来说当然是没有问题的,因为汉语是用汉字来书写的。但是,当你把目光放到整个东亚,朝鲜半岛、日本、越南,你就会发现大家用的都是这样一批汉字新词汇。越南和韩国现在几乎不用汉字,尤其越南完全不用汉字,但是他们的语言里面大概百分之六十到七十的词汇是发汉语的音,叫"汉音词",在抽象词汇里这个比例更高。包括整个东亚,为什么用汉字新词? 我们说这是汉语文化圈的唯一选择。汉字新词是一个共创和共享的产物。什么是共创? 就是中国和日本把它造出来——我们现在用的汉字词语不光是中国人造的,里面有很大一部分是日本人的贡献。什么叫共享? 大家知道在中、日、韩、越的语言里面汉字新词高度相似,包括"大学"、"哲学"、"革命"、"民主"、"共和"等,大概有两千多条词是这四种语言所共享的。共享是近代东亚词汇交流的结果,这个交流的过程我们现在一般把它叫作环流——不叫交流,而叫环流。"环流"是一个什么样的概念呢? 不是两点之间的一来一往,而是旋转的、扩散的运动。一个新词在中国产生了,首先传到日本,日本把它进一步加工最后完成了,然后这个词又回流中国,并扩散到整个汉字文化圈,是这样的一个过程。

甲午战争前后,有一个流行的汉字词叫"膨胀",这个词是中国古典医学词,说的是身体组织的一部分一点点地变大,比如肿瘤。明治二十年代,就是 1890 年前后这个时间段,日本初步完成了社会转型,开始往外扩张了。当时的日本人借用中医的"膨胀"来指称这一现象。首先膨胀到哪里呢? 膨胀到朝鲜半岛,然后是台湾。膨胀有军事的,也有语言的。日本语开始膨胀到朝鲜半岛,膨胀到台湾,汉语也受到了极大的影响。但是需要指出的是,日语对朝鲜半岛和台湾的影响是强制性的,他们是日本国语政策的受害者;与此不同,中国人的日语学习是主动的,是为了获取新知识。朝鲜半岛和越南没有参与汉字新词的创造,为什么? 原因是多方面的,比如说在韩国正统观念非常强。创造和使用中国典籍中没有的词语不被认同,半岛的知识分子是不会"乱"造新词的;而越南不造新词可能是造词的能力问题。越南最后是通过中国获得新名词的,而韩国,包括新名词在内的相当一部分汉字词更多地直接受日语的影响,所以意义和用法也更接近日语。相比之下,越南语中新名词的意义和用法是和中国相接近的。在这里,我们举一个很普通的词——"杀害",在汉语里"杀害"一般是指坏人杀好人,不可以指好人杀坏人,但是韩语和日语就没有这一层意思。韩国和日本媒体说美国海豹突击队将拉登杀害了，这在韩语里没有问题；但是汉语不能这样说，我的越南留学生告诉我，越语也不说。所以说词语的环流有一个路径的问题，一个词从哪里来，就会受到哪里的影响，留下路过的痕迹。

下面，我们来看一看新名词创造的情况。新词创造始于中国。16世纪末，耶稣会士试图进入中国传教，利玛窦1601年(Matteo Ricci, 1552—1610)成功进入广东，1608年在徐光启的帮助下，翻译刊行了《几何原本》前六卷。翻译的时候就出现了用什么词汇来翻译的问题，当然还有一个用什么文体来翻译的问题。我们一般马上会想到用已经有的词汇来翻译，但是在当时会发现已有的词汇不够用，更严重的问题是已有的汉语词汇没有经过严格的定义——中国叫"界说"，"定义"是个日本词——没有经过严格定义的词不能用在讨论科学问题的语境中。最近，我看了一些严复的东西，严复对术语也非常重视，后来发现影响严复的是英国人培根(Francis Bacon, 1561—1626)，培根在他的书里面多次提到术语的问题，这就说明西方的科学界一开始就对术语的界定问题高度重视。那么我们来看一看《几何原本》的情况，《几何原本》第一卷前面有一个"界说三十六则"，就是对书中使用的术语进行定义。利玛窦说："凡造论先当分别解说论中所用名目，故曰界说。凡历法、地理、乐律、算章、技艺、工巧诸事，有度、有数者，皆依赖十府中几何府属。凡论几何，先从一点始。自点引之为线，线展为面，面积为体，是为三度。"界说的第一条词是"点"："点者无分"。学过数学的人都知道，点是没有面积的，线是没有宽度的，这是一开始就约定好的。以后一直到第六卷，开头的地方都有"界说"，《几何原本》前六卷一共界定了80个术语。这就是传教士翻译科技书籍第一次遇到的问题。《几何原本》也传到了日本，日本翻译出版的第一本西文书叫《解体新书》(1774)，这是一本解剖学的书，其中第二章叫"形体名目"，是对身体部位进行界定的部分，例如"头颅"，定义为"颅至顶发生处"。

耶稣会士大概在中国活跃了一百多年，他们热心传教，推行文化适应政策，除了宗教以外，还绘制刊刻世界地图，翻译了很多数学、天文、地理等世俗内容的图书。下面是耶稣会士们创造的新词：

宗教：天主、基督、使徒

数学：几何、三角、线、直线

地理：地球、热带、温带、寒带

天文学：水星、金星、望远镜

机械学：滑车、重心、运动

医学：骨髓、视力、膈膜

其他：理科、文学、大学、法律

他们翻译的书籍很多被收进了《四库全书》，也就是说被编入了中国的学术知识体系。

但是这里面我们需要注意的是，一个词被耶稣会士造出来了，我们现在仍然使用，那么，是不是他们造的词就被我们接受了呢？有一些词其实不是这样的。耶稣会士造的词到了19世纪逐渐被遗忘了，后来日本的翻译家重新使用起来（当然有一些词是通过《海国图志》等知道的）。20世纪初，中国人到日本留学，又把这个词带回了中国。"少小离家老大回"，回来以后，不知道它原来的身份。开始有人说"望远镜、热带、温带"是日本造的词，从造词的角度来看，不是日本人造的。但是，这些词的普及有日本的作用。19世纪末，中国是用"千里镜"，"热带、温带、寒带"等叫"热道、温道、寒道"，在日语的影响下才发展成今天这个样子。

后来由于所谓的拜孔的典礼问题，传教被禁止，耶稣会士们被赶到澳门，西书的翻译工作也就停止了。西方知识的再次传入中国是在19世纪初。新教传教士马礼逊（Robert Morrison，1782—1834）1807年来到澳门，然后进入广州。当时广州是不可以传教的，清政府禁止传教，东印度公司也不许马礼逊以宗教人士的身份在广州逗留。当时让他做翻译，给他工资，说你只能做翻译，不可以传教。马礼逊认识到中国当时的环境不能直接传教，开始编辑出版书籍，进行书籍传教。马礼逊编写的书有宗教小册子，也有地理、世界概况等内容的书。这些小册子大部分不是在中国大陆而是在南洋的马六甲印刷，然后运到中国来，散发给当时的民众。马礼逊一进入中国就开始学习汉语，学习和教授汉语在当时都是犯法的，教外国人汉语的人如果抓住是要被砍头的，所以学习只能在隐蔽的情况下进行。但是马礼逊对于语言有极高的天分，在很短的时间内就掌握了汉语，包括官话和广东土话。然后，他就说我要为后来的传教士们开辟一条路——编撰了著名的《英华字典》（1815—1823）。

鸦片战争以后清政府所有的禁令被取消了，外国人可以传教、学习汉语，在内地居住。传教士的翻译和出版活动出现了新局面，大约到1855年前后有一个小高潮。但是广东时代马上就结束了，为什么呢？因为传教士们找到了一个更好的城市，就是上海。他们到了上海，建立了一个传教和出版的据点，叫"墨海书馆"，墨海书馆的英文名字叫London Missionary Society Press，是一个宗教印刷所。墨海书馆印了很多《圣经》和中文报刊、书籍。但是到了1860年前后，在墨海书馆工作的西方人士渐渐分散了，回国或者到北京去了。这时候，曾国藩就说我们自己做这个事情吧，他就在江南制造局里成立了一个翻译馆。江南制造局翻译馆翻译了近200种书，这是一个上海时代。当时北京有个京师同文馆，它的作用是培养口译、笔译人才，作为教学的一部分，京师同文馆也翻译了一些西方的图书。

下面我们来看一看新教传教士在造新词方面都做了哪些事情。我们要先确认一下传教士的翻译方法，《几何原本》的翻译是通过利玛窦口述，徐光启笔授的方式完成的，就是传教士把原文转述成中国人能听懂的内容，再由中国人笔录下来。这种西人口述、中人笔录的翻译模式一直持续到 19 世纪末。帮助耶稣会士翻译的都是当时的社会精英，著名的士大夫。但马礼逊就没有这么好的运气了，他在中国待了近 30 年，没有碰到真正的中国士大夫，因为真正读书人是不跟他打交道的，这种情况严重影响了马礼逊翻译作品的文采。

广东译词总体上有一个倾向，它是以底层民众为对象的。因为当时传教士周围的都是一些底层的商人和一般民众，传教士向他们介绍宗教和西方的知识必须通俗。传教士要接触中国的民众，最好的一个办法就是提供免费医疗。因为卫生条件不好，当时很多中国人患眼病。有一位来自英国的传教士医生，叫合信（Benjamin Hobson，1816—1873），他就给人治眼病，他带来了一种眼药水叫"精锜水"，实际上就是锌的一种制剂。后来这个配方被其他传教士给了一个叫岸田吟香的日本人，这个人就发了财，开了一个药店叫乐善堂，后来乐善堂开到了上海。上海的乐善堂是一个文化交流的地点，也是一个特务的据点，所以说岸田吟香的身份也是很有意思的。合信写了一些书，比如说《全体新论》、《博物新编》等，合起来被称作《合信西医五种》，影响非常之大。

还有一个有名的传教士叫理雅各（James Legge，1815—1897），英国人。理雅各本人在香港、广州都待过，后来到香港做督学，负责建立香港的义务教育体系。1850 年前后，港英政府要在香港推行义务教育，但是没有教科书，就说你编一本教材吧，他就编了一本书，叫《智环启蒙》。《智环启蒙》的课文都是 100 多个字的小文章，大概有 200 篇。每一页的上半页是英语课文，下半页是从英语翻译过来的汉语，用这样一本书来启蒙幼童。《智环启蒙》流传得非常广，1870 年前后，它成为日本使用最广泛的教科书之一。《全体新论》、《博物新编》是日本当时最畅销的书，在学校里可以做英语教科书，也可以做汉文或者自然课程的教科书。

广东译词很有特点，我们一般叫作现场直译式，就是现场命名，看到了什么说什么，像什么就起什么名字。看到一种车在冒烟，这是烧火有轮子的车，就叫"火轮车"。看到一条船，有一个烟囱冒烟，两侧有两个大轮子，就叫"火轮船"。后来因为汉语喜欢两个字的词不喜欢三个字，就缩成了"火车"、"轮船"。比较有名的就是氧气。氧气是什么呢？就是能够让人们生存下来的气，氢气就是比较轻的气。氧气在日语里面叫作"酸素"，因为有一个酸的词根在里面，氢气在日语里面叫"水素"，因为有一个水的词根在里面。所以日本是直译式，中国是现场式，日本知道这个词是由哪些部分构成的。星期的名称也是一个有趣的例子。传教士要让老百姓信教，星期天来教堂做礼拜的话会给你讲一点好听的故事，然后会给你一些面包什么的。大家都很高兴来，那么下一次什么时候来？当时又没有日历，你掰指头算吧，一二三四五六七，第七天你再来。那么他就记住了，就礼拜一礼拜二礼拜三礼拜四地叫起来了。日语星期的名称是学者翻译过来的，因为 Monday 有"月"的词根，所以叫"月曜日、火曜日、水曜日"，这是一种仿译。所以你在接触外语概念的时候，知不知道词的构成，对译词是有影响的。

广东译词里俗语比较多。例如"银行"，在汉语里有"行"的地方都不很高级，例如"菜行"、"自行车行"、"旧货行"等，"银行"原来也不是一个令人向往的地方。但这个词到日本去以后，镀了一层金又回来了，价值提升了，有了一个光亮的外表。再比如"陪审"，你是陪着审还是一起被审？意思并不清楚。日语一开始说陪审是监督审判，因为陪审员其实是看着你怎么审，提意见，所以说日语开始的命名还很好。"保险"也一样，和"救火"、"恢复疲劳"等说法是相同的，经不起推敲。这都是民众的词，但是后来，这些词——"银行"、"陪审"、"保险"都到日本去，再回到中国以后，就普及开来了。由于有过这样一个留洋的过程，我们觉得这些词很洋气。

在上海最大的变化就是东西方的精英相遇了。在广州好的读书人比较少，但是到了上海就遇到了第一流的知识分子，如王韬、李善兰、蒋剑人等。传教士们出版书刊，比如《遐迩贯珍》是在广州出的，但是稿子几乎都是上海过去的。后来又出《六合丛谈》，这本杂志完全是在上海出的。这两本杂志我们在世界各地图书馆把它找齐，然后做成了复刻版。我想南京大学里也会有的，大家可以找来看一看。从文章的角度来看，《六合丛谈》的文章要比《遐迩贯珍》好得多。《遐迩贯珍》每一期里面只有一两篇文章还可以看，因为是从上海过来的稿子，有一点读书人写的味道。上海的翻译群体做了很多工作，他们成功的领域有数学、天文学、化学、动物学以及机械制造学。日本的数学用语几乎都来自上海，日本的数学研究起步较晚，现在使用的"指数"、"函数"、"方程"等等都来自中国。英国人伟烈亚力（Alexander Wylie，1815—1887）是作为印刷技工来到中国的，后来成了著名的汉学家。他本人的数学造诣非常高，和李善兰一起把《几何原本》的后六卷翻译了出来，相隔二百五十年后最终完成了《几何原本》的翻译。

清政府在北京成立了京师同文馆，这是一所培养口译人才的学校，当然后来发生了一些变化，也讲授其他知识。同文馆译的书不多，因为译书只是教学的一个环节，而不是主要任务。《万国公法》（1864）是京师同文馆出版的第一本书，由美国传教士丁韪良（W. A. P. Martin，1827—1916）翻译，对国际法知识的引介起了重要的作用。总的来说，同文馆的翻译影响比较小。

汉外辞典的编纂是传教士们的另一个主要工作。最初的编纂目的是为来华的传教士们学习汉语准备工具书，所以这些辞典不是为中国人学英语编的。当时的汉外辞典大概有两种名称，一是"字典"，另一个是"韵府"，例如《英华字典》、《英汉韵府》等。汉语是以字为单位的，但是，即使把汉语字典全部翻成英文——马礼逊一开始就这么干，他翻译了《康熙字典》——也可能仍然对付不了汉语。因为汉语里边很多词不是一个字，是两三个字变成一个固定的意思。传教士们看到了汉语基本成分的这两个方面，就把 dictionary 译成了"字典"或者"韵府"。当时的《康熙字典》和《佩文韵府》对传教士影响很大。传教士编的汉外辞典，最重要的是德国传教士罗存德（W. Lobscheid, 1822—1893）编的《英华字典》（1866—1869）。有些中国人也开始尝试编辞典，最有名的就是广东人邝其照。他编的《字典集成》从罗存德的辞典里借用了很多译词，对后来的辞典影响比较大。我们收集了邝其照《字典集成》第一版、第二版、第三版，影印出版，也送给了南京大学图书馆，有兴趣的同学可以参考。1902 年中国出版了具有现代特征的词典《华英音韵字典集成》（1902）。1908 年商务印书馆出版了《英华大辞典》（1908），这是中国的工具书里第一次使用"辞典"的名称。这部辞典无论是名称上还是内容上，都受到了日语的影响。主编叫颜惠庆，后来当过民国的外交部长，他父亲是传教士，颜惠庆本人在国内西式新学堂毕业后去美国留学，回来编了这本辞典。

下面我们来看一看日本的译词创造过程。日本的新词创造大概可以说是从江户时代开始。1774 年，《解体新书》出版，这是日本翻译的第一本西文书。日本武田制药厂有一个图书资料室，叫杏雨书屋。武田制药厂是日本一家著名的制药公司，它的总部原来在东京，1923 年东京大地震的时候很多东西都烧掉了，它就把总部搬到了大阪。公司老板看到很多文物在地震中被烧毁很心疼，就开始在民间收集所有跟医学史有关的图书资料，这个收藏的地方就叫"杏雨书屋"。杏雨书屋里收藏了一份很有意思的书稿，这是西方解剖学的满文翻译本。据说翻译完成后送给康熙看，因书里有裸体的男女，就被放到书库里，没有公开刊行。就是说中国接触西方解剖学比日本要早，但是没有提供给社会。日本的《解体新书》扉页上也有一男一女，他们也没有穿衣服，但是日本幕府审查后，说这书可能对社会有贡献，就批准出版了。《解体新书》是用古汉语翻译的，而不是日语，因为汉文是东亚当时唯一的学术语言，江户时代的翻译都是用汉文这样一种语言形式翻译的。为了帮助一般人阅读，在汉字旁边加上了一些符号。日本的翻译使用现代口语形式是 20 世纪以后的事了，进入 20 世纪，日本的翻译作品才渐渐地脱离了汉文的束缚。

由于必须使用汉文，所以里面的词语也必须使用汉字。这时候日本人才开始有意识地用汉字造词。汉字汉文传入日本，大概是在汉代。日本人在使用时会出现一些偏差，或者说是错误的用法，错误的用法固定下来就产生了日本独特的词，但这时还不是有意识地去造新词，有意识地用汉字造新词是在兰学的翻译中。《解体新书》翻译群体的领头人物叫杉田玄白（1733—1817），他是一个中医。杉田玄白本人的外语很差，但是他喜欢做这个事情，所以召集一些同人进行翻译。《解体新书》的序言对译词的创造做了说明：译有三等，一曰翻译，二曰义译，三曰直译。按照杉田的说法，"翻译"就是使用中国典籍中的词语对译，使用中国典籍以外的词叫杜撰，这样的译词叫"阑入之词"；"义译"就是新造译词，造词的方法是逐字译或者"浑然译"，即意译。

对于"翻译"和"义译"都无能为力的词，采用"直译"的方法，即音译。下面我们对"义译"和"直译"做一些讨论。

兰学家的"义译"主要有两个意思，一个叫逐字译，一个叫意译。逐字译现在叫"直译"，就是把外语的词分解开来，再一一和汉语的字对应上，得到一个新词。比如"软骨"这个词，原文有两个部分，一个是"软"，一个是"骨"，合在一起就是软骨。荷兰语和德语很相近，复合词可以分解成语素。现在用的"十二指肠"，就是有十二个指头宽那么长的肠子；"盲肠"有"盲"和"肠"两个部分，直译成"盲肠"。很多词都是这样造的。

这样直译的词由于直接导入了外语的思维方式，有时使我们觉得很怪，"盲"在荷兰语里有死胡同的意思，"盲肠"就是另一头被堵死的肠，但是汉字"盲"没有这个意思；再比如说"植民"，荷兰语的原文分解开来是 people，plant，意思是把本国的人种到外国去。中国、日本都觉得这种想法很怪，人怎么能"植"呢，是不是应该叫"移民"吗？但是，日本的兰学家们认为应该尊重原文，原文是什么样的，你就应该照样搬过来，就对译成了"植民"。日本兰学家用这种逐字直译的方法造了很多词。直译词反映了外语的思维方式，人们不习惯，大概明治二十年前后日本人把"植民"的"植"改成了繁殖的"殖"。但20世纪初的时候，有人说原文是"种植"，不是"繁殖"，所以日本又改回去了。在改回"植民"之前，"殖民"已经传到了中国、朝鲜半岛和越南。越南现在不用汉字不去管它，中国和韩国还在继续使用繁殖的"殖"，日语和汉语、韩语之间出现了差异。

下面我们来谈一下音译词的问题。兰学家把音译称为"直译"，直译要用汉字来表音，而且必须使用"杭州音"，杉田所说的杭州音，可能就是江浙一带的发音。"俱乐部"、"瓦斯"等都是日本造的词。现在日语中的音译词用表音符号——就是片假名，不用汉字。这种情况是二战以后固定下来的。

《解体新书》是1774年出版的，影响非常大。杉田玄白后来把这本书交给弟子大槻玄泽（1757—1827），说你来给我校订一下，有些地方翻译得可能不是很好。大槻原来是日本东北乡间一个中医的弟子，后来他的老师把他送到东京来，让他在杉田玄白门下学习荷兰医学。大槻玄泽很短时间内就掌握了医学，学会了荷兰语，对拉丁语、希腊语也有一定的了解。他把《解体新书》重新看了一遍告诉老师说，翻译得很正确，需要订正的地方不多，但是书中术语应该界定一下。大槻就编制了一个术语解释，叫"新订翻译名义解"。《翻译名义解》是佛经翻译的一个文献，主要解释音译词的意思，可知日本兰学家对佛经翻译的情况也很关心。大槻同时又加了一个翻译杂想，合在一起就是《重订解体新书》（1826）。翻译这本外国的书，经过了这么多的工作，他将一些心得体会写出来了，里面有些话很有意思，让我们来看一看。

大槻说西方医书里"所载其物其名，皆由解体实测而所创定也。故我邦及汉土，古今未说及者居多。虽则有说及者,形状主用大差者,亦不鲜矣。于是不能以其物为其物,以其名为其名"。很多概念是中医所没有的,为了准确翻译不得不造新词、新字,"今所传译,务欲名义之妥当于原称,不能以不私造语新制字以译定"。

日本的翻译和中国不同,据说中国是"召洋人于本地,传译笔录,以所纂修云";日本则"吾辈之直就彼邦书横文,抗颜强译者也"。"抗颜强译"说得很形象。这样做的结果就是中国"本所取于重译,而非直就彼书译之者,则未免隔一层而观焉"。日本是"以直从事翻译。故东西万里,而得与西哲交臂,讨论于一堂上。厌饫之人,所得非如二氏传闻之比也。躬试亲验,又深信彼所说"。他已经意识到了中国耶稣会士的西书和他们的翻译不一样,然后他说中国这个东西,因为是经过外国人转述的东西,所以就叫"重译"。就像 20 世纪初的时候我们不是直接从英语翻译书,而是从日语翻译书,从日语翻译英国的书,从日语翻译俄文的、法文的书,这个过程它叫"重译"。重译这个东西可能不一定好,中国是转译重译,经过了一道手续,中间隔了好几层,所以有点隔靴搔痒的感觉。最后他说躬试亲验,什么事情不光我要翻译过来,而且我要试一试对不对,即躬试。躬试亲验是我们都知道的经验主义学者的一句话。后来看培根的一些书,他也有这样的一个意思。躬试亲验,这是日本对翻译的一种态度和做法,跟中国稍微有点不一样。

大槻说日本人用汉字造词是"私立",不是很正大光明。这个词表示了兰学家的价值取向和正统观念。所造词在中国典籍里面找不到出处,所以叫私立。"神经"、"植民"都是兰学家造出来的。这样的词有一个特点,是单纯词,不能分解成更小的成分。这时就需要对原文的意思和指称的对象有深入的了解。新造字的例子是"腺"。这个字的原理是:"月"表示肉体,"泉"表示体液像泉水一样地涌出来。腺其实就是淋巴,有淋巴液出来。所以兰学家说这个字读"泉"——在日语里泉和线的发音相同,但是汉语里泉和线发音不同,汉语后来把"腺"读成 xian,可能是由于字形相近(腺 VS 线)。兰学家其实是不造字的,他们认为造字是仓颉这样的神的工作,是惊天地泣鬼神的事,凡人俗子怎么能随便造字? 兰学家大概造了三个字,"腺"是其中的一个。

兰学家有很强的正统观念,他们不乱造字,但是来华传教士就不同了。英国人傅兰雅(John Fryer,1839—1928)造了一些字,为化学元素命名,傅兰雅获得了成功。但是后来传教士医生的团体博医会把造字推到了极限,他们认为解剖学的词汇讲究的是体系性、系统性,他们想用偏旁部首把这个体系性、系统性表示出来。所以,把所有骨头的名称上都加了骨字旁,血管的名称都加了血字底,把所有跟身体有关的名称都加上月肉旁。博医会制定的解剖学术语千奇百怪,非常难写,无法印刷,而且都是单音节,最后当然就失败了。

兰学家有一套翻译的原则和方法,主要是尽量使用中国古典的词,如果中国古典中找不到就自己造,尽量不使用音译词。兰学的翻译原则被明治以后的翻译家们所继承,这样大量的译词就被造出来了。下面是一些例子。

	兰学译词	明治译词
尽量使用汉籍的词	脂肪	革命
汉籍里没有时，创造（私造）	神经	哲学
避免使用音译词，不得不使用时，用汉字表音	曹达	俱乐部

现代日语的词汇体系在明治二十年(1888)以后逐渐完成。这个时间段出了几本重要的日语词典和很多术语词典；言文一致的小说也在这时问世，小说等文学作品开始由文言向口语转变。日本在大致完成现代词汇体系的建构后，就开始向外部膨胀了。

下面我们来谈一谈近代以后日语对汉语的影响。日语向汉语借用词汇大概到1890年前后就停止了，因为中国没有新的知识向日本提供了。进入20世纪以后，日本开始向中国输出词汇，向韩国输出词汇大概1890年前后就已经开始了。我认为日语对汉语影响大概有三种情况，一种叫借形词，一种叫借义词，另外一种叫激活词。

借形词，就是汉语里原来没有这两个字放在一起的词，比如哲学、义务、起点、精神、前提、条件等等。这样的词大概不会超过200个。

借义词，就是词形是中国古典中存在的，但是词义是在日本新产生的。借义词有两个问题，一是有时新旧词义是连续的，所以有人质疑日本的贡献没有那么大。这类词其实是和激活词相连的。第二个问题是，由于是旧词形充填新词义，新旧两个词义就会发生碰撞。最有名的例子是"经济"，在19世纪末20世纪初"经济"是经邦济民的意思，而日语的新意思是财务，所以几乎遭到了所有中国人的反对。借形词和借义词加起来大概有三四百条，不是很多，我现在正在编《近代中日同形新词辞典》。编好以后会有一个准确的数字。

激活词，原来是中国的古典词，但后来很少使用，20世纪初，在日语的影响下使用频率突然增加，最后成为现代汉语词汇体系的一员。我现在对激活词施予现代汉语的影响很感兴趣。对日本人来说，汉字记录的是汉语的声音，所以，单汉字很难通过音响唤起意义上的反应，一定要用两个汉字的词。但是古汉语主要是单音节词。译词应该使用单音节形式还是双音节形式，是有争论的。例如严复提出"economics"最好翻为"计学"。梁启超说"计学"好是好，但是在"计学革命"、"计学改革"里有歧义，"经济革命"和"经济学革命"就没有歧义。"计学"不能像"经济学"那样把"学"去掉，中国人不使用"计革命"、"计改革"这种3个字的形式。最后果然如此，严复的"计学"没有留下来。很多现在常用的词，如学校、方案、改善、薄弱等，在20世纪之前使用频率是非常低的，在日语的影响下，使用频率突然增加了，成为现代汉语的主要词语，这里有动词、形容词,以及副词,数量大概有两三千条。为什么发生这个变化呢?因为大量的学术用语出现了,学术用语一般是双音节的名词,双音节的术语要配上双音节的动词、双音节的形容词,这样才能用,单音节不方便使用。这种情况引起了整个汉语词语体系的变动,单音节词向双音节词过渡。使用频率变化最剧烈的时期是1904年前后。下面几张图是《申报》所显示的词频变化情况。

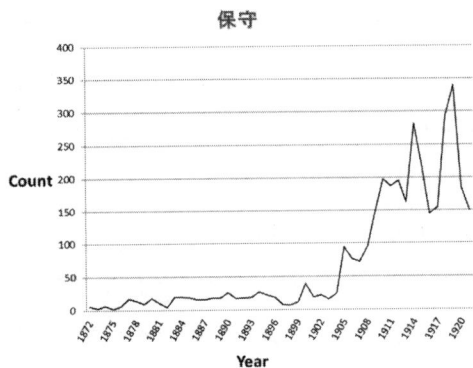

图1 《申报》中的"保守"

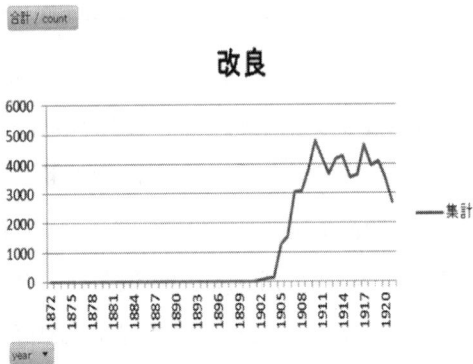

图2 《申报》中的"改良"

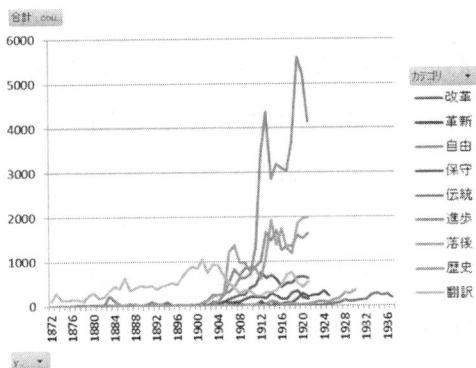

图3 《申报》中的"改革"等词语

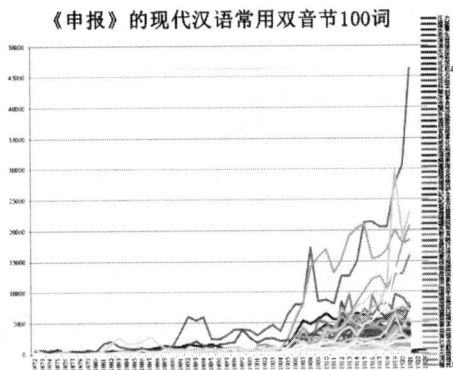

图4 《申报》中100条常用词

从上面的图表可以看出,大量双音节词,除了个别词以外,真正活跃起来是在1904年。对其他现代汉语常用词也可以做这样的调查,除了《申报》,《东方杂志》、《大公报》等也是非常好的语料。

胡适说,我所主张的新国语一定要有文学性,要不然这个东西流传不开,就是胡适所说的"文学的国语,国语的文学"。那么什么是"文学的国语"呢?胡适说:"我所主张的'文学的国语',即是中国今日比较的最普通的白话。这种国语的语法、文法,全用白话的语法、文法。但随时随地不妨采用文言里两音以上的字。"胡适的"文言里两音以上的字"就是我这里所说的被日语激活的双音节词。

1912 年商务印书馆出版了《新字典》，1915 年中华书局出版了《中华大字典》。其实商务出《新字典》时就发现这是一条走不通的路，所以马上就开始转向编辑《辞源》（1915）。《中华大字典》就替商务印书馆再一次证明了"字"是走不通的。《辞源》以双音字为主，作为汉语的工具书，第一次出现了"辞"这个字。《辞源》的目的是追求词的源，来龙去脉，序言上叫"穷源尽委"，但是《辞源》里面有十分之一的词无源，就是没有书证。这部分词大都是新词，而且很多是很专业的术语。现在的语文辞典里一般不收专业术语。《辞源》的出版标志着新国语在词汇层面已经做好准备了，剩下的只是语体上、句式上的工作了。所以我们说现代汉语词汇体系的完成是以《辞源》为标志的。

那么新国语的建构完成了吗？我的意见是还在进行中。我认为近代国家的国语应该具备以下几个条件：

能产性，即可以表述不断出现、日益增多的新概念；

普及性，即口语形式与书面语形式有较高的一致性；

传播性，可以讲授新的知识；

民主性，为全体国民所掌握。

今天我又去朝拜了中山陵，孙中山先生告诉我们：革命尚未成功，同志尚需努力！我们的国语还有很多地方需要改革，我们要继续努力。今天我大概就讲这些。

主持人语

大家注意，沈国威教授非常轻松地说出了很多数字与年份，这不是随口说的，这是他经年累月研究的结果。我们知道有句话叫"百姓日用而不知"，我们现在使用的，大家觉得日常化的名词，实际上它的历史也就不过一百年。沈教授从中西交流的角度、中日交流的角度给我们呈现了这些历史形成的过程。陈寅恪说过一句话：解释一个字，就是做一部文化史。这个大家肯定听说过，但是我要强调的是，说这个话的时候，很多人并没有完全理解它的内含，并不是所有的字或词都能成为一个文化史，能够成为文化史的一定是核心概念。现在我们时间不多了，开放给大家。

提问互动

提问：您提到日本造词情况，梳理得很清楚，收获很大。近代中国，严复翻译了西方八部著作，他也造了很多词，您能简单地说一下您怎么看严复译词的这样一个过程，包括译词的最后命运走向？

沈国威：严复忙活了一大阵，大概留下了三条词，一个词是逻辑，一个词是图腾，一个词是乌托邦，剩下的词大家完全就不用了，这是严复留下来的遗产。严复造词有一套理论，他说我要造词，而有的人不要造词。严复在《天演论》里说我要造词，他说要造大词和小词。大词就是权利、民主、共和、自由这样的，大词是中外相通的，只要你追查到汉代，那事就是和西方相通的，没有问题。关键是他对单音节的词看得太重，另外他比较注重区别性，这是不是受培根影响，我不太清楚。培根也说过，日常生活中的词都不好，应该把这个东西去掉。日本人造音译词的时候，他用很怪的汉字，因为你用汉字来表音，需要有一个去义的过程，不可以有字义，有字义的话会产生混乱。因为汉字本身不是一个表音的东西，所以严复也要去掉汉字的意思，去掉以后他就要想尽各种各样的办法，就是说他想造一个抽象的字。例如自由的由，他要有个古字，他为什么要用古字？他说西方的语言有动名转换这样一个可能性，汉语没有，那我就要试一试，自由对于当时的严复来说其实是一个副词，但他要把它当名词来用，就得用一个古字来代替。

提问：问一个关于概念和词汇的问题。您说找一个古代汉语的字来表达一个新的概念，就是造字的方法，那如果用古代汉语的字，古代汉语的概念会不会对新的概念有影响？就是说我用古代汉语的字来表达完全新的概念，这个对新的概念的了解会不会有影响？

沈国威：会有影响，但是有的时候会发生一个多层化的现象，几个层次，最新的层次在这一层，日常生活用的层次在那一层，有一些层次只在成语里边或者固定的格言里边出现。例如我们说"经济"，经济是中国当时所有知识分子反应最强烈的一个词，为什么呢，因为"经济"这个词在当时还是一个活的词。1902 年开始进行"经济特科"，这个"经济"其实是一个治理国家的知识，但日本人用它翻译 economics 的时候，那肯定会发生冲撞，所以中国人都不要用这个词，但它还是被用了，为什么呢？一个词用还是不用，是使用者决定的，使用者觉得好就用了，有时候没有什么道理，但是它会发生一个层次化。

比如我们现在用"关系"，男女关系，国家和国家的关系，因果关系，严复翻译时老强调，你要学习一些科学，学习科学的效果或者好处，能够把握一种因果关系，有了因果关系就不会去迷信，但是严复文章里找不出"因果关系"的"关系"这个名词，为什么？当时还没有这个词，它是后来从日本过来的，中国原有的"关系"就是"关系重大"这样的用法，表示一种互相影响的意思。我们现在大概会用这样几个用法：第一个"中日关系"，第二个"关系重大"，第三个"由于时间关系，今天就到这儿了"，这三个用法是不同层次的。"关系"是这三种用法，很多词我们现在注意不到，但在不同的语境会有不同的意思。

（该演讲由南京大学历史学院硕士生谢任整理）

近代中国的"思想界"

章清(复旦大学)

主持人语:今天我们荣幸地邀请到了一位研究中国思想史的重量级学者——复旦大学的章清教授,他深得姜义华教授的真传,在知识、见解上绝不亚于 50 后学者。章清教授刚刚出版两卷本的《清季民国时期的"思想界"》,被收入了国家哲学社会科学文库,我想章清教授会把该书的精华呈现给大家,掌声欢迎!

非常荣幸有机会来到南京大学,参加由学衡跨学科研究中心组织的这场活动。在近代中国思想史上,"学衡"留下了一笔厚重的遗产,南京大学以此为名组建跨学科研究中心,自然值得期待。本来在去年年底这个中心成立的时候就答应来的,但那个时候有公务在身,没能成行。所以我很珍惜这一次机会,希望能够就我刚刚完成的一项研究和在座的各位做一些交流。

就从我最近出版的这本书说起吧(章清:《清季民国时期的"思想界"》,社会科学文献出版社,2014 年)。我不知道在座诸位拿到一本书先看哪里,先翻哪里。(听众:后记)对,这大概是较为普遍的阅读习惯。那我也从本书的后记说起,一开篇,我就引述了彼得·伯克(Peter Burke)这位当今大家比较推崇的文化史大家针对文化史研究表达的困惑。在《文化史的风景》一书中,他面对文化史由什么构成这一问题时,提出了这样的想法:"如果某样东西没有固定的特质,又怎样能写出它的历史来呢?"以清季民国时期的"思想界"作为"历史研究的单位",不免陷入这样的困惑,那就是难以界定"思想界"的边界。正是因为"思想界"所涉及的范围颇为广泛,甚至毫无边界可言,也增添了研究的难度。

围绕清季民国时期的"思想界"进行研究,大概持续了十几二十年,每当跟学界朋友交流这个话题的时候,他们通常也都会问,研究"思想界",这怎么弄? 实际上,在近代中国这样的困惑已经产生。一位在当时还算比较著名的作家高长虹,在一篇解读北京出版界的文字中,就谈到了他的疑问:"我们普通人虽然也说什么文坛,什么思想界,实则仔细一考校时,才发现都是妄言妄听,并没有那么一回事。"尤其是当我们去追问文坛建立于何处,思想界在三界的哪一层,则必瞪目不能对答。按照他的看法,所谓文坛,实则说的只是这本诗集,那本小说,或者一本杂感之类;而所谓"思想界",其实也只说的是几本书,或几种定期刊物,此外便什么也没有。高长虹这篇文字发表于 20 世纪 20 年代,正是"思想界"、"文坛"之类的话语广为流行之际,高之所以有这样的感叹,自然也是因为"思想界"、"文坛"之类,难于把握。不过,"思想界"既作为历史性的存在,因此,从其本身的"历史"切入,尽可能书写"全面的历史",倒是应有的选择。

一、从概念出发的研究

面对这样的问题,我不知道在座的各位有什么样的感觉,但就我所从事的历史研究来说,越是这一类的问题,倒越是容易激起我的兴趣。换言之,当我们面对一个对象,如果还没有研究就有一个预期的结果,这样的问题未必能激起我们的兴趣,反倒是当我们不清楚这个问题会把我们引导到什么地方的时候,这样的问题才是充满吸引力的。正是由这样的问题激发,鼓励我一直持续地去关注清季民国时期的"思想界",并且差不多花了十几二十年的时间去探讨。接下来就把我开展这样一个研究所涉及的主要环节跟大家做一些交流。

首先我要说明,这是一项由概念出发、一步步向前推进的研究。关于概念史,我相信大家都已有所了解,孙江兄已在很多场合阐述了他的看法,并且努力推进概念史的研究。这里我也愿意多说几句。就当今学界来说,围绕概念展开的研究,大致形成了两个传统。中文世界最初接触到的是昆廷·斯金纳(Quentin Skinner)的研究,他的书最早翻译成中文,代表的是剑桥学派的传统,主要立足于观念层面展开研究。而德国方面科塞雷克(Reinhart Koselleck)所做的研究,由于在中文世界还没有翻译,可能在座的接触不多。这两个传统有区别,但我想强调的是,不管有怎样的区别,他们的出发点是相似的,都是从值得重视的语言现象出发,并且守护着"历史的维度"。在处理现代欧洲早期出现的一些术语时,斯金纳就强调:"答案不在于规避这个名词的使用,而在于将其用法尽量限于它最初在文艺复兴时期的意义",即在"比较古老而有限制的意义上加以使用"。科塞雷克阐述的"鞍型期"理论,也致力于从"概念"视角揭示现代世界的诞生,尤其阐明语言所展示的概念转换,并不只具表象的意味,还构成推动历史发展的重要因素。

对于从事中国近代史研究的同仁来说,自然不能回避这样的问题。所谓转型年代,所谓"三千年来未有之变局",最基本的呈现,或者说最容易跃入我们眼帘的是什么呢?就是新名词的大爆炸,出现了很多新名词。这一点我想我们的同学应该不会太陌生,因为今天正处在这样一个语言大爆炸的时代,所生产的新名词也超过历史上任何一个时代,对于这个问题更应该有感触。既然如此,我们就不应该忽视这样的语言现象,而要紧扣一些关键性的概念来开展研究。原因无他,晚清"转型"年代出现的大量汉语新词,往往成为把握社会演进的枢机所在。

"思想界"正是揭示近代世界成长的一个关键性概念。于今而言,"思想界"乃再平常不过的字眼,针对古代中国,就不乏"某朝(代)思想界"的提法。但是如果我们稍加推敲就会发现,这样的用语是有问题的,我们应该追问,思想的载体是什么? 信息传播的机制是什么? 交流的渠道是什么? 在古代世界有这样一些东西实现思想的生产、传输、交流吗? 尽管不能一概否认,但与现代世界相比,显然不是一回事。如果我们去追踪语言的成长,也可以注意到,包括"思想界"在内的各种各样的"界",实际上也是作为一个新名词出现的。它是作为来自日语的回归词或者称为后缀新名词,包括"××学"、"××主义"这一类的词,大概都可归到这一类。当然,语词与历史进程未必是同步发展的,换言之,在形成新词之前实际已有不少征兆,故此,结合中国社会的"语境"关注汉语新词的接受过程,也颇有必要。

为什么说"××界"这个词很关键? 按照有关学者的揭示,清末民初,受日本等外来因素的影响,汉语中出现了大量的后缀新名词,其中"××界"(文学界、思想界、艺术界、金融界、司法界、新闻界、教育界、出版界等)即是如此。不过,这里也提示我们关注一个基本的问题,那就是"××界"的内涵,未必都很清楚。大致说来,基于社会活动领域或职业进行命名的"界别",如"政治界"、"生计界",多少让人清楚其所指;"史界"、"文界"、"诗界"之类,则关乎研究领域或体裁,也还算比较明确。重要的是,明显针对"社会"进行分层的"××界",其出现不无意味,构成中国社会转型的写照。所谓"三千年来未有之变局",其中最显著的变化之一即是作为传统社会精英的"绅"的特殊地位开始没落,精英从此不再来自较为单一的社会阶层,表达社会身份的新方式随之出现。萧邦奇(R.Keith Schoppa)在《血路——革命中国中的沈定一(玄庐)传奇》一书中就揭示了,通常被翻译成"集团"或"团体"的汉语新词汇"界",如"政界"、"商界"等,在清末民初的报刊和其他事务性报道中不断出现,主要有这样几类参与公共事务和集会的"界",如最初的绅、商、绅商及由学者(包括学生和老师)组成的学界,随之警界、报界、军界也出现了,这表明一个易于识别但外表相当松散的多中心的"亚文化圈世界"(界)的形成。

然而,类似"思想界"(包括"学界")这样的语词,其内涵却并不那么清晰,无论是用职业来指称,还是以研究领域来涵盖,都显得不是那么回事。之所以造成这样的问题,固然是因为"思想界"这一界别的职业特征尚不明显,同时也意味着"学"这一层面所遭受的剧烈震荡。很多时候,诸如"舆论界"、"学术界"、"教育界"、"报界"、"出版界"等的表述,也难以与"思想界"截然分开。不能简单说"思想界"即是"思想人物"活动的舞台,在"思想界"展示其"声音"的,还包括各个业别的人士(当然主要是读书人)。从某种意义上可以说,"思想界"正近似于布迪厄(Pierre Bourdieu)所阐述的"文化场域"与"知识场域",只是其所涉及的要素,还要更为宽泛些。所谓"场域"(field),大致与"界"所传达的意思近似,"××场域"亦可视作"××界"。重要的是,"思想界"的存在,也是以进行"知识生产"为象征的;所不同的是,"思想界"的内涵更显模糊,难以确立其边界;其所涵盖的两极,无论是报章媒介,还是读书人,各自所形成的复杂网络,绝非单一的"文化场域"（或"文化界"）与"知识场域"（或"知识界"）可表征。我想强调的是,针对清季民国时期的"思想界"进行历史性的分析,同样需要展示这一"符号"所涉及的极为广泛的要素,参考布迪厄所阐述的"场域"理论,或可从更复杂的层面对此进行思考。

而我之所以选择"思想界",就是因为这个对象所具有的挑战性超过所有的"界"。而由这样一个题目出发,大概可以引导着我去观察近代中国一些值得重视的环节。而追踪晚清浮现的"思想界",可以注意到它除了与读书人的角色联系在一起之外,还与表达的载体有密不可分的关系。所谓"载体",范围自十分广泛,但在近代中国最值得关注的无疑是作为新型传播媒介的印刷书,尤其是报纸杂志。离开出版物,所谓"思想界"是难以把握的。新型传播媒介制造出了一个舞台,在这个舞台上表演的是各色人等,相应地就把人加入其中了。所以,如果我们描绘"思想界",大体上可以这样来说:这是由新型传播媒介营造出的一个舞台,在这个舞台上,所呈现的是你方唱罢我登台的这样一种格局。他可能是政治人物,也可能是一般的读书人,都可能在这个舞台有一番表演。相应的,这样的"思想界",较之过去,就有了不一样的意义。过去当然有传播媒介,帝制时代就有邸报、宫门钞、辕门钞这样一些信息传播机制,但那是一种自上而下的机制,而且不是一种完全公开的渠道。

因此,将"思想界"与清季民国时期的历史建立特别的关联,正是要强调此一问题并非无关宏旨。审视清季民国时期"思想界"的形成,尤其是新式传播媒介与新式读书人的结合,不难看出,这是近代中国社会发生深刻变动的产物,据此可以揭示这段历史一些值得重视的面向。关键在于,"思想界"作为"虚"、"实"相结合的存在,其特殊性体现在主要透过作为载体的书刊来传递信息。

二、"思想版图"的建构

既然我们谈到了报刊作为新型媒介,那么进一步要关心,新型传播媒介究竟建构起怎样的"思想版图"。这是进一步要检讨的问题。所谓"思想版图",就是试图在近代中国的历史脉络中展示报刊在空间上的分布,这样的"思想版图"之所以值得揭示,是因为"空间"及"时间"是呈现报刊产生影响力的要素之一。

在今天的互联网时代,可能大家对于报刊媒介没有特别的感受了,但回到清季民国时期,情况很不一样。当然,也有必要追问:这样一种媒介,它的影响力如何? 其实推而及之,近代中国所有的新生事物,我们都需要去追问,这样一种新生事物建构起怎样的一个版图? 只有对空间有基本的把握,或许才能做出相应的评估。事实上,今天的近代史研究之所以要做出这样一个努力,即把中国划分为更小的研究单位,也是因为这样一些新的因素不是同步在近代中国出现的,差距非常大,展开这一类问题的研究,也有必要立足于不同的区域。

如何去探索由报刊建构起的"思想版图",我愿意分享在此类问题的研究上应该采取的一个基本路线。坦率地说,这是我做这项研究花力气最大的部分,试图去画这样一张图,能够形象展现空间意义上的"思想版图"究竟为何。读近代史的都了解,中国报刊的出现量之多,以及情况之复杂,都不是容易搞清楚的。通常会依赖一些基本的资料去还原,比如说,以前大家比较多的是参照戈公振先生在《中国报学史》中所做的梳理,今天则可以利用更多的资料,如各种年鉴及地方志等资料。这些资料确实可以提供一些数字,帮助我们用数字来建构一个版图。我也曾经做过这样的努力,但后来完全放弃了,为什么?

原因在于,仅仅基于数字勾画民国时期由报刊所营造的"思想版图",显然不够。由于统计时段选择不同、对象各异,各种数字只具参考意义,很难从量上全面审视清季民国时期报刊的发展;即便数字可靠,每种报刊还存在发行时间、地点及量的区别,也难以获取对等的信息。譬如,《申报》《东方杂志》等报刊与那些发行量有限,或仅出一二期的报刊相比,无论从哪方面来说都不能相提并论,但在统计时却只能以一个计量单位计算。可以说,依据量化资料勾画清季民国时期报刊之"思想版图",几乎做不到,所反映的信息也很有限。书中我也做了不少统计,但放弃了用量来说明问题的方式。

我选择了另外一条路线,就是揭示这样一个趋向,以此说明"思想版图"所具有的意义。具体说来,就是努力揭示报刊所营造的空间结构,即在各地出版、发行的情况以及从业者的情况;尤其重视把握报刊之类别,有怎样的诉求?针对哪个社会阶层发言?在我看来,由这些因素描绘报刊之发展,或许才具备"思想版图"的意义。这里可以稍加提示的是,在这个版图中我们要关心报刊所展现的中心与边缘不同的情况,上海作为出版业的中心,出版了多少种报刊?这个账容易算,但是地方上出现了多少种报刊?却难以把握。

关注中心与边缘不同的形态,这是我们首先需要努力的。由报刊所营造的"思想版图"存在中心与边缘之别,似乎用不着特别指明。报刊的发行,原本有从"中心"向"边缘"拓展的问题;就"阅读"来说,也同样存在"中心"向"边缘"的渗透,使地处"边缘"的读书人有机会接触到中心城市发行的报刊。因此,由报刊连接起的"中心"与"边缘",大致可以从两个环节来把握(以报纸为例),一是各大报通过建立通讯员制度,对各地新闻进行报道;二是致力于推动在各地广开报馆。所谓"中心"与"边缘",不仅体现在中心城市与地方的差异上,还体现在南北、东西的不同。不管怎样,立足于报刊呈现近代中国的"思想版图",地方性报刊是不可或缺的一环。近些年来,借助吉尔兹(Clifford Geertz)所阐述的"地方性知识",近代中国历史中的所谓的"地方"也逐渐引起史家的重视。重要的是,以怎样的视野看待"地方",并赋予"地方"怎样的位置。就地方性报刊的成长来说，也对应着关键的两极：既构成"国家政权建设"成效的体现，以及"中心"向"边缘"渗透的写照；同时，它还成为另一面镜子，映射出地方的"特性"。另外，谁创办报刊？内容如何？成效怎样？这些都值得重视。

其次，报刊的出现，作为一个新生事物，它所要解决的是诉求的表达，即针对特定的阶层进行动员，因此我们要集中去关注配合国家政权建设所建构的那样一个"思想版图"。尽管在数量上难以判明清季民国时期刊物发展的具体情形，但根据近代中国历史演进的脉络，勾画出报刊的节奏与结构性转变还是可能的。其一是配合国家政权建设创办的各类报刊。可归到此类的报刊，大约可分出以下几类：第一，新建政权的各级机关报取代前清官报大量出版，名称大多由清末之"官报"而改称"公报"。第二，承袭晚清以来的兴学潮，涌现许多教育类报刊。第三，服务于政党的报刊大量出现。其二，基于社会动员围绕各"界别"出版的报刊。这也是呈现民国时期"思想版图"不可忽视的一环，前述"××界"在20世纪的报刊中频频出现，即昭示了中国社会重新组织，而"××界"也成为社会动员的象征。实际上，直接以"界"作为杂志名称的颇不少，这既是基于传达某一社会阶层的诉求，也意味着针对特定的"阅读公众"。其三，宗教性质的报刊也展现新的气象，成为构筑民国时期"思想版图"不可或缺的一环。基督新教对于催生中国期刊的作用，已无须说明，而其他宗教团体也在出版报刊，就整个民国时期来说，佛教期刊在数量上即很可观。《民国佛教期刊文献集成》及《民国佛教期刊文献集成补编》，就合计收入民国佛教期刊233种（其中完整的多达154种）。由此可见，这张"思想版图"若置于地理版图，或还不足以完全展示报纸杂志的"星罗棋布"，不过可以看出，经历晚清以来的发展，报刊已不再局限于少数大城市或沿海城市，也并非由少数社会阶层所操控。

还有必要强调的是，"思想版图"之所以复杂，关键在于它不是一个固定值，而是一个变量。这个变量会形成一种节奏，这种节奏会伴随着整个社会的变动发生改变。就我们对近代史的关注来说，也都可以注意到，在不同的时段里，不管往大了说还是往小了说，都可以注意到这样一种变奏。比如说，"九一八"、"七七事变"以后，我们不要以为只有学校、工厂在搬迁，报刊也在转移。相应的，就期刊的创办来说，也有一个到边疆去的潮流，很多原来没有报刊的边缘地带，开始出现越来越多的报刊。往小了说，差不多每一次政治上的变动，都会激起人们参政的热情，而参政一个很重要的举动就是办报刊。所以说民国建立，以及1945年日本投降这样一些大的历史事件，都会催生一种结构性的转变。

以上我给大家介绍的就是关于"思想版图"，我们应该如何去梳理的问题。我这里主要想跟大家分享的是，不只是围绕着报刊，我们关注任何一个新生事物，或者是那些消逝的旧的事物，都需要立足于这样一张版图去把握。有了"空间"的概念以后，我们对于这个对象的把握及评估,也就有所本。

三、读书人晋升的阶梯

第三方面要介绍的是清季民国时期伴随"思想界"的成长带来的变化。我这里专门挑选一个环节来给大家做一些介绍,即报刊如何构成了读书人晋升的一个新阶梯。为什么我要把读书人和报刊的联系作为重点来分析？那是因为报刊出现以后,它改变了学术的一个基本面貌——写作方式,以及文字本身,都因此而改变了。换言之,重建清季民国时期的阅读世界,不仅要重视报刊被阅读的情况,还要说明产生了怎样的影响机制。哈贝马斯（Jürgen Habemas, 1929— ）对西欧社会的分析同样强调:"一份报刊是在公众的批评当中发展起来的,但它只是公众讨论的一个延伸,而且始终是公众的一个机制:其功能是传声筒和扩音机,而不再仅仅是信息的传递载体。"

这里把阅读报刊视作读书人晋升的阶梯,正是期望说明报刊对读书人发挥的影响既深且巨,在一定意义上甚至可类比科举考试发挥的作用,构成个体与社会发生联系的关键所在。王汎森即曾揭示"阅读大众"（reading public）的形成,认为新文化运动培养出一个新的"阅读大众",为争取这些新的读者,以营利为考虑的出版业随之变化。实际上,就本书所检讨的"思想界"来说,自不可缺少阅读这一环,正是因为读书人有别于过去的"阅读习惯","思想界"才与更多的人发生关联;没有阅读,也难以形成所谓的"思想界"。

我想强调的是,伴随"思想界"的成长,所产生的影响是多方面的,其中尤其值得注意的便是读书人表达及写作方式的转变。读书人为文总有所预设:是针对当下的社会立言,还是撇开现实性的考虑？用学术性的语言,还是大众接受的语言？凡此等等,都是为文者不能不考虑的问题。随着报刊的流行,晚清以降读书人写作方式也在发生重大变化。新的写作方式与报纸杂志的流行颇有关联,这也是构成"思想界"具有"公共性"的关键。甚至可以说,没有写作方式的转变,哪里有什么"思想界"？这也是分析思想传播难以绕开的问题。对将中国的思想运动比附于"文艺复兴"与"启蒙运动"这一习见的做法,尽管存在不少分歧,但就某些环节而言,却也可视作思想运动共同面对的问题。彼得·伯克对意大利文艺复兴的研究就指出,有一些障碍把普通民众排除在此一时期的文学与艺术世界之外,包括"语言的障碍","读写能力的障碍",以及普通民众买不起书籍和绘画的"经济的障碍",而文艺复兴也体现出"各种表现形式和思想从精英阶层向普通阶层民众传播,其中包括社会层面和地理层面的扩散"。

透过报刊展现清季民国时期的"思想版图",旨在说明报刊的影响已无处不在;相应的,阅读报刊也成为读书人日常生活的一个重要部分。实际上,在读书人的自觉中,还把创办报刊明确定位于与"国家"、"社会"发生关系之始。梁启超在一次演说中就明确表示："鄙人最初与国家发生关系，即自经营报事始。"瞿秋白在《饿乡纪程》中，也将其参与组织《新社会》旬刊视作他的思想"第一次与社会生活接触"。从某种意义上说，报刊构成了读书人"晋升的阶梯"。

我为什么质疑古代世界"思想界"这样一个说法，实际上也与不同的写作方式有关。过去的读书人写作吗？当然写作，但过去读书人的写作，它的对象是谁，它是以什么样的形态流传，这些都和晚清民国时代有天渊之别。《晨报》上就有人写了这样一篇文章，痛斥这样一个现象，说古人著书是为了藏之名山，而今人撰文，就是为了卖钱。不仅如此，伴随"思想界"的成长，读书人可以通过加入的方式，加入到"思想界"，然后让他的名声广为人知，并且获得晋升的阶梯。这其中，我自己也分析过一些比较典型的例证，吴虞、吴宓的经历就显示了报刊如何使个人与社会建立关联，并仰赖此所提供的资源提升自己的社会地位。甚至可以说，报刊之于读书人，乃与社会发生关系之始，构成其"晋升的阶梯"（当然只是阶梯之一）。如果我们要深入分析的话，这样一种转变是有很多的问题可以讨论的，可以揭示我们以往研究中不那么重视的一些面向。

最后我再做一些总结。因为时间有限，我选择了上述三个问题来跟大家做一些交流。大致上可以说，围绕着这样一个题目，我试图做出的努力是做一个尽可能全面的或者整体的分析。"思想界"作为虚实相结合的存在，其特殊性体现在它主要透过作为载体的报章书刊来传递声音，因此，从写作到出版，从印刷到流通，从销售到阅读，及所涉及的作者、出版者、读者等环节，皆值得重视，唯其如此，才能把握新型媒介是否能将声音传递到更为广阔的地方——由"中心"走向"边缘"。此其一。活跃于"思想界"的各色人等——不只是读书人，同样构成不可或缺的一环，也当关注其所发出的声音是否能够捍卫基本的社会价值，向公众传递各种知识，并使用公众能够接受的表达方式。此其二。"思想界"作为舞台，有中心，也有边缘；同时既有掌握话语之"中坚人物"，也不乏"失语者"，为此也当审视普通民众是否能够与之发生关联，获取相关的信息，进而表达来自下层的声音。此其三。"思想界"内涵具有的广泛性，上述三端自难以涵盖，还可从其他方面对此进行解析。从某种意义上说，这里是将"思想界"作为具有指标意义的象征，既成长于近代社会，也构成验证社会成长的标识，成为显示"过去"与"近代"重大差别的一环。

换言之，"思想界"出现于晚清中国"转型时代"，主要体现在与"社会"的成长密切关联；也实际成为国家与社会形成新型对应关系的写照。而伴随"社会"的成长，认知历史的基调也因此发生改变，从以"王朝"为中心转向以"社会"为中心。在这个意义上也可以说，对清季民国时期"思想界"的分析，既成为把握近代中国历史的一把钥匙，也是审视未来社会的一面镜子。

主持人语

我的理解是章清老师非常努力地建构"思想界"这样一个概念,大家不要把"思想界"理解成一个实指,它实际上就是一个 public space,就是一个公共空间。这个公共空间有三个性质:第一个它具有生产性;第二个它是有空间的概念,既然是空间,就有中心有边缘;第三个它是个人与社会相连接的一个中介,你通过进入这个场里面就可以得到一个晋升之阶或晋升机会。下面我们就把时间交给大家,希望提一些"挑衅"的问题。

提问互动

提问:第一个问题,先秦为什么就没有思想交流融会呢? 比如说,不管庄子、韩非子,他们都对百家进行过总结,百家通过不同的交流,他们都会有沟通融合。第二个我感觉到很奇怪的,就是您说过去和现在之间有一个差异,我认为过去的一个差异在于距离的差异,而现在一个差异是不是也通过一种繁杂对我们进行干扰呢? 这样一种认识上的阻碍,是否也会和距离产生一种异曲同工之妙,使我们也无所适从呢? 第三个问题是我对"思想界"不太理解。我是天津人,天津最主要的道路是四马路、五马路,何以称为马路就不可以走车呢? 既然是这样一个概念,或者称为"界",或者称为"体"、"门",它是这样一个实质性概念,我们不管叫什么名字,都是指这样的实质性概念。何必纠结"思想界"这样一个问题呢? 我倒感觉我们现在的史学——虽然我从一个旁观者或者爱好者的角度来看——确实是需要去改革的,但是我觉得史学改革不应该是一种所谓查缺补漏的改革,而是那种像日本吉田氏所主张的先去把它完全破坏,摧枯拉朽,然后再徐徐布置,或者像梁启超所说的破坏而后再来重拟,我觉得这样对于我们的史学反而是一种更大的进步。

章清:我说得很清楚,"思想界"的存在是因为有了新型媒介,没有报章杂志及以后出版的新型传播媒介,是不可能产生一种有效的交流,也不可能存在一个所谓的舞台的。所谓先秦的"思想界",你追问我提出的这三个问题就能够了解为什么说先秦不可能存在"思想界"。思想的载体是什么? 交流的信息的传播靠什么? 交流的渠道是什么? 我们今天讨论的百家争鸣,讨论的所谓诸子百家,讨论的思想的互相影响,都是一个想象的结果,是我们把他们的思想联系、建立起来的,而我们其实是没有证据来证明他们所谓的互相影响的。后推过去也可以讲,过去有互联网吗? 先秦有互联网吗? 承认他们是有影响的,当然有影响,他们也会接受别家的学说,也会注意到别家的学说,但这不是一回事,和晚清所出现的情形完全不是一回事。比如说,孔子的思想怎么来传播,靠《论语》,什么时候才开始有《论语》? 这些问题只要我们想一想,大概就能够理解不是一回事。而我们尊重这个概念出现的时期,大概就能够注意到我们的历史应该从哪里讲起。我这里简单做回应。

提问：您说"思想界"提供了公共的空间供大家进行思想的交流讨论。这里所谓空间，大众传播的舆论跟"思想界"的舆论之间可能就是雅俗的区别吧？"思想界"里面有些东西只有通过舆论推广之后，才可能产生更广泛的影响，太学术的东西可能还没有世俗化、功利化所产生的舆论影响大。

章清：这是个非常有意思的问题，我们今天讨论到传媒，讨论到舆论，确实有你所说的这个问题。比如说，包括最早出现的这些报刊，给谁看呢？给当政者看。它的诉求者的倾诉就是为了上达天听，慢慢地才把它作为一个大众的机制，相应地要改变文体，改变形态，要把它变得更便宜一些，所以说这里面包含着政治的、经济的多重考虑。其中纯粹把它当成生意来做的，也是大有人在。晚清以后出现的一个现象——以文字为生，过去的读书人，也可以卖点钱，比如说你帮别人写个墓志铭，帮别人题两个字，也可以拿到一点润笔之资，但那个不是普遍的。但是晚晴以后，就开始出现一批为报刊撰文或者卖小说的人，最富的是这些人，最有钱的是写这些东西的人。其实我们可以结合今天我们所生活的这样一个时代来看，这中间已经发生了几次跨越，比如说，那个时候用博客，后来从博客到微信，这个交流的方式完全不一样了，形态也改变了。所以说这都是我们探讨这一类问题要特别注意的。

提问：您主张"思想界"是伴随着一种新的信息传播体制在近代中国产生的，认为之前就不能称之为"思想界"或者说在某种意义上不存在一个公共空间。那么在近代中国之前，在新的媒介出来之前，这种知识的体系，知识的流程分布体系，如果我们把它称为"知识界"的话，这个传统时代的"知识界"和您提到的现代概念上的"思想界"之间有没有联系？如果说它不是一个突然断裂、忽然被取代的过程，那么这两者之间是怎样渐变的？传统"知识界"的结构怎样影响了"思想界"？它有中心和边缘，这个中心和边缘在渐变过程中有个怎么样的变化？

章清：这个问题是我在梳理"思想界"形成时最关键的环节，而且也曾经让我非常纠结。我可以简单地说明一下，这是一个模糊的过渡地带，就是说"思想界"究竟是什么时候出现，算是成型？我以《时务报》作为一个过渡，这其中有哪些蛛丝马迹可以值得我们注意？就是新型报章的出现。我们可以注意到，它是对于传统媒介的一个替代覆盖。去看《申报》、《万国公报》，你们就可以发现，这其中包含的信息一定有《邸报》或者《京报》，它完全是以替代信息的方式来替换掉过去的信息传播媒介。很简单，过去的读书人要看《邸报》的，要看《京报》的，他们所关注的一定是谁升官了，谁中举了，这些信息是他们感兴趣的。所以说《申报》这些办报的人都不是吃素的，他们都有很清楚的读者定位,它会安排这样一些信息。而在帝制时代,基于政治考虑,包括《时务报》以及那个时代出现的其他报刊,差不多都有一份一样的内容,叫"公布上谕"。所以从政治上来说,它也是在承担过去的一种职能,就是说那个时候,它所表达出来的还是政治上的单向度,自上而下。所以说,包括张之洞、严复在内,他们所理解的报刊,他们之所以接受报刊,是因为什么?因为报刊可以实现两个目标:一个是"中外通",另外一个更为重要的是"上下通"。

但是后来发生改变了,改变的是什么?一个最重要的变化就是,梁启超这班人包括留学生流亡到日本后创办了大量的报刊,这些报刊不仅不再"公布上谕",更为重要的是,他们要缔造一种新的政治方式。正好那个时候,"反清"的声音也出来了,"自治"的声音也出来了,所以说这是一个转变。我要描绘的这个过程就是,它其实很多转变是结合在一起的,你在"天下"的格局下是一种生态,有了近代意义上的"国家"概念,报刊又有了一个不一样的生态。其实这个现象不仅发生在中国,今天揭示整个近代世界演进的过程中,都越来越关注媒介。因为恰好是新型传播媒介的出现,印刷书刊、报章的出现,它对于很多事项都在起推动作用。

比如说,我们都知道宗教改革是我们了解西欧历史很关键的一幕,为什么这场改革能够席卷欧洲?因为那个时候恰好有了一个改变——《圣经》以印刷本的方式来传播了。如果我们到欧洲的图书馆去看看,原来的《圣经》文本是什么,写在羊皮纸上的,那个书不但不可能谁都阅读,而且教会还可以完全垄断对《圣经》的阅读和解释权,这是完全不一样的形态。再到后来,包括民族主义思想的传播,包括哈贝马斯所揭示的公共领域,都因为有了这样一些媒介,才可能对这种转变提供一个非常大的助力。这两者的契合,才让我们感觉到了近代的来临,欧洲是如此,中国也是如此。但是我必须强调,这个转变是模糊的,我一定不敢给出一个清晰的界定,一旦清晰了,那就说明有问题。

(该演讲由南京大学历史学院硕士生谢任整理)

民族主义的再发现——抗战时期中国朝野对于"中华民族"的讨论[*]

黄克武（台湾"中央研究院"）

主持人语：今天我们很荣幸地请来了著名学者、思想史研究大腕黄克武教授。现在网络非常发达，不需要我多说，大家就可以搜到黄克武先生的辉煌履历。他是牛津大学的硕士，斯坦福大学的博士。他研究的领域主要是中国近代思想史，但是我要强调一点，他还有深厚的西方政治思想史的背景。大家掌声欢迎。

各位老师、同学，大家下午好！非常高兴有机会到南京大学来，而且是以"学衡"的名义，这对于我来说有非常重要的意义。我在 20 世纪 70 年代读本科的时候，跟在座的各位一样，开始进入历史这门学问。当时我在台湾师范大学就读，台湾师范大学跟台湾大学有点类似于南京高等师范学校与北京大学的关系。台师大基本上走的是南高的系统，所以我进入本科之后，第一门课是中国文化史，用的是柳诒徵先生的著作。那一年我们主要读的书，除了柳诒徵的之外，就是钱穆的。所以，大致上柳诒徵和钱穆先生就是我的启蒙老师。所以今天我看到学衡之名重新在南京大学出现，我觉得这是一件非常值得高兴的事。

我今天跟大家汇报的是为抗战胜利 70 周年所写的文章，题目叫作《民族主义的再发现——抗战时期中国朝野对于中华民族的讨论》。我知道民族问题其实不容易讨论，上个月去北京，参加了一个关于新文化运动的讨论会，在会上我负责评论高全喜先生写的《试论当代中国民族主义问题之无解》，这其实是一篇他已经发表的文章，表达了他对于中国民族主义问题的一种忧虑与无奈。

对于当代中国民族主义问题的理解，我觉得可以把它放在更长远的历史背景中来看。大家知道，清朝是用"部"来统辖边疆；到民国以后就有一个转折，这就是以民国之"民"来统辖边疆。在谈论中国民族主义传统的时候，大家多半忽略了民国之"民"的传统。所以今天考虑民族主义问题，或许可以重新思考民国时代对于民族主义问题的一些讨论，使之成为我们重要的思想支援与遗产。

对于当代民族问题的解决，其实有很多说法。其中比较重要的想法是北大社会学系马戎教

---

* 注：2016 年 7 月 15 日，黄克武教授在《近代史研究》（2016 年 04 期）上发表了同名文章。

授提出的,即以少数民族的公民身份与个体权利的观念来重组当代族群的边界。这是我思考的大背景。今天我尝试探究民国年间对于中华民族问题的思考,这样或许可以超越民国时期的党派纷争与政治性的考量,重新回顾民国时期如何看待中华民族问题。这个问题的提出与讨论背后是本尼迪克特·安德森(Benedict Anderson,1936—2015)提出的想法,就是报刊媒体与国族建构之间的关系。我想大家都很熟悉本尼迪克特·安德森的大作《想象的共同体》,这篇大作对民族主义在近代的起源与传播做了比较细致的讨论,其中一个核心的观点就是,民族主义是由文化论述建构而成的。也就是说,文化论述的内容形塑了我们对民族主义的想象。关于文化论述,作者特别强调了印刷资本主义。他认为,近代以来,随着印刷资本主义的出现,资讯可以被大量地复制与散布,特别是印刷品成为商品之后,孕育了一种全新的同时性概念。一方面大量,一方面可以同时性地快速散布,这种同时性的散布就促成了水平的、世俗的、横贯时间的共同体之想象的可能。因此,在活字印刷术的机制之下,可以让读者产生新的想象,让族群有边界的想象越来越清晰。这是安德森所提出的文化论述很重要的一个论点。如果讨论到印刷资本主义的形成,我们就要涉及近代以来公共领域的出现,也就是说,随着媒体的传播,开始有一种同时性的讨论。这也是我在本次报告中所要谈到的朝野讨论的含义。因为只有在印刷媒体条件之下,同时性的讨论、不同地域的讨论才成为可能。这是我在谈论这些问题的时候,背后的一些基本想法。

我把这篇文章放在大的脉络里面,就是希望讨论约瑟夫·列文森(Joseph R.Levenson,1920—1969)在《儒教中国及其现代命运》中提出的一个命题:近代中国经历了一个从天下到国家的过程,这是一段曲折反复的经历。列文森的书大家现在读得很少,但他的书刚出来的时候受到很多攻击,特别是萧公权对列文森的批评很多。我觉得列文森的书里面有一个重要的观点,这个观点就是,看到了中国民族主义与国际主义之间的交织互动的复杂性。列文森指出,中国民族主义的复杂性就在于天下的理想一直存在,而同时,中国没有办法忍受在国际秩序中被边缘化,包括孙中山讲到的"架于欧美之上"的理想。这种关于天下的思想,是中国民族主义发展过程中一个很核心的部分,它和先秦以来儒家的乌托邦思想有一定的关联。在从天下到国家的过程中,这种天下的理念不断重复出现。即使在建设民族主义的过程中,对于天下的呼唤也从来没有间断过。孙中山先生在世界大同理想不能实现的时候,转而求其次,思考大亚洲主义的问题。但不管是世界大同还是大亚洲主义,孙中山先生思想的背后都有一个王道的思想,这种王道的思想是与天下的思想搭配在一起的。在此过程中,我觉得民国时期的民族思想、民族政策、民族理念值得我们提出来重新思考。

我们知道,民国时期是中国民族主义形成的一个关键阶段。因这一阶段长期受到党派意识、统战策略与政治性考量的影响，而没有办法真正讨论到这个问题的核心。所以，我今天特别把抗战时期中国关于民族主义问题的讨论提出来，思考所谓民族主义问题在当代中国形成的过程。而如果将这一过程放在天下与国家的脉络里面，就可以看到它的特殊性，以及这样一种思想遗产的重要意义。

在谈近代的，特别是 20 世纪的民族主义问题的时候，我在这篇文章里面特别提到日本史料的重要性，因为我觉得 20 世纪民族主义的成长其实跟大亚洲主义是分不开的。所以我在这篇文章里用了两个过去较少使用的史料：一个是 1898 年在日本由有贺长雄创办的《外交时报》。《外交时报》其实是 20 世纪日本有关国际问题与外交问题的非常专业的杂志。关于这个杂志有一本非常好用的工具书，即外交时报总目录与作者索引，有 1600 位作者写了 34000 篇文章。里面有大量关于中国问题的讨论，而这些资料过去用的人比较少，多半都是在谈有贺长雄思想的时候将它拿出来。但怎样看待当时日本对中国问题的讨论、对东亚民族主义的讨论，《外交时报》是一个比较重要的杂志。另一个史料是到今天都存在的《中央公论》。《中央公论》从 1887 年创办开始一直具有自由主义色彩，在大正民主时期就是一个非常重要的刊物。它与知识分子的议论关系密切，一直到今天还有左翼亲美的想法。这个杂志在 1944 年因为它激烈的言论而被军部禁刊。大家可以想见，这样一种刊物在问题讨论上所代表的一种不同的光谱。我之所以用这样一个材料，就是因为近代抗战以来民族主义的形成，事实上是一个与东亚民族主义切割的过程。也就是说，民国以来的民族主义是一种中国民族主义与东亚民族主义对抗、融合、发展的过程。

我们追溯近代中国的民族意识会发现，这是中国传统中所没有的。虽然中国传统有所谓的华夷之辨，但中国的民族意识事实上是近代的产物，这一产物认为，中国具有民族、人种、国家跟文化诸多认同的面相，民族意识的核心概念就是"中华民族"这四个字。而这四个字，按照本尼迪克特·安德森的说法，就是一个现代的想象。这一想象事实上是一个发展的过程，就是说，"中华民族"并不是一个天生就意义确定的概念，而是在历史发展中经历了一个有辩论、有激荡，衍生变化的过程。如果从词汇史的角度来看，"中华民族"是 1905 年由梁启超首先提出的，它主要是指汉族与炎黄遗族，当时还不包含其他的民族。对于梁启超这些立宪派人士来说，中国境内的各族群虽然有差异，但是因为历史文化的关系而紧密地结合在一起，所以立宪派希望建立一个消除彼此畛域的、同种合体的现代民族国家。

从民族主义的理论来看，一般把民族主义分为三类。第一个是种族的民族主义，认为血缘因素是民族主义最核心的部分；第二个是文化的民族主义，认为民族的结合是一种共同的、比较复杂的文化因素的结合；第三个是公民的民族主义。如果作为概念来看的话，梁启超的这种中华民族的理念无疑具有文化民族主义与公民民族主义的意味。相对来说，革命党的民族理念是具有比较强烈的血缘性的民族理念。这就是梁任公所说的"大民族主义"与"小民族主义"的区别。当然，革命党为了革命的目的而策略性地提出"驱除鞑虏，恢复中华"的反清口号，这个口号在革命动员的活动中具有强大的力量。事实上，辛亥革命的成功跟这种族群的动员——包括追溯扬州十日、嘉定三屠等历史的仇恨结合在一起，发挥了重大的动员力量。但是，这样一种辛亥革命的小民族主义的出现对于中国民族主义的形成是一种负面的因素。所以辛亥革命成功之后，很快就把"驱除鞑虏，恢复中华"的口号改为"五族共和"，以五族融合的口号取代种族性的民族主义口号。这当然是革命成功之后非常重要的一个步骤，民国以后开始思考民国之民，这是一个比较重要的发展。

当然我们今天故事的起点其实是 1924 年孙中山先生的"三民主义"。孙中山先生在三民主义的演讲稿里，很清楚地把满、汉、蒙、回、藏这五个族归成一个所谓的"中华民族"。中山先生的根本理念是以汉族为主体，融合同化中国境内的其他少数民族，形成一个统一的中华民族。我觉得中山先生的理念在此之后一直是一个基础性的因素，就是说，他的想法在 20 世纪一直有持续性的影响，后来相当多的不同构想多多少少都与中山先生的民族思想相关。我把 1924 年之前的时期叫作现代中国民族主义萌芽的时期，我今天主要讨论的则是 1924 年之后，尤其是三四十年代到抗战胜利这段时间关于中华民族的讨论。如果我们仔细研究孙中山先生关于民族主义的演讲词会发现，它其实有一种非常强的汉族中心的想法。他认为中国的民族总数是 4 万万人，掺杂不过几百万的蒙古族人，百多万的满族人，几百万的藏族人，还有一点点回族跟突厥语族。外族人口不过是 1000 万人。所以，4 万万中国人可以说完全是汉人。同一的血统，同一的语言文字，同一个宗教，同一个习惯，完全是一个民族。这就是孙中山先生在民族主义中所谈到的"一个民族"的理论。当然为了团结大家，所以他强调我们应该把一团散沙的中国人凝聚在这样一个民族里面。这是一个很重要的想法，而这一想法的背后就是以血缘与宗族理念作为构建民族主义基础的想法。这种想法后来一直发挥影响力。中山先生说：我们要把各姓的宗族团体联合起来，由宗族团体结合成一个民族的大团体，抵抗外国人。这种宗族式的理念与血缘式的想象变成中山先生民族主义理论中非常核心的部分。

1924 年年底，孙中山先生在神户提出"大亚洲主义"。大亚洲主义当然有非常复杂的背景，但是里面很清楚的一点是，中山先生认为，亚洲应该恢复一种王道主义的文化，以王道主义为基础联合亚洲各个民族，抵抗西方帝国主义的压迫。这种大亚洲主义与后来的"东方民族主义"、"东亚协同体论"有一定程度的关联，但是有一个本质性的区别，这区别就是中山先生所说的"王道"思想不同于"霸道"思想。他其实看到日本在发展的过程中对于霸道或者帝国主义的野心，所以他在1924年神户的演讲里特别强调,在凝聚大亚洲主义的时候,希望日本能够维持中国古代以来的王道思想。这当然是一种对日本苦口婆心的劝告,但事实上,这样一种想法与日本后来的发展,特别是"东亚民族主义"与"东亚协同论"有本质上的区别。

这一区别也正牵涉到我最近正在谈的中日两国对于进化论的诠释。我最近在"中央研究院"近史所集刊上写了《何谓天演》的文章,特别强调近代以来中日两国对于同样一个天演论的诠释里,有着非常重要的区别:自从天演论传到中国,从严复开始就不断思考竞争与伦理的关系。他们之所以翻译赫胥黎的这本书,事实上就是看到了二者之间非常复杂的关系,也强调在竞争的过程中不能忽略伦理这一重要因素。相对来说,日本在汲取进化论理论的时候,首先,他们不翻译赫胥黎的书——在日本赫胥黎的书到1948年才出现,比严复的书晚了50年,其次,日本在吸取进化论的时候,基本上是强调生存竞争的那部分,这个跟严复开始强调伦理的道德原则有一个本质的差异。所以我觉得这一部分与中山先生的构想是有关联的,这是中山先生所提到的大亚洲主义。

因此,我们就要关注日本因素在了解中国民族主义问题上的重要性。当我们谈近代思想问题的时候,我觉得日本是一个不可忽略的面相。当然,这就牵涉到我之前所讲的30年代到40年代中国国族主义的形成,牵涉到中国国族主义与东亚民族主义之间区别性地发展,而这一发展与日本有着重要的渊源关系。所以,我今天在谈中国民族主义问题的时候,首先拉到日本这个场域。事实上,日本思想界对这一问题有非常复杂的讨论,讨论中所用的主要史料就是前面所谈到的《外交时报》与《中央公论》,里面包括大量的日本知识分子对这一问题的不同讨论,从中可以看到日本内部对这一问题存在很大的争议性与复杂性。这种争议性与复杂性在某种程度上被日本军方压制,但是这些思想其实冲击到了中国思想界。在谈论这一问题时,有一部分史料过去没有被注意到,它分为两类:一类是日本谈论中国问题的材料,像《外交时报》、《中央公论》、《东洋》——"东洋"这个词其实是有象征意义的;第二类是日本人在中国所办的新闻媒体报刊,特别是《亚东时报》与《舜天时报》。事实上,很多报刊的背后都有日本人,其实蕴含了一些非常重要的信息,对于我们了解近代中国民族主义问题有非常重要的意义。所以,我在下面的部分就先谈日本的中国通对于中国民族问题的思考,从这些思考中可以看出,日本学者对中国民族问题以及所谓东亚共同体的提出都有非常复杂的讨论,内部有很多不同的声音。我特别提到的是日本中国通的一些观点,他们多半在中国接受过像东亚同盟会那样的中文文史教育,或者在中国担任过外交工作。

第一个是大谷孝太郎。他曾经在东亚同盟会教过书,写了相当多与中国、日本相关的文章。他在1939年的一篇文章《事变与支那民族的世界观》里就特别提出:中日战争的本质就是中国民族与日本民族在世界观上的矛盾，而这一矛盾又牵涉到了从鲁迅以来所谈到的民族性问题。所以，在 40 年代，大量日本学者从民族性、国民性的角度谈中日比较。这些中国通对中国国民性的观察其实有很长远的一个传统，从明治、大正以来就有大量的日本人在中国旅行，也从事各种各样的调查。所以，他们对中国其实有非常细致的体认。这些体认凝聚起来就形成了日本对中国民族性、国民性的看法。大谷孝太郎就是其中的一个。他说：中国人虚伪，没有自信，没有感动，空虚又自大，热衷于憎恨，擅长于合理的盘算——走向极端就会做出不合理的盘算，即使陷入矛盾也不会感到矛盾的痛苦；另外一个方面，其实中国人是非常乐观的。这样一种了解对于日本民众有相当大的说服力。因此，在 1939 年中日战争打得最激烈的时候，大谷孝太郎就提出，应该整合日本国内的民力物力，彻底消灭蒋介石政权，停止第三势力援蒋的活动，扫荡占领区的游击队，恢复治安，振兴经济，建设东亚新秩序。大谷孝太郎最后提出的观点就是，战争的处理就是发扬日本民族的世界观，改造中国的世界观，这正是日本东亚秩序很核心的理念。

第二个中国通叫兼井鸿臣。他写的《赤裸的日华人》也是讨论日本国民性与中国国民性的不同，这个不同很有意思。他在中国住了很长一段时间，他提出，日本人和中国人一方面有生活习惯的不同，另一方面有性格上的不同。其中特别提到日中两国人性格相反的地方：一个性急，一个性缓；一个是非分明，一个是非不明；一个尚武，一个卑武；一个是牺牲精神，一个是利己精神；一个重视荣誉，一个重视面子；一个简明直接，一个老谋深算。所以你看，日本人开始建构关于中日两国不同民族性的看法。兼井提出一个非常有趣的看法：根据他对中国文化的长期观察，中国人的同化力非常强，即使曾经受到武力的征服，但是整个民族从来没有受到绝对的征服，而且征服者最后都被汉民族同化。这样一种对中国历史文化的观察，事实上他是在警告日本政府、日本军方发动这场战争的巨大代价与可能的后果。他提出一个非常有趣的比喻，他说中国生命力很强，就像蚯蚓一样，头切掉，尾可以活，尾切掉，头可以活，两头切掉，中间还可以活，这种蚯蚓的比喻在当时日本的很多文献中都被提到。这种对中国强韧的生命力与同化力的体认，在日本的中国通里面有非常强烈的表述。

第三个是我今天要谈得比较多的一个人，他是一个外交官，叫米内山庸夫，青森县人，他的材料在地方档案馆中还存在。他也在东亚同盟会读过书，在《外交时报》上写了很多篇文章。他认为，20 世纪 20 到 40 年代，中日之间发生的冲突是中日两个民族之间的生存竞争。这也是一种非常重要的讨论。他同样谈所谓中国国民性的问题，他在中国待了 30 年，对中国文化有一种深沉的热爱。他喜欢中国的瓷器，喜欢中国的字画，喜欢所有中国文人雅士喜欢的东西。但是，对于中日两国的亲善问题，他提出了一个非常悲观的想法——日支两国不亲善是两国的宿命，而且他非常悲观地指出，可能两国永远不会亲善。这种对中华文明的认识在《外交时报》上发表出来。他同时也跟刚才提到的学者一样,从中国历史的发展过程中发现,汉民族完成国家统一、国家强大之后,必定会想要征服周遭的民族,这体现了当时日本人的恐惧感。他也对中日和谈持悲观态度,认为就算实现了和平也仅是一时的,将来会有更加严重的战争发生。这就是米内山庸夫的想法,而这种对中日两国命运的想法,到1938年武汉会战之后特别重要。

战争的延续与长期化让日本开始思考这样的问题:为什么这场战争会打这么久? 其中,有一位叫作和田耕作的日本学者就说,中国之所以能打这么久,跟中国的封建性格有关,也就是说,当时的中国不是一个现代化国家,也没有形成一个全国性的网络。这种封建性与区隔性对日本来说是一个很大的障碍。你征服了一个部分没有办法马上征服另一个部分,中国没有办法以全国为单位建立一个统一的政治文化经济体——当然经济体是最重要的,特别是交通体与经济体。所以,即使附近的地区被截断,也不会丧失整体的功能。这就与蚯蚓的想法比较类似。这种本来是负面性的东西,却意外地增强了中国的韧性。

战争的长期化,其实与中国民族主义的发展有比较密切的关系。也就是说,中国因为经济军事的落后,反而能够以一种不彻底的近代化,对抗一个充分现代化的国家,而这种战争的背后其实有一种精神性的因素,日本学者认为这就是中国人抗日民族意识的高涨,他们在抗战中重新发现了民族主义。这是从日本的角度看到中国抗战中民族主义的发展,同时他们也看到,中日之间的冲突是中国抗日民族主义与他们所号召的东亚协同体的东亚民族主义的一个很大的矛盾。

大致看来,日本方面关于民族主义的理念,有非常多的分歧,但相对来说,中国基本上都是抗战,这种抗战理念可以说明中国在抗战时期民族主义的一致性。这种对中国民族主义的讨论其实根植于日军驻汪精卫伪政府代表影佐征昭的思想中。早在1933—1934年的时候,他就注意到重新认识中国民族主义问题的重要性,也认为日支亲善的最核心性的问题是如何解决他所谓的激烈、偏狭、排日的民族主义情绪。从这些不同的想法,我们可以看到日本当时对中国民族主义问题的讨论。

其中我要特别讨论的,就是刚刚提到的米内山庸夫。20世纪40年代他在外务省工作,在当时的《外交时报》上发表了二十几篇作品,在《朝日新闻》上也发表了相当多的评论文章。有趣的是,米内山庸夫在日本发表的三篇作品被翻译到中文世界,而且引起了很大的震荡。这三篇文章就是《事件处理的基调》《世界之大势与中日两民族》《支那民族之将来》。另外一个我要讲的人叫作柳濑正梦,他是日本的漫画家,他的漫画通过翻译被引介到中国的思想界来。我要说的是,在某种程度上,日本的讨论通过翻译影响到中国的思想界。

米内山庸夫在《外交时报》上发表的文章,在40年代的日本引发了很大的争议,甚至在日本众议院上都引发了广泛的讨论,主要因为米内山庸夫的文章事实上与当时日本官方的言论是有矛盾的,所以他被迫辞职了。这篇文章就是《事变处理的基调》。首先,他认为近卫的宣言是不对的,不割地不赔款的看法有问题。第二,他质疑东亚共同体的理想,呼吁日本人尽快解决战争问题,特别是通过割地赔款尽快结束战争。这样一种想法在日本报刊中刊登之后,受到了很大的冲击,因此这篇文章也引起了中国人的注意。1940 年 3 月 4 日的《申报》就报道了这件事情,而且介绍了米内山庸夫的观点。在此之后,当时的中国思想界立刻出现了米内山庸夫的三个翻译本,分别出现在三个不同地方的杂志上。第一个是上海的《东方杂志》,其中一篇世界各地著名杂志论文的摘要翻译了米内山庸夫《事件处理的基调》这篇文章。第二个出现在陕西,西北联大的《建国旬刊》里同样翻译了这篇文章。第三个译本是在香港汪伪政权的《国际周报》上刊出。这三篇文章在当时的战争环境下,在上海、陕西、香港同时刊出,可以看出这篇文章在当时中国的影响力。《东方杂志》在翻译这篇文章时在前面加了序言,序言里就说,米内山庸夫的这篇文章事实上就暗示中国不能被征服,日本应该尽快跟中国政府讲和。西北联合大学的《建国旬刊》上也做了同样的翻译,这篇翻译也指出,米内山庸夫在中国住了 30 年,他其实非常了解中国的国情,这篇文章是日本内部很重要的一个争议性看法,表明中国是不可能被武力征服的,也不可能通过傀儡政权的过渡而达到征服的目的,所以他们特别把这篇文章翻译过来告诉读者。香港是汪伪政权的一个重要基地,在这里,特别由周佛海主持的艺文研究会有一个国际编译社,他们办的一个刊物就叫《国际周报》,翻译全世界重要的对于中国问题的讨论。这个编译社由樊仲云主持,他立即用很详细的全译的篇幅把《事变处理的基调》做了完整的翻译。他在这里面也特别提到米内山庸夫否定近卫的声明,连带导致了《外交时报》受到禁刊的处分。

1941 年,米内山庸夫的另外一篇文章也登在汪伪的一个刊物上,由褚民谊委托作家张资平刊登在《译丛》月刊上,事实上这是在南京的中日文化协会所举办的一个刊物,里面同样谈到了对中日关系的不同看法。最后,他悲观地指出,中日的亲善其实很难实现。所以,大家可以看出,当时汪伪的刊物对日本的动向非常敏感。这也是最近我在用上海图书馆报刊资料库时发现的一个情况,上图报刊资料库里面其实有一部分大家很少使用的材料,就是汪伪所办的刊物。这些汪伪所办刊物以前不大好用,但是上海图书馆把它集中到报刊资料库里面,就可以发现里面有非常多的重要信息。过去我们对抗战时期思想言论界的讨论基本上关注的是国统区或游击区,对汪伪这边的言论注意得不够。我觉得要更全面地看到抗战时期对这一议题的讨论,汪伪的这些刊物其实非常重要。

第三篇米内山庸夫的文章在 1943 年《外交时报》上发表。这篇文章有两个译本。第一个译本是南京的一个文学杂志《星流》,也是汪伪政府的一个杂志。第二个比较重要,它是重庆国民政府翻译的,而且登在《中央周刊》上面,这是当时国民党最核心的宣传刊物。这篇文章本来叫作《支那民族之将来》,在周刊上改名为《敌人论中华民族的将来》。当然,在翻译的过程中,编译者也特别指出,希望借米内山庸夫的文章来鼓舞国人的士气。

我之所以重视米内山庸夫,其实是因为一个很偶然的因素。我在看我们研究院最近出版的《陈克文日记》,1943 年 4 月 8 号,当时蒋介石的《中国之命运》刚刚出版,讨论得沸沸扬扬。陈克文的这篇日记里面突然写道:有一天他在跟他的朋友讨论中国民族问题的时候,发现了蒋介石的《中国之命运》与敌方米内山庸夫的近著有一些共同点。由此我才发现米内山庸夫的重要性。当然,《中央周刊》在当时的发行量其实是很大的,所以会引起国民党的干部像陈克文这样的人的注意。陈克文在看了《中国之命运》与米内山庸夫的著作之后说:米内山此文颇有见解,当系我国抗战六年,始令彼邦学者有此认识。这个认识就是,中国是没有办法被征服的,中国文化有一种非常强的韧性与同化侵略者的能力。

大家可以想象到,米内山庸夫的文章其实是为日本政府着想,绝对不是为了中国而写的。他其实是警告日本政府说,这场战争打下来是很危险的。但是相对来说,引介到中文世界里面却变成了,中国的民族主义思潮是一个巨大的伟人,永远不会被征服。这种想法是抗战时期比较核心的观点。这种观点最具体的表现是,当时出版了一个很重要的漫画杂志,叫《抗战画刊》,上面有一个四格的漫画,这四格漫画后面写着:中华民族潜在的力量终于被敌人发掘出来了。在这幅漫画里,是一个日本军人到中国来,看到一堆草。他把这个草拔起来,一拔起来才发现这个草是一个巨人,这个巨人就把日本军人打走了。这是在当时的抗战漫画中很有趣的一幅,也非常形象地表现出了中国民族主义的特点与韧性。但事实上,如果我们追寻这幅漫画的原型会发现,其实这画与抗战一点关系都没有。幻灯片上另外这边是日本的漫画,这是日本著名漫画家柳濑正梦所画的四格漫画,他是一个社会主义者。这幅漫画其实是讲日本政府对工农大众的不重视,他拔出那个草其实是工农大众对军阀与资本主义结合在一起的力量的反击。很有趣的是,张文元把这样一种观念用在对中日关系的理解中。在中国漫画的下面有一段文字,说明这幅漫画是借用了柳濑正梦的创意。我觉得这幅漫画非常精准而形象地表达了抗战时期中国民族主义发展与中日关系的情状。这是我第一个要讲的日本关于民族主义的讨论与中国的关系。

第二个我要谈的是,战争时期中国知识分子对中华民族的讨论。当时中国知识分子对中国民族问题的讨论有一个自己的脉络,这个脉络早在 30 年代初期的中央研究院史语所就已经开始。当时,因为抗战的关系,史语所不断地南迁,迁到西南大后方,就开始在当地进行民族调查。在 1935 年到 1936 年的时候,因为中英国界问题,当时就派了史语所的两个人,芮逸夫与凌纯声,到云南的滇缅边界做绘勘,也做民族性的考察,宁波的一位昆虫学家周尧也参加了这个勘探队。这里我要说的是，战争使中国知识分子迁移到中国的边疆，而边疆的地位也让他们重新思考多民族边界问题。其中比较重要的就是芮逸夫与凌纯声所领军的对西南少数民族的调查。特别在 40 年代，芮逸夫开始接受国民政府的委托，修订西南少数民族的命名表。这是一个很重要的事情，因为过去中国对少数民族的命名很多都加上了带有侮辱性的、或者虫或者犬的偏旁，所以几乎每一个西南少数民族的名称都有虫旁或者犬旁。40 年代之后，国民政府希望改正这样一个民族问题，于是委托芮逸夫改定少数民族的命名。事实上，今天我们对西南少数民族的命名中，虫跟犬都已经去掉了。这就是 40 年代所做的工作。这样的一种做法事实上就是近代以来多民族边缘的再造，使在边疆的民族成为中华民族的一个分支。这也是在学理上重新塑造中华民族谱系的一个很重要的努力方向。这是一个部分。

第二个部分是从傅斯年开始，因为东北问题的讨论所带起的对民族问题的讨论。大家都知道，"九一八"之后，日本对中国的野心越来越明显，特别是，他们提出了"满蒙非中国论"。他们认为，中国就是中国本部，满蒙不是中国的固有领土。傅斯年就是在这一背景之下，于 30 年代初期写作了《东北史纲》。写这本书与李顿调查团对于满蒙问题的调查是密切相关的。关于东北问题的讨论，傅斯年与几位学者共同写作的这本书，后来在李济的统合下成了一本小书，就是《历史上的满洲》(Manchuria in History: A Summary with Maps and a Chronological Table, Peking: Peking Union Bookstore, 1932)。这本英文小书主要坚持，东北跟中国在历史上有很密切的关系，特别反驳了日本所提出的"满蒙非中国论"，表达了一种非常强烈的民族主义关怀。李济的书对于后来李顿调查团的影响还是很大的，所以后来，国联对日本侵略的批判是有一些中国学理的依据。

但是，傅斯年的《东北史纲》出版之后，却产生了很大的争议。《东北史纲》出版后，国内出现了三篇书评。第一篇书评是清华大学邵循正写的，邵循正留学欧美，是伯希和(Paul Pelliot, 1878—1945)的学生，专门研究蒙古史。他就批判傅斯年的《东北史纲》，邵循正认为，"中国之有东北之地久矣"是没有问题的，但是傅斯年论证这一问题的方法有严重的缺陷。邵循正指出，如果你要证明东北是中国的领土，最有力的证据就是武力把它收回来。第二篇跟第三篇书评与柳诒徵先生有关，两位作者都是柳诒徵的学生，这也可能跟北大与南高的学术竞争有密切的关系。第三篇书评是比较温和的，是柳诒徵的学生郑鹤声所写，写于 1933 年年底。他说这本书有国际宣传的重要性，因此有它的意义，但是另外一个方面，他也在某种程度上同意邵循正的看法。最严厉的书评是柳诒徵的另外一个弟子缪凤林写的，缪凤林曾经在东北大学教书，所以对东北状况非常了解。他在吴宓主编的《大公报》的《文学副刊》上发表了非常激烈的批评傅斯年的文章。缪凤林写道："傅君所著，虽仅寥寥数十页，其缺漏纰缪，殆突破任何史籍出版之记录也。"他觉得最大的问题是，傅斯年好生曲解，好发议论，遂至无往而不表现其缺谬。这里面当然有北大、南高之争，另外一方面，缪凤林其实是坚持学术性标准。他说：中国、日本处于永久斗争的地位，如果我们要追求胜利的话，需要非常慎重地论述我们的历史议题，而不能这么草率地把材料拼在一起。他特别指出，我们真的要跟日本人竞争的话，需要写出高水准的学术著作，我们的民族才有前途。我觉得这是一个非常中肯的评论。就是说，傅斯年这些人用世之心太深，所以很仓促地就写出了这部《东北史纲》。缪凤林特别提到：对比日本的话，其实我们应该惭愧。日本人特别是白鸟库吉跟津田左右吉在日俄战争之后就开始研究东北，他们在东北做了很多学术性的研究。这些研究当然也有一些问题，但远远不如傅斯年严重——傅斯年的实在太糟糕了。当然我们知道，《东北史纲》还是有它的重要性，李顿调查团最后做出有利于中国的报告事实上是跟傅斯年、李济的努力有关的。

有趣的是，傅斯年的书在日本方面也有反应。特别重要的是，日本东京大学东洋史教授矢野仁一在1933年出版了《满洲国历史》一书，一贯主张满蒙藏非中国之固有领土。中国只是中国的本部，满蒙基本上是边疆，跟中国没有必然固定的关系。矢野仁一这本书特别辟了一整章，用以反驳李顿报告书里面所谓"满洲为中国完全之一体，满洲与中国有永久且本质的联系"的主张。就像我刚才所说的，这个报告书一方面有傅斯年的影子，另一方面有日本在满洲特殊地位的一个观点作背景。矢野仁一的书评出来之后也立刻被翻译成中文，由王仲连翻译刊登在《读书评论》上。

大致看来，20世纪30年代以后出现了一种比较重要的讨论，大概有两条线索：一条线索就是从傅斯年到顾颉刚所提出的"民族一元论"以及"中华民族是一个"，第二条线索是从社会学家吴文藻、费孝通到少数民族历史学家翦伯赞所提出来的"民族多元论"，"中华民族不是一个"。这两条线索的讨论实际上牵涉到，一方面是学理上的讨论，一方面是国共政治上的斗争。从傅斯年到顾颉刚，这个讨论最明显的表现就是"中华民族是一个"的想法。我们读《顾颉刚日记》，可以看到非常细腻的资料。顾颉刚其实是一个有着非常强烈的民族思想的人，他从30年代初就开始论说中华民族的团结，同时他在《益世报》上写道，"'中国本部'一名亟应废弃"，这主要是针对日本人对于"本部"这个词的看法，他说这个词源自日本的教科书，有很强烈的政治目的，所以我们不应该引用。1939年顾颉刚写了一篇非常有名的文章，就叫作《中华民族是一个》，刊登在《益世报》的《边疆周刊》上面。这篇文章引起了很多的批评，费孝通就写了《关于民族问题的讨论》来反驳"中华民族是一个"的想法，费孝通的想法基本上是和后来的"多元一体"的想法是一脉相承的。

当时对于这个问题的讨论不只包括历史学者，至少还有两个重要的领域都有在讨论，一个领域是"新儒家",熊十力1938年就在《中国历史讲话》里也谈中华民族的族源问题,也谈中华民族是一个的想法,这是从新儒家的角度跟民族主义的配合。第二个是考古学者尹达,尹达也是史语所的一个研究人员,他本来在史语所担任研究工作,抗战以后到延安去了,1949年之后在学术界仍有表现。他在1940年的时候就在杂志上写《中华民族及其文化之起源》,他把中华民族起源追溯到旧石器时代周口店的考古发掘,这种从考古学对中华民族起源的探讨,主要是反驳中华民族来自他处的想法,认为周口店的猿人就是中华民族的祖先。这在学理上当然是经不起推敲的,但是我想,当时不管是新儒家的知识分子还是考古学者都参与了这样一个讨论。这种讨论受到了左派史家的批判,最重要的一个人就是翦伯赞,大家也知道他是一个唯物主义的历史学家,《翦伯赞全集》里面收有这篇文章,这篇文章实际上就是批评顾颉刚的。翦伯赞的批评,基本上就是围绕着"团结说"的:"在外族侵略之下,团结是很重要的,但是团结并不是消灭其他民族,而是扶助他们独立自由地发展,而形成自由平等的结合。"所以他回到孙中山的理论,希望政府能够以最大的真诚,以兄弟的友爱,以现实的利害,把各个民族真正地团结在一起。这个想法是出于少数民族对于各个民族能够独立发展的一种期望与想象,实际上跟1949年之后的民族理论有一定的关联。这样的一种想法当然与顾颉刚有很大的区别。顾颉刚在民国时期提出一个很重要的理论——"滚雪球理论",中华民族是一个小球,越滚越大,最后成为世界上独一无二的大民族。翦伯赞认为这种想法只看到了外族加入汉族,而没有看到汉族加入外族以及汉族、外族之间更复杂的关系。

上述这些想法,从20世纪30年代初延续到40年代,我觉得最后归结到蒋介石的《中国之命运》。也就是说,我们今天再看蒋介石的《中国之命运》,其实可以从一个更长远的学术辩论的角度来看。1943年出版的蒋介石的《中国之命运》只有十几万字,总共八章,是蒋介石一生中少数挂他名字的著作(真正挂他名字的著作只有两本,一本《中国之命运》,一本《苏俄在中国》)。这本书大家也知道,是陶希圣帮他拟的初稿,但是蒋在陶希圣的初稿基础上做了非常细致的修正。最近我看他的日记,发现他整天在抱怨陶希圣写的东西实在是太糟了,要花很多工夫去重新改写。大家可能没有注意到《中国之命运》曾经出了两个版本,我最近对这两个版本做了仔细的比较之后发现,蒋介石的《中国之命运》第一个版本出版在1943年3月,到1944年1月出了一个增订版。到底这两个版本有什么样的不同,还有这些不同有什么意义,是我在这节里所要讨论的。

我就用《中国之命运》里对于中国民族问题的讨论当一个例子来看。蒋介石的《中国之命运》实际上继承了孙中山"三民主义"的思想,所以他强调"国民革命要以废除不平等条约为重点"。《中国之命运》实际上正是写在不平等条约废除之后,它是重新思索怎样建构中国秩序、国际关系的一本书,其中第一节特别谈到中华民族这个问题。《中国之命运》在我所说的印刷资本主义之下迅速地传播,实际上我们可以看到,在国内每一个版本都印了几万本,一下子就卖完了,因为它要求中学生还有政府机关的每个人写心得,所以大家人手一册。《中国之命运》可以说是抗战时期最畅销的一本书,这本书有好几个译本,至少有两个英文译本,两个日文译本,还有一个越南文版,是由胡志明翻译的,所以这本书实际上有一种世界性的影响力,也可以表达出蒋介石当时对于这个问题的一个根本性的看法。如果我们看他的民族观的话,蒋介石在《中国之命运》的第一章里面说得不多,其实也就十五六页,讲了他对于中华民族的看法。他认为:国民革命的成功是建国工作的一种开始,而国民革命最重要的有两个大的敌人,一个是自由主义,一个是共产主义,这两个主义都破坏中国传统文化,二者之间的争论实际上是英美思想和苏俄思想的对立,所以他特别强调国民革命的完成有赖于中国国民党依据三民主义、实行民族复兴的事业。所以要讲民族复兴呢,其实是蒋介石最早讲的。一直到后来,到台湾之后,他还继续在中华复兴运动中表达出这种民族复兴的想象。如果我们把《中国之命运》当作蒋介石一生中政治、社会和文化概念之总结,体现其反共、反帝之建国构想,就会看到,《中国之命运》主张中国只有一个民族,即中华民族,同时他提出了后来与共产党提出的口号相似的一个想法就是:"没有国民党就没有新中国"。对于党国体制以及国家命运的契合点,在这本书里面也表达得很清楚。

在《中国之命运》的第一章里,他开始传递他对于中华民族的一种构想。这种构想就是:"就民族成长的历史来说,我们中华民族就是多数宗族融合而成的。融合于中华民族的宗族,历代都有增加,但融合的动力是文化而不是武力,融合的方法是同化而不是征服。"后面两句话非常经典,基本上表达了蒋介石对于中华民族历史发展过程的一个根本的想法,就是用文化而不是用武力去同化其他民族,所以"中华民族对于异族,抵抗其武力,而不施以武力,吸收其文化,而广被以文化"。如果我们看蒋介石《中国之命运》里面对于中华民族的想法,大概有两个思想的源头,这两个思想的源头都跟我前面所讨论的知识分子的辩论非常相关,也就是关于中华民族的成立有两套理论:第一套理论是"同化论",就是顾颉刚的"滚雪球理论";第二套理论是从孙中山开始的一种宗族的"同源论",就是说中华民族的形成不单单是"滚雪球",而且"滚雪球"的过程中各族之间是有血缘联系的,他特别用《诗经》里"文王子孙,本支百世"的一种说法来谈中华民族内在的血缘性的关联,就是认为中华民族里面的分支是同一个血统的大小宗支,他用"宗"这样一种观念来谈中华民族。

所以我认为,蒋介石的这本书实际上是综合了 20 世纪二三十年代对于民族问题的讨论,而把"同化论"和"同源论"结合在一起,形成了一套比较完整的中华民族发展的理论。这个理论当然回响很大。第一个回响就是我所说的,这本书是当时政府机关规定所有机关工作人员、青年学生必读的书籍，而且每个人都要写心得报告，陈克文在日记里面提到大家其实对这个很反感，当然它有其他方法，比如通过三民主义青年团设征文奖金。陈克文在日记里面说，这本书其实文字不错，中央各机关次长以上人员要在 4 月 15 日之前将研读此书的意见汇成报告，转呈委员长。

另一个回响就是中共对于《中国之命运》的批判。毛主席将《中国之命运》视为掀起"第三次反共高潮"的宣传书，攻击蒋介石是中国的法西斯。这个议题引发了非常激烈的辩论，最重要的辩论大家一定非常熟悉，就是陈伯达的批评，登在《解放日报》上。他的批评实际上有与翦伯赞相类似的观点，就是说：第一，他否认中华民族各民族之间有血缘上的关系，他说各族不能说是文王的子孙，也没有通过婚姻的关系联系在一起，所以蒋介石的民族理论违反常识。他又说蒋介石的"单一民族论"实际上是一种大汉族主义，而背后是对国内弱小民族的欺压。所以陈伯达在这里把民族问题转移成阶级问题，他说，蒋所谓的"民族"实际上是大地主、大资产阶级，把民族盗为私有，事实上所谓民族的主体是工农大众，所以民族问题的解决不是蒋介石的那一套，而是应该动员民众，实行民主，指导方针是毛主席的新民主主义。这应该是蒋的《中国之命运》出来之后，陈伯达在毛主席的授意之下写出来的分量最重的一篇评论。除了陈伯达之外，中共的艾思奇，以及本来是国民党员的续范亭也在《解放日报》上提出批评，这些文章实际上都在批判《中国之命运》。

另一种反应是过去比较少注意的，就是汪伪对于《中国之命运》的回应。汪伪以上海、南京为中心，实际上有相当多的对于《中国之命运》的回应。像胡兰成在《新东方杂志》上写《〈中国之命运〉的批判》，他把蒋的民族主义说成是独裁主义，向全民族歪曲历史，民族不是自然形成的，而是经过征服之后同化的。他说根据蒋介石的谬论，五胡乱华的事情简直不曾发生，而辛亥革命的意义也无从了解，这当然可以看出民族问题内在的矛盾性。胡兰成所主编的《苦竹》里面也刊登了对于《中国之命运》批判的文章。但是汪伪政权里面对《中国之命运》最重要的一篇批判文章是李伯敖所写的，李伯敖可能是一个笔名，因为我查不到这个人的背景。但是汪伪的批评其实是和他们的政治主张相配合的，这个主张就是说：第一，蒋介石在这本书里面对于共产党的罪恶有非常深切的认识，这点非常好，但它的缺点是不够坚决，同时蒋介石也不了解应该放弃抗战，与日和平其实是反共的先决条件；第二点，肯定蒋介石反对英美帝国主义，反对自由主义，但是蒋介石却甘为英美帝国主义利用，做他们的走狗；第三点，肯定蒋介石主张恢复固有的德性，即回到中国固有精神的觉醒，这也是中华民族复兴的一个想法，但是李伯敖指出，如果不坚决反共、反英美的话，实际上没有办法回到中国固有的东方精神，所以在民族问题上呼应日本学者的观点，主张从东亚民族主义的角度来论述。他说蒋介石将民族生成的领域包括东北、台湾以及中南半岛是大汉族主义的帝国主义,他认为蒋介石应该反共、亲日,应该把东亚当作一个单位来跟白种人进行对抗。这里我们可以看到,同样是《中国之命运》,每个政治集团都从自己的立场对它提出了批判,也趁着这种批判来表达自己的政治主张。

这些批判其实蒋介石都了然于心。我看了蒋从 1943 年 3 月到 1944 年初的日记,发现蒋对这些批判非常重视,所有对《中国之命运》的批判,蒋都让他的侍从收集了,然后仔细地阅读。在 1943 年 3 月出版以后,他马上开始着手修改《中国之命运》。我之前一直奇怪为什么已经出版了还要进行修改,所以我就把这两个版本做了一个对照。过去大家可能都觉得这两个版本差别不大,但我发现事实上这些批判使得蒋介石对于汉族中心主义有所警觉,他觉得《中国之命运》的初版显得汉族中心主义太强,所以他在修订版里对这些比较关键性的文字做了修改:本来"融合的方法是同化而不是征服"改为"融合的方法是扶持而不是征服",把"同化"改为"扶持"是一个比较大的改动;维系各宗族情感方面,将原为以德性来"感化各宗族固有的特性",改为"协和各宗族固有的特性"。本来有强烈汉族中心主义色彩的"同化"、"感化"两个词,转变为比较平等的"扶持"和"协和",这是在修订版本中出现的。实际上我们可以看出来,蒋介石对于当时各方的批判是有感悟的,他也认识到中国的问题其实就是避免其他少数民族对于汉族中心主义的反感。

我想时间也差不多了,大致上就讲到这里。今天我基本上是做一个历史性的描述,所以我从日本的因素开始讲起,我觉得如果我们谈中国在二十世纪三四十年代后民族主义的重新发现的话,必须要注意到日本的因素。实际上在 40 年代,当时非常有名的一位美国作家赛珍珠(Pearl S. Buck,1892—1973)就写过一篇文章,她说,中国人向来都不团结,几个世纪都没有团结过,但是日本人打进来之后,三个月就变得团结了。我想这是看到了战争对于民族主义形成的影响。当然在这个过程里引发了中国朝野对于中华民族的讨论,从"天下"到"国家"的过程中,这种讨论实际上是一种很重要的遗产,具有比较重要的意义,不应该单单从党派斗争的角度将民国时期的民族理论和民族政策完全贬为一种负面性的形象,这一点是我们重新来看民国时期民族理论的一个重要原因。

第二点,这种民族主义的发生跟翻译的过程是密切相关的。也就是说近代以来,中日两国实际上是一个纠结体,从孙中山先生的大亚洲主义开始就不断想要实现中日之间文化上、政治上的和解,但这种和解实际上面临着相当多的挑战,最明显的就是三四十年代所谓中国民族主义和东亚民族主义分合的关系,这里面汪伪当然是支持日本人的那套想法。在这样复杂多元的声音中,我觉得 1943 年蒋介石的《中国之命运》是一种总结,它结合当时朝野对于这个问题的讨论,形成了一个最系统的阐述。这种阐述一方面接受了顾颉刚的"滚雪球"理论,另一方面也受到陶希圣的影响,然而他将"同化论"与"同源论"结合成的"中华民族宗族论"无疑是他本身之见解。这个讨论我觉得有一定的合理性,值得我们再去做一些思考。当然对于这期间的民族问题的思考,一方面应看到中国内部的分歧,抗战时期有关中华民族之讨论其主旨在寻求国人之"团结",然而却引发出"不团结",这种"不团结"就很清楚地呈现在关于中华民族问题的讨论中,这个讨论实际上反映了国民党内部的蒋汪之争和国共之分歧及权力的斗争。然而虽有分歧和争论,但"中华民族"这个概念有很强的凝聚性,仍在某种程度上有效地团结人心以共赴国难,这也是中华民族战胜日本,最后获得抗战胜利的重要原因。胜利的背后当然有非常复杂的政治因素,但是我想民族主义的再发现而达到凝聚人心的效果也是非常重要的因素。

今天的报告就到此为止,谢谢各位!

主持人语

前段时间我在讲尼采(Friedrich Nietzsche,1844—1900)的时候,提及尼采的一句话。他在批判 19 世纪 70 年代一部分人时说,近些年来产生了一群不和谐的物种,他们的名字叫学者,他们像疲惫的鸡,不停地叫,频繁地生蛋,可是生的蛋越来越小,书却越来越厚,没有什么内容。在座各位我想未来很多都会成为会生蛋的小母鸡,千万不要把蛋越生越小。反之,听了黄克武教授的报告,你会发现内容非常的充实,他讲民族主义不是我们以前在论文里面、教科书里面看到的那些东西,你们可能都想不到一部《中国之命运》背后有那么多的故事。我记得十几年前认识黄克武教授的时候,他说他要学日语,三四年前我在京都开会时发现他在用日语跟韩国人交谈。同学们,过五(十)之人重新学一门外语,不容易啊。所以大家要是有这个学术志向的话,一定要学两门以上的外语。报告非常精彩,我也学了很多很多的东西,我想大家也很受启发,下面我把时间开放给大家,请大家提问。

提问互动

提问:我想向您请教一个问题:近代中国民族主义的起源和发展伴随着国际主义和世界主义的引介,这两者在中国思想界和政界有很大的影响力,孙中山本人就主张亚洲主义、亚洲联合,中共也有国际主义的政治理念,所以我想请教的是,这些学者、政治家在考虑中国民族建构的时候,他们如何与当时很流行的国际主义和世界主义厘清或者区分开来?这种纠缠的状态是不是比较难以处理?

黄克武:这是一个非常好的问题。我想首先必须厘清三个概念:民族主义、国际主义和世界主义,这三个概念实际上是三个不同的英文词,民族主义当然是 nationalism,国际主义是 internationalism，世界主义是 cosmopolitanism。这三个主义实际上有一些概念上的区别，国际主义和世界主义其实是不一样的，民族主义当然就是我今天所谈的这样一种以民族凝聚为中心的一套思想；世界主义有点像我们所说的大同思想，也跟共产主义的思想是配合在一起的；但是 internationalism 实际上是在世界主义和民族主义之间，它所强调的凝聚不一定是打破国界的，因为世界主义是打破国界的，而且在某种程度上认为国界是压迫的根源，包括我刚才所讲的以阶级取代民族的想法；但是国际主义的话，国界还是存在的，只不过通过国际之间的合作来达到一个更高的政治理想。所以对你讲的三个层次，必须要先将这三个层次厘清，事实上我们做关键词研究的话，这三个词都值得探讨，它们都有非常重要的演变。同样的我觉得你讲得很对，这三个词之间有非常复杂的交织互动关系，这是在讨论民族问题时所不能忽略的。所以你可以看到，我虽然讨论的是中国的民族主义发展，但孙中山的亚洲主义实际上是国际主义，是对中日之间的一种亲善期望，对抗的是西方白种人的帝国主义。更高层次的就是国际主义，这种国际主义有中国传统的大同世界的根源，也跟共产主义的理想是联系在一起的，这样一种想法实际上是希望打破国家的界限，康有为、谭嗣同的想法里都具有世界主义的意味。但是正像我所说的，从天下到国家的过程里面，这种世界主义的理想一直存在，事实上我认为"中华民族的伟大复兴"里面含有"天下"的理想，只不过这种"天下"理想往往不够突出，我们中华民族的伟大复兴应该突出"天下"这个面向，这样会比较不容易引起其他人的疑虑。这三个词里面确有非常复杂的联系，我想强调的是，当我们在思考近代民族思想演变的时候，必须考虑到国际主义与世界主义这两个概念。

提问：黄老师您好，我最近也在思考中华民族这个问题，这个词或者这个概念对于今天的中国仍然有非常深的影响，我觉得目前在构建中国国家象征和国家形象的过程中它处于核心的地位，今天听了这个讲座也使我了解更多。我有一种想法，一种感觉，您在接触到的资料里面，有没有发现孙中山的思想或者日本官方的思想对于学术精英们讨论民族性或者中华民族的问题有很强的侵蚀力？因为您提到了话语之争，我想在话语之争里面，民间话语或者学术精英们的话语与政治精英们、政治领袖们的话语可能有冲突，有共振，我想问，对于冲突，您是怎么看待？是学术精英屈从于政治精英或政治精英们的思想吗？

黄克武：这真的是一个非常深的问题，就像我刚才所说，如果我们谈 discourse 的话，政治论述是一种，知识分子的论述是一种，第三种是媒体的论述，当然媒体的论述跟政治论述、学术论述有一种交织的关系，政治和学术都尝试透过媒体表达，而媒体也尝试挣脱政治和学术的控制，这里面有点复杂。但是我想，你讲的没错，政治论述一直想去控制学术论述。事实上蒋介石的

《中国之命运》出来一统天下,也是有政治统治学术的意味,但是他做得比较巧妙,因为他吸收了学术性的论述,重塑一种政治性的论述。日本的情况当然比较复杂,我想这可能要请教孙江老师。但是我们可以看到,就像我刚才所说的,像米内山庸夫这些学者性的讨论其实受到政治上非常大的压力,《中央公论》的相关人员在 1944 年因为横滨事件遭到逮捕,写的文章不对就全部被抓起来,这种赤裸裸的政治权力其实对于知识分子的论述,像是日本军国主义统治之下,施加的压力是很大的。

(该演讲由南京大学历史学院硕士生谢任、程善善整理)

从"新名词"到"关键词"：以"次殖民地"为例的思考

潘光哲（台湾"中央研究院"）

主持人语：各位老师、同学，下午好。今天我们非常荣幸请到了台湾"中央研究院"近代史研究所的潘光哲研究员给我们做一个学术报告，题目叫作"从'新名词'到'关键词'：以'次殖民地'为例的思考"。潘光哲教授是一位非常厉害的学者，其实我认识他很多年了，2003 年的时候，我在天津开一次关于梁启超的会议，潘教授提交了一篇三页纸的论文，估计不到三千字，其中有三分之一是注释，然后还有两千字的正文。我很有幸被安排为这个 panel 的评论人，我当时就做了一个评论，我说潘老师的这篇文章是一个篇幅非常短小，分量却非常厚重的学术论文。可惜这个精彩的评论潘老师没记住，后来我到台湾去，我说当年我评论过你的一篇文章，他说我记不得了。希望通过今天的交流，潘老师能够记住我们。大家都很清楚，孙江老师回来以后，在我们的历史学院和政府管理学院掀起了一个前所未有的学术高潮，尤其是围绕概念史研究。但是概念史研究呢，我们已经就它的理论和方法做过好多次研讨了，可能加到一起已经有十来次了，有过各种各样形式的研讨。所以很多同学现在对概念史很有热情，或者是专门做概念史的研究，把它作为自己论文的选题；或者在自己的研究中使用概念史的方法。但是，大家有一个共同的感慨，就是概念史听上去很美，看上去很美，但是做起来不知道该如何下手。今天潘光哲老师就会通过他自己的一个非常精彩的研究，就"殖民地"这样一个概念，来给大家讲一讲概念史到底怎么做。所以，讲完了以后，大家不要放过这个机会，有什么问题要赶紧向潘老师请教。下面，掌声欢迎潘老师给我们做报告。

总而言之，言而总之，借此将我的一隅之说跟大家交换意见，凡我思考不周到的地方，也希望在座的各位年轻朋友们，大家发挥青春的精神，对我提出批评。大家对共同关怀的事业，找出可行的方向，彼此互相勉励。不说"一个可行的方向"，因为在我看来，概念史的方向可能很多，可以"各显神通"。正如我喜欢讲的一句话："兄弟登山，各自努力。"像我这种体重比较重的"重量级"学者，当然爬得比较慢；像李老师这样身轻如燕的，当然动作比较快；但是咱们只要肯努力，最后还是能够爬到山顶，饱览天下的风光胜景。

在 PPT 画面上，大家看到的是殷海光故居。殷海光故居是我自己花了比较多心力的地方。我相信各位一定都读过殷海光晚年的名著《中国文化的展望》。就是在这栋房子里，殷先生完成了这部书,在 20 世纪 60 年代的具体时空脉络里,引用借鉴当年最流行的"现代化"理论、人类学理论等等,撰成的一部思考中国文化的过去、现在与未来的著作。特别是,殷先生建构了中国历经鸦片战争之后,一直到 1949 年时代变局的历史过程,并检讨其中遭遇的各式各样的问题。时至今日,现代化理论早已受到批判,特别是现代化理论以西方作为模范,透过西方本身的发展经验,来指导第三世界国家走向发展之路;在 21 世纪的此际,这个理论的内容构成、思想意义等等,我们当然早已知晓,现代化理论的弱点与问题,昭然若揭。60 年代的殷海光,在当时欧风美雨的吹袭之下,以现代化理论完成了这样一本著作,它仰仗的理论,当然问题重重。但是,即使我们对现代化理论"鸣鼓而攻之";殷海光的这部著作,在我看来,今天依然有一睹的价值。怎么说? 阅读他的这部著作,可以让我们学习,殷海光怎么样袭用来自西方的理论,从而勾勒了现代中国文化思想历史变迁的历史场景;他在讲述这个有趣的故事之外,还尽了一个知识分子的责任,尝试着以对这样一幅历史图景的反省,指引未来的道路。就这个意义来讲,"周虽旧邦,其命维新"。即使现代化理论已经过时了,但是当年殷海光用他自己的思考以及他自己消化吸收的过程完成的著作,在今天看来依然有它的价值与意义。在座的当然是以博士生、硕士生为主,但是对于一个大学本科的同学来讲,如果他们希望能够了解中国近代史,而且基本上不要带有意识形态的中国近代史叙述,我还是会推荐这本书。那是一个知识分子对于自己所承受的一个理论诚实思考的结果,即便他所袭用的理论是有问题的。以古言今,我们今天讲概念史的时候,我们所承袭的各式各样的思想资源,也绝对不是殷先生那个时候所能够理解、所能够想象的。

通过孙江教授的呼吁,大家对科塞雷克(Reinhart Koselleck)当然耳熟能详了;相较之下,昆廷・斯金纳(Quentin Skinner)的方法论以及他的思考所得,应该还是值得我们再三注意的。在斯金纳的《现代政治思想的基础》里,他做了非常明确的叙述,在那个时代里,社会已经发展出能够掌握新概念的最确切的迹象,就是新的词汇出来了,而且能够表达、讨论新概念。"国家"这个词汇就是他分析的对象,而且从霍布斯以降到今天为止,"国家"依然成为我们大家共同讨论的一个问题,至今未止。借助他的研究,我们可以知悉,在霍布斯的时代,对于"国家"的思考,跟我们现在的思考有很大的不同。但是,作为一个概念,以及透过这个概念来表达自己的政治立场、政治意图的所作所为,至今没有什么大的改变。不过,我必须老实承认,因为缺乏对西方历史背景的了解,斯金纳讲到的那些意大利的小城邦以及那些家族的故事,有很多是在我们的知识脉络以外的。即使是学习中国历史的国外大学者,他可能知道胡适,知道鲁迅,知道傅斯年,但是他未必知道钱玄同、高一涵、马一浮。因为这是在我们这个文化传统当中才有意义的人物。同样地,在热那亚,在威尼斯,那些小共和国、那些家族、那些人物,对我们来说,就像西方朋友听到马一浮、熊十力等等一样,都只不过是一个人名而已。在这个意义上来讲,当然只有在那个脉络里才能理解与评价斯金纳的研究,却不妨碍我们从他那里"取经"。借助斯金纳的研究,我们可以反思的是,是不是可以借由词汇、概念来理解政治意图?

我发表的"殖民地"概念一文,文本俱在,具体的论证不去讲它;相对的,可以从一些具体的生活场景来谈。台湾民进党的前主席苏贞昌曾恶意攻击2012年"江陈会"签订的"两岸投保协议",说让台湾受到"次殖民地"的待遇。大家有想过没有,"次殖民地"是什么概念? 在各位的生活世界当中,"半殖民地"是对整个中国近代以来的历史处境加以描述的一个基本概念,是历史叙述的主流;相较之下,"次殖民地"则是孙中山发明的"新名词"。

孙中山在1924年演讲中说:"照我的研究,中国现在还不能够到完全殖民地的地位,比较完全殖民地的地位更要低一级,所以我创一个新名词,说中国是'次殖民地',这就是中国现在的地位。"孙中山作为国民党意识形态的最高创建者,他所使用的词汇,到头来是反对国民党的政治人物苏贞昌都会使用的。在他的"思想毛细管"里活跃流通的、起到作用的,都还是苏贞昌成长过程中接受的、来自国民党教育体制所教给他的那一套概念、词汇跟语言。所以当他要对国民党提出批评的时候,他还是没有办法跳出窠臼。各位朋友不熟悉"次殖民地"这个词汇、这个概念;但是,对于苏贞昌来说,以及苏贞昌演讲的听众来讲,"次殖民地"却是大家共同的认识。

孙中山发明的"次殖民地"这个概念,只把它放在孙中山的单纯脉络里,没有办法理解其义。但是,一旦将它"脉络化"以后,就可以发现黄克武教授提出的,所谓的"新名词战争"的现象。"次殖民地"跟"半殖民地"这两个词汇在20世纪20年代同时共生,而"次殖民地"也好,"半殖民地"也罢,都是用来叙述中国当时在国际秩序里所处的位置。只是,这是两种不同的思路所提出的词汇与概念。在共产党那里,从马克思以降,虽然内涵不断演变,"半殖民地半封建"是基本的论述,众所周知;那么,孙中山为什么"独出机杼"地要发明"次殖民地"这样一个概念呢? 很明显,在20年代这个具体时间节点上,他要展现跟共产党争夺意识形态主导权,具体争夺中国革命方向的解释权,指引革命的对象,制定革命的战略。为什么说,这是"新名词的战争"呢? 因为在过往的历史舞台上,不管是"殖民地"、"次殖民地"、"半殖民地",通通都是新名词,从来不曾在我们生活的世界出现过。况且,当孙中山做出论述时,我们不能仅仅视为一个概念、词汇的发明,而应该把它看作是带有强烈的政治斗争意涵的行动。从这个角度来讲,也可以让人联想到,为什么孙中山对共产党以及马克思主义提出各式各样的批评? 如他说:马克思只是一个病理学家,只能诊断社会的问题,不能解决社会的问题。对共产党,他也有不客气的批评。那么,当年国共合作的思想基础,可能都是问题重重的,后来双方兵戎相见,并不是没有意识形态根源的。在这个角度上来讲,词汇、概念其实跟现实政治都是紧密结合在一块的。

回顾历史,"殖民地"本来就是一个新名词。透过对具体材料的掌握,我们知道,1887年刘启彤作为大清帝国派遣到各国探访敌情，了解各国局势的使臣之一，他已经踏上了大英帝国所属各殖民地的土地，亲闻亲见了当地的场景。可是，在刘启彤的考察报告《英藩政概》里，却找不到一个词汇可以对应于"colonies"，他说："藩地，英名'可罗尼司'，其大臣之称与外部同，掌各藩地之事。"所谓"可罗尼司"，当然就是"colonies"，他却无法以殖民地一词应之。可以想见，遇到一个过去未曾经历、未曾知晓过的现象，他必须在自己既有的概念世界里，找寻一个可以对应的词汇，在当时大清帝国的具体语境下，使用"藩地"与"藩属"，似乎是最可能可以相对应做出表述的词汇；但是，他应该也认识到，"藩属"的意涵，跟大英帝国治下的殖民地大有距离，怎么办呢？最方便的方法，就是直接用汉字音译的方式表达。时至今日，我们见到许许多多这样的词汇，一时之间找不到可以相对应的一个词，最简单的一个表达方式，就是音译。"山东馒头"，什么东西呢？即"sentimental"。"烟士披里纯"什么意思呢？即"inspiration"，灵感。当年，胡适、徐志摩喜欢谈"烟士披里纯"；今天，孙老师跟我都是"烟枪"，正因为从香烟里面可以找到我们的"烟士披里纯"。我们可以想见，"殖民地"与"colonies"画上一个等号，这是历经了多么错综复杂的——用刘禾的话来讲——跨语际实践的一个结果。

1897 年的梁启超撰写文章，即使汪洋阂肆、下笔不能自休，还是要考虑一下他的读者。他在《论中国之将强》这篇文章里，突然冒出来"殖民地"这三个字的时候，他大概警觉，"殖民地"这个词汇，《时务报》的读者绝对看不懂，所以赶快翻译一下："日本人称属地为殖民地，盖人满则徙之他地以殖之也"。可以想见，梁启超在写文章的时候，突然想到他自己所用的词汇，是他的读者所不能知晓的，他必须加以解释。借梁启超说"日本人称属地为殖民地"这个例子，我们也可以揣想，线索来自哪里？——日本。《时务报》的工作团队里，正有一位老兄，扮演了将日本来的各式各样的词汇介绍给中国读者的角色——古城贞吉。《时务报》很多的翻译文章，都是古城贞吉的笔耕结果。而古城贞吉的笔耕，的的确确为《时务报》还有它的读者开创了一个新的世界。只是，再回到文本，在古城贞吉的翻译里，他用汉语表达的词汇，与他自己依据的翻译文本，其实是有落差的。就以"殖民地"这个词汇来讲，它出现在古城贞吉翻译的《论英国殖民政策》一文里："英人睥睨地球，如囊中物，而马关一带至苏伊士运河之口，又见英国殖民地。"然而，古城贞吉的翻译来源何在？原来是日本明治时期的著名报纸《国民新闻》。我花了很大的精力找到《国民新闻》这份报纸，与《时务报》两相一比，就发现问题了。第一，标题就有问题。原来的标题叫《英国の殖民政畧》，古城贞吉则翻译为《论英国殖民政策》。平心而论，你我在今天读"论英国殖民政策"，是不是感觉非常熟悉呢？"殖民政策"、"经济政策"、"教育政策"，不一而足。可以想见，古城贞吉扮演的角色，不会只是个"译者"而已，恐怕更是汉语世界各式各样新名词的"创造者"，他为汉语世界提供了多少新鲜的词汇与概念！"殖民地"也正是其中之一。

更何况，这个词汇在 19 世纪 90 年代的具体场景里，流传广泛。当时中国第一流的思想家严复，就是例证。留学英国的严复，非常讨厌这些来自日本的新名词。可是，在"新名词战争"的处境里，他自己都不得不屈就接受这些原来由日本人创造发明的新词汇。严复翻译亚当·斯密（Adam Smith,1723—1790）的《原富》，在"of colonics"这一章里，他自己要独创一个词汇——"论外属"，可是，严复还是非得加一个括号不可——亦译"殖民地"。理由无他，"外属"，大家看不懂；"殖民地"，大家看得懂。严复苦心孤诣，创造各式各样的词汇、概念，为汉语世界提供新鲜的观念与见解。可是，在"新名词的战争"里，第一流思想家都"在劫难逃"，都不得不跟着时代的潮流走。孙中山也处在同样的情境。他的《中国问题的真解决》一文，原稿是英文，另外一个执笔者是王宠惠。双方以美国读者为对象所写的这篇文章，翻译成汉语时，孙中山毫不迟疑地接受"殖民地"作为"colony"的对应词汇。从这些例子来看，这个词汇一旦问世之后，迅速地就为《时务报》的读者所接受，为梁启超所接受，为中国第一流的思想家、革命家所接受。

"殖民地"这个新名词，还能够让中国人对于自己的现实处境做出非常有力的概括。在此之前，主要使用的是"瓜分"这个词。如孙中山于 1894 年成立兴中会的时候，他感慨中国处于被列强"瓜分豆剖"的局面。之所以造成这样的结果，就是来自于大清帝国的乱政，所以，我们非要推翻满清不可！中国已经面临被列强瓜分的命运，这是当时人共同的感慨。在这个意义上来讲，他们对中国现实的感慨，只能用"瓜分"这个词汇来表达。现在冒出了"殖民地"这个词汇，它承载的内涵，不仅仅是瓜分的现象，更让人带着激情去想象，被"瓜分"之后的处境又会如何呢？相较于中国将要被"瓜分"的静态描述，"殖民地"这个词汇具有的刺激效果更为浓厚；中国会不会要处于变成西方殖民地的地位？也就是说，这个词汇打开的是对于民族命运的思想空间。

言及于此，不能不提到"帝国主义"。是什么原因造成中国成为西方列强的殖民地呢？背后的动力就来自帝国主义。"帝国主义"这个词同样也是来自日本的新名词。1902 年，杨毓麟以"湖南之湖南人"的名义写了《新湖南》，就这样说：俄罗斯、英国、美国，这些帝国主义势力，纷纷攫取中国的土地利权，而且实施此帝国主义之方针，"以殖民政略为主脑，而以租界政略、铁道政略、矿产政略、传教政略、工商政略为眉目，用以组织此殖民政略，使达于周密完全之地"。终于使得中国国民如中蛊毒，如遇鬼妻。"中蛊毒"，大家都知道；"遇鬼妻"，则如以鬼为妻，"夜夜笙歌，旦旦而伐之"，最后的结果当然就是完蛋了。因为帝国主义，所以中国会成为西方列强的殖民地，中国还会亡国、还会灭种，当然必须起而抗之，必须起而奋斗。各式各样的政治想象与选择，应运而生。可以像康梁一样，决定走保皇立宪的道路；也可以像孙中山、杨毓麟一样，走上革命的道路。在 19 世纪末至 20 世纪初的具体时空中，不同政治立场的人物，既从这些新名词得到新鲜的体会与概念，成为他们做出自己政治抉择的动力，开展他们各自不同的政治行动；同时,这些新名词也随着他们对一己的政治抉择的辩解和宣传,广泛流传,袭用既久。这些"新名词"即如"关键词",须臾不可或缺。

可以说,从"新名词"到"关键词"这个历史过程,曾经出现在历史舞台上。它们的问世,让我们对于描述具体的生活世界,找到了众所公认、咸有共识的规范词汇,帮助我们在自己的"认知地图"上,对中国处于什么样的处境,得到定锚立位的可能空间。"殖民"、"殖民地"、"帝国主义"这些规范词汇,是中国民族危机的一个根源,在"认知地图"上承载了负面的意义。原先,"帝国"根本没有这样的意义,如果回到它原来的脉络里,"empire",特别是在19世纪80年代以后、社会达尔文主义的脉络里,它只不过是代表着人类政治体制变化的一个阶段。由社会达尔文主义提供的架构内容,它可能是优胜劣汰竞逐的结果。原来的脉络如此,但在中国的脉络里,却不仅仅只是如此。它是导致中国亡国灭种的根源。那么,帝国主义要不要打倒?当然要打倒。我们能不能再让自己处于殖民地的地位?当然不能。在这一方面来讲,它们等于又成为具有"关键词"意义的词汇。没有了这些词汇,人们根本没有办法诠释、理解与应对这个世界。

通过以上的简单展示,我认为,概念史的工作方向之一,就是必须从具体的时空,开展历史化的工程。在这个历史化的工程里,要在不同的时间节点上,追索这个词汇之起源与应用的场景究竟如何;在不同的时间定位上,不同立场的人对于这个词汇,有什么样的认识解释,同时,因为如此解释认知,又做出了什么样的政治抉择。历史化的工作,更是我们在进行概念史研究的时候,不能避免的具体操作方案。从不同的文本中去找寻它的来龙去脉,就如同回到刘启彤那里,去看一看他对"殖民地"做出什么样的描述?又怎么样为中国其他的知识人利用?如果有可能,最好还去追索这个词汇在原有脉络中的意义,展示古城贞吉这等中介者的角色。如同刚刚展示的,为什么要去找《国民新闻》的原版?这样才能知道,古城贞吉是根据什么向中国介绍"殖民地"这个词汇。我认为,如果不做这样深入细致的工作,看到《时务报》出现了"殖民地"三个字,就洋洋得意地说:"好,'殖民地'这个概念就是以《时务报》为起源的",却忘记或不知道,这个起源的背后,可能还有另外一个起源——日本。只有做好这样的工作,我们才能够比较安心地谈概念史的研究,如果做不到这样,就实在太辜负了推动概念史的雄图壮志了。毕竟,如果忽略整体脉络的情况,所谓开展概念史研究,讲实话,只不过就是摇旗呐喊、喊口号、贴标语。这种喊口号、贴标语的事情,大家都会干,要比的是谁的声音大,谁的耐久力强,但是比完之后呢?各式各样的群众运动之后,激情过后,留下来的只是一堆垃圾。概念史的事业如果只停留在这样的阶段,是不是同样地,也只不过制造了更多的学术垃圾?

"运用之妙,存乎一心。"怎么样概括概念史的事业进程?理论部分,前行者当然已有所论说,需要我们致意再三。科塞雷克提出的观点,"经验空间"(space of experience)跟"期望视域"

(horizon of expectation)应该是最有概括性的解释路径。过去的那些事物存在于或者被寄寓在经验空间当中，我们对于这个经验空间的认识跟理解，各有巧妙，根据我们自己特殊的期望视域，施展行动。在这个意义上来讲，我们所讲的经验，往往都是现在的过去。我是带着想要解决什么样的问题、把握什么样的现实处境的视野，重新理解过去，就好像我们研究史学的时候，总是面对最基本的问题：我们要追问，当恺撒（Jules César BC.102－BC.44）渡过卢比孔河的时候，它的意义在哪里？每天都有成千上万的人渡过长江，可是，比起一般人渡江，1949年4月23号那一天，中共军队渡过长江，在总统府上面插上旗子，为什么却是有意义，值得研究的呢？我们不是带着自己对于现实处境的关怀来理解过去的吗？所以，这是一个现在的过去！不过，所谓的过去，并不是凭空说法，它是经由我们的经验而被涵盖、被记忆的。也就是说，有了"现在的过去"的视野，我尝试解释历史之际，是不是尝试着要实现一个未来？Future made present.

透过中国处于"次殖民地"的解释，孙中山是否也在希望能做到什么事情？他的用心，是不是期望听众不要接受共产党的"半殖民地"的解释，而愿意接受我"次殖民地"的解释？提出"次殖民地"的目标又是什么呢？发动国民革命，指向的是国民革命，跟共产党主张的共产革命，背道而驰。因此，孙中山对过去的诠释，在现实中想要达成的目标，想要动员的力量，跟共产党所诠释的那些，是完全不一样的。

在科塞雷克概念史的诠释架构里，我认为值得再三致意的面向甚多，我想再稍加引申。如"时间化"，也就是我讲的历史化。要理出时间序列，在具体的时间点上，将这个概念以及它各式各样的演变，做出具体的展现。在同一个时间点上，不同思想家、不同的人物、不同的词典，可能有不同的诠释。

科塞雷克又主张要"民主化"。对不起，我们现在进行概念史的研究，包括鄙人在内，大都过于着重关注知识精英，这是绝对不能否认的。但是，升斗小民怎么表达自己对于亲身经验的概念世界的变化？如果扩充数据的范围，应有所得。肖像，漫画，标语，都应该成为我们注意的对象，当然，还有革命歌曲，等等。也就是说，"民主化"面向的概念史研究，要求我们放宽视野，一定要扩大材料的范围。

在科塞雷克的主张里，还包括"意识形态化"。怎么样透过具体的人、具体的组织，把刚刚讲的那些口号、标语等等组织起来，生产概念，发生作用。"意识形态化"的过程，怎么能不注意体制？我们在讨论各式各样有关于政治活动、政治社会动员的时候，老是讲国民党如何如何，但是，我不禁要问：国民党的谁啊？我喜欢讲一个人，"大慈大悲救苦救难南无戴季陶菩萨"。戴季陶是谁？大家都知道。为什么我要给他戴上这样的"皇冠"呢？因为当年只要是涉及"国"字的——国医、国学、国术、童子军——这些与"国"有关的事情，通通找戴季陶，保证无往不利。这样说来，就应该要找到具体的人，是谁在这个组织里面，做这个事情，把这个/这些概念，透过组织传达出去。我们现在做历史研究，总是喜欢"一锅煮"，而不注意到具体的人物跟组织，做了什么样的事情。好比说，我们谈到国民党在战时推动一系列战时经济建设的时候，总是说国民党在当时怎么样借机建构起党国资本主义，而且形成所谓"四大家族"的论述等等。当年在战时具体的时空之下，国民党的国营企业组成各式各样的公司，确是实情；只是，去翻阅董事名单的时候，我们当然会注意到孔祥熙他们家有角色，会注意到宋子文家有角色。但是，有多少朋友注意到，蒋经国突然也开始占有一席之地了？当时的中国农机公司，他也名列董事。那时候蒋经国的身份是什么？一个大家一定都记不得的学校——中央干部学校——的教育长。为什么蒋经国会是这家公司的董事？蒋经国自己希望在当时中国的政治舞台上占有一席之地，他在江西培养出来的政治班底，需不需要经济力量？需要的嘛！那怎么办呢？一定要在国家出钱办的公司里占一席之地。就算我不是董事长，不是总经理，我是董事，多少还能讲话，多少能分杯羹。所以，要批判党国资本主义，要批判四大家族，就应该注意这些具体的人物、制度以及背后的人事。

接下来，"政治化"在科塞雷克的主张里也很重要。概念世界与现实世界之间的斗争，怎么样打成一团？各方势力、各方人马、各方立场的人物，他们在实现自己理想的时候，动员了什么样的概念？动员了什么样的体制？怎么样形成了这么一个相互竞争、相互斗争的过程？在这个历程里，我们可以看到许许多多象征性的人物。比如卢梭（Jean-Jacques Rousseau 1717—1778），大家都有不同的诠释。卢梭作为启蒙的精神领袖的时候，在罗伯斯庇尔（Maximilien Robespierre，1758—1794）的诠释里，卢梭的启发意义，不是要造成所谓"美德共和国"吗？自然非全力以赴不可，结果如何，不必多说。各方政治人物、知识精英，自有认识，自有概念，当他掌握政治权力之后，怎么样开展政治作为，影响民众？真是各有千秋。

科塞雷克的诠释与启发，当然是一个方面，不过，是否可以回到我们自己本土的思想资源？胡适曾有"剥皮主义"之说，这指的是阮元的《性命古训》，当然，傅斯年的《性命古训辩证》也具类似意义。胡适告诉我们：所谓的"剥皮主义"，是指阮元搜罗古籍里涉及一切"性"的论述，依时代的先后排列比较，使我们看出字义的变迁沿革。用到哲学史上，对于一切哲学观念，也应该做到下这种"剥皮"功夫，让我们知道哲学观念常常是随时代而变迁的。"性"这个字，我们从没有"一统江湖"的解释，但是在"剥皮主义"的情况之下，有可能做到在具体的时空里，得到认识。那么，我们搞概念史的，是不是也应该试一试来自本土的"剥皮主义"？别的不讲，仅就材料而言，有没有做到一个排列的工作呢？这个材料先后序列准确度的工作，在我们看来，这是历史研究的ABC。可是，我们搞历史研究的时候，常常可以"张飞战岳飞，关公战秦琼"。更何况，现在研究概念史，总会共同面对一个大问题，因为随着网络资料检索的发明与方便，只检索我要研究的词汇，往往后患无穷。所以要研究"殖民地"，"殖民"这个关键词一输入，资料全出来了。但是，"藩属"呢？"外藩"呢？在刘启彤那里，它不也是表示殖民地的概念吗？必须要通览全局啊！

通览全局是什么意思呢？表达这样的事物、表达这样的概念的词汇，它可能有一个消失的过程。鄙作《一个消失的"新名词"："伯理玺天德"》就在解释这个课题。"伯理玺天德"这个词汇，本来何义？我们现在用什么词汇？"伯理玺天德"是什么？"president"是也，即总统，但也可以指校长啊。反正，总而言之，南京大学的校长是"president"，美国的奥巴马也是"president"。晚清中国人开始认识美国政治体制的元首，选用"伯理玺天德"；只是，这个词汇也是历经漫长复杂的过程始而大功告成的。1898年戊戌政变之后，康梁成了"逆党"。两广总督谭钟麟奉旨去抄康家、梁家，去他们家搜犯罪证据，搜出梁启超写给康有为的一封信，上面写着一句话：谭嗣同这个人非常好，他未来是我们的伯理玺天德之选——当然，原信只有"伯理玺"三个字，没有"天德"两个字，意思是一样的。这封信被当作呈堂证物呈上去了。你看，康梁这些人居然要拥立谭嗣同当伯理玺，足可证明他们"心怀不轨，图谋大逆"。1895年，台湾割让给日本以后，"台湾民主国"成立了。唐景崧作为台湾巡抚，突然莫名其妙成了"台湾民主国"的"伯理玺天德"。唐景崧跟张之洞是政治上的"师友"，赶快打电报给张之洞说：这里要留我当"伯理玺天德"。张之洞说：可以。宣告独立，让日本没有理由占领台湾，这是好主意；成立政府，也是好主意。但是呢，千万不能用"伯理玺天德"这个词汇作为政府元首的名称，否则就是滔天大罪。到时候唐景崧可能吃不了，兜着走。张之洞也知道这是个"大逆不道"的词汇。要研究晚清中国人对美国政府的认识，言及美国"总统"，理所当然；可是，如果只查"总统"，不知道也得查"伯理玺天德"，研究所得，焉有意义？更何况，当时对于"president"的翻译，还有其他各式各样的词汇，像"伯理玺顿"等，这里就不细讲了。美国"总统"这个词，历经什么样的过程，成为你我之间的共识，渊源繁杂，自难一言蔽之。

要研究概念史，不能想到一个题目，灵光一现，就去研究。没有一定的学术积累、没有了解历史的大脉络，即使有最好的资料库（数据库），对不起，所看到的也只是冰山一角。举个例子，大家都知道金观涛跟刘青峰两位前辈，他们做数据库花费了很大的心力，因此做了很多出色的研究，我们必须得完完全全承认他们的贡献，承认他们先驱者的角色。但是，他们也有缺陷，没有通览全局，就要得出一些结论，讲实话，那些结论是经不起推敲的。第一，资料库本身的问题，如孙中山。再怎么样讲，研究近代中国史是离不开孙中山的，孙中山的著作，却不在他们的资料库范围之内。所以，他们对革命的很多诠释，就会让人觉得非常有趣，因为完完全全没有孙中山的影子。孙中山作为中国革命的先驱者，要研究中国革命的词汇、概念的变化过程，如何可以忽略？因此只根据数据库，要诠释革命概念的变化，岂不是空中楼阁吗？岂不是沙上筑屋吗？

再其次,也正是因为资料库的范围局限,得出来的结论,也可能只是暂时性的。在金观涛、刘青峰两位前辈对革命的诠释里,问了一个非常有趣的问题:奇怪!为什么在1910—1912年之间,革命言论这么少呢?是否革命陷入了谷底呢?革命的言论,既然不是主流,主流是什么?立宪。所以他们会问:为什么辛亥革命会突然冒出来了?只是,依据数据库,研究这个问题,有什么意义呢?这个时候的孙中山,他们可是上前线搞革命,身处枪林弹雨。已经在跟大清帝国兵戎相见的时候,谁还跟你制造言论!再其次,孙中山在武昌起义的时候,他人在哪里?大家都知道,在美国嘛。他自己也没有想到武昌起义一声枪响,带来了中华民国。只通过资料库(数据库)进行概念史研究,如果没有通览全局的角度,往往会对自己所进行的课题提出一些很有趣——但是讲实话,也很荒谬的追问。

当然,史无定法。启蒙时代就是个好例子。"启蒙"是概念史研究怎么都绕不过的题目,怎么样就具体的行动、思想和时代,命名为"启蒙",将之概念化,当然也是我们关心的课题。可是,我们过去认识的角度往往是上层的启蒙,区域的启蒙。我们看到了卢梭、看到了伏尔泰(Voltaire,1694—1778)、看到了孟德斯鸠(Charles Montesquieu,1689—1755)、看到了"百科全书"狄德罗(Penis Piderot,1713—1784)。可是,为什么启蒙只有在法国?意大利呢,难道没有他们的启蒙吗?英国、美国呢——当然,那个时候没有美国,只有美洲。再其次,社会群体。下层社会的人民具体生活的世界里,有没有受到启蒙的影响呢,是否存在着概念再生产的空间?进行概念史研究的时候,如果注意到民主化的视角,可能就会发现,对于启蒙的追问,倘只拘泥于精英的视野,看到的只是一个单数的"启蒙"。我们现在可以看到的是"Enlightenments"。研究名家如达恩顿(Robert Darnton)跟夏蒂埃(Roger Chartier)追问法国大革命之前的那一连串的历史图景,进而揭示了大革命之前山雨欲来的场景,就是例证。举个例子,卢梭对法国大革命的影响之一,是罗伯斯庇尔对"美德共和国"的追求,此举却造成了恐怖统治。但是,达恩顿告诉我们另外一种"卢粉"——"卢梭粉丝"。那些"卢粉"有事没事就跑去书店问,有没有卢梭的什么新书?其实他不过是一个普通读者。又如,《屠猫记》描述作坊里的年轻工人各式各样匪夷所思的举动,杀猫为乐就是其一。他们做出这些举动,所为何来?他们没有办法公开反抗老板对他们的压榨,借着杀猫来发泄他们心头的怨恨。这是不是一种"弱者的武器"呢?我们没有办法公开地对统治者、殖民者表示反抗,借此所为,不仅泄恨,还可能积蓄未来革命的动力。詹姆斯·斯科特(James C. Scott)的名著《弱者的武器》,也描述了在东南亚地区的被殖民者怎样借怠工,或借各式各样偷鸡摸狗的手段,表达对殖民者的不满。在法国大革命前夕,"弱者的武器"这个面向,同时也可能存在。

当然,对于这样的一个课题,每一个人,每一个史学家,特别是重要史学家,他们往往都有自己独特的思路。在费弗尔(Lucien Febvre)的《16世纪的无信仰问题：拉伯雷的宗教》里，他展现出来的画面，极其有趣：大家都说拉伯雷是不信教的人，他的命运如此悲惨，理所当然。然而，费弗尔要追问：那个时候有不信仰的概念吗？费弗尔提出"心态工具"(mental tools)的解释，指陈在那个时代里，根本不存在"不信教"这样的心态工具。既然如此，我们怎么可以评判说拉伯雷是一个不相信上帝、不崇拜上帝的人？他提出"心态工具"，更开启了以后法国年鉴学派心态史研究的先河。究其实际，其实跟开展概念史研究"异曲同工"。当然，开展研究的时候，怎么看待问题，跟研究者自己过往的"认知地图"密不可分。

然而，在概念史的领域里，研究者带着什么样的认识，开展研究工作？我所谓的"史学虚无主义"会不会在毫无自觉的情况下出现呢？以一篇登在《史林》上的文章：《bicycle的中文译名：概念史角度的考察》为例。Bicycle，大家都知道，即自行车，或叫单车，在台湾还有另外一个名称叫作"铁马"。总而言之，言而总之，通通指bicycle这个东西。此文花了很大的工夫来进行bicycle这个概念的讨论。有没有意思呢？有意思。但是，我觉得，这一种"只要我喜欢，有什么不可以"的概念史研究，不做也罢。近代以来，我们有多少概念，目前都没有一个比较好的研究成果值得参照！以"封建"为例罢，"封建"这个概念，不是中国才有啊——西欧、日本又如何？在整个"封建"概念历史的形成过程里，有各式各样不同的动力，各方不同动力的来源，如果不去追索的话，没有办法把整个错综复杂的历史过程说清楚、讲明白。像是严复翻译《群学肄言》(*The Study of Sociology*)的影响，众所周知。"封建"跟"宗法"在他的论述里，是连在一块的，可是，"宗法"是一个老词汇，"封建"也是一个老词汇，那么，两者连在一块描述中国传统社会的形态是如何形成的？而且，对不同政治立场的人来讲，严复带进这个概念，意有所指，他强调的是，因为中国只停留在宗法阶段，没有进入军国主义阶段，所以我们不要讲什么革命。在革命党人看来，严老先生引介的宗法社会概念，让人受不了，我们现在正在革命，你叫我们不要搞革命，是可忍，孰不可忍！革命立场的章太炎、胡汉民等，可都大大批评严老先生，把他骂得狗血喷头啊！也就是说，在当时的场景里，"封建"、"宗法"这些概念不是没有战斗意义的。所以，我们对这些词汇、概念的认识过程，都应该要有很细致的认识，才能够了解，今天你我所共同接受、习以为常的这些词汇，是怎么产生的，是怎么来的。讲实话，细致地研究这些概念的历史，是吃力的工作，每做一个，可能都会花上好几年的时间。

把时间花在做"脚踏车"的概念史上，是否意味着，为什么不做"西点"的概念史、"面包"的概念史呢？是否有意义呢？有，有意义啊！什么意义呢？吃饭聊天、泡茶馆用以打发时间，耍嘴皮子的意义。对不起，我话讲得比较重一点。但是，在我看来，作为一个史学工作者，我们的责任不在于选择"只要我喜欢，有什么不可以"的课题，而是应该扮演怎么样回答我们自己来时路的中介者的角色。相信孙江老师一定跟大家说过《记忆之场》。皮埃尔·诺拉（Pierre Nora）就特别强调：历史是用来干什么的？摧毁跟镇压记忆。为什么？因为我们的记忆里，存在着太多问题重重的面向。我们要怎么样把历史呈现出来，告诉大家，你跟我的记忆可能是有问题的，我们的那些记忆，可能是特别的意识形态洗脑后的结果。从这个角度来讲，我们要做的事情、要做的事业实在太大、太多了。把时间花在做"蛋糕"、"西点"、"bicycle"上，还有"牌九"，都行。你自己高兴，我也不反对。你能评职称，也很好。但是，从这个意义上来讲，是不是太辜负了这个时代给我们的机会。我们的前辈们是在"手工业阶段"做研究的，所得之丰富，往往让后生小子瞠目结舌。如王尔敏先生，当年做民主概念，材料积累出自手工，是一页一页抄出来的。我们今天电脑一按，什么都出来了。我们现在可以接触掌握的材料，比王尔敏先生不知道丰富多少；然而，我们的知识究竟进步多少？当年王尔敏先生的视野与见识，是我们追得上的吗？我想，这是值得我们大家共同思考的一个课题。

以上所述，纯是"老潘卖瓜，自卖自夸"。讲得也稍微有点激动，必然有所冒犯，也请大家多多批评，多多指教。我就先讲到这里，下面欢迎大家"群起而围攻之"。谢谢大家！

主持人语

"围攻"的工作下一步展开，我作为主持人，还是做一点"吹捧性"的工作，狗尾续貂的一个总结。潘老师今天对演讲主题"殖民地"概念本身讲得不是太多，因为我们都有文章可以看到。重要的是，他的后半段给我们介绍了做概念史所需要的视野和方法，尤其是，我们过去都觉得，概念史这个东西必须要依赖数据库，好像没有数据库，概念史就没法做。这种想法有道理，但恐怕不完全有道理。就是说，如果过度依赖数据库，恐怕会出现比潘老师所讲的关于革命的理解还要荒谬百倍的谬误。从刚才潘老师所做的案例分析以及理论探讨，我的理解，要想把概念史做好的话，至少要有这几个方面：

第一，我对他所讲的内容里面有几个概念很感兴趣：一个叫"认知地图"，一个叫"知识仓库"。这两个词，有一些是潘老师自己创造出来的，有一些是在结合前人使用的基础上做了进一步加工。我觉得"认知地图"和"知识仓库"可以告诉我们，做概念史基本的前提是什么，也就是说，要对你打算研究的概念所处的时代，整个的社会历史背景，有一个基本的了解，而不是说就概念来讨论概念的问题。我记得，1996年还是1997年的时候，我在念硕士研究生，读到了葛兆光先生刚刚出版的大著《中国思想史》，里面提到一个关键的问题，就是我们怎么理解思想史。他说我们过去的精英思想史是有问题的，他要提供给我们的是"知识与信仰"的思想史。也就是说，思想不是知识精英吃饱了没事干，在哪个地方做"思想实验"，像罗尔斯（John Bordley

Rawls,1921—2002)那样想出来的东西。这个固然重要,但与我们普通百姓密切相关的,可能是我们的知识体系和信仰体系。这样的东西,可能是我们做概念史所要把握的基本前提,这就跟潘老师讲的"认知地图"和"知识仓库"连在一起了。潘老师本人也有"知识仓库"的美誉,他对中国近代相关史料的熟悉程度,至少就我认识所及,无出其右。有潘老师这样的知识背景做概念史研究,当然非常好,其他人没有这样的"知识仓库",是不是不能做? 我觉得两个极端都不对:我没有这个"知识仓库"我就不做了,不对;我没有这个"知识仓库"我就纯粹利用数据库去做,那也不对。这是第一点。

第二,我所理解的概念史,恐怕不是就某个单独的词汇来进行文本的追溯,追到最早什么时候出现。当然,这是工作之一,但恐怕不是那么简单。至少你要把相关的一系列概念,或者用科塞雷克所说的"概念丛"放到一块来考察。比如说他讲的"殖民地",这里面有"次殖民地"、"半殖民地"这些衍生出来的概念;除了这个以外,还有看起来似乎不相关,但事实上密切相关的,比如说"帝国"、"帝国主义"这样的概念。对这样的一套概念,我们其实是要关注它背后所隐藏的近代中国人的国族想象,或者说是国族主义——大陆翻译为民族主义。这样的一套东西,它的渊源在哪里? 它的知识背景在哪里? 这是第二个,就是要把它作为一个概念丛来研究。

第三就是一个历史化的问题。历史系的研究生恐怕从一开始,从你选择这个行当,老师就会教你,做研究一定要放到历史的情境当中去,而不能用逻辑代替历史,这是大家一开始就知道的东西。可是在座的可能大部分是政府管理学院政治学专业的同学,我想这样一个历史化的理念,或者说要把它内化为我们做研究的时候始终绷着的一根弦,可能还需要一番努力才能做到。不要犯我们这几次研讨经常说的"时代错置"的问题,一定要放到历史的脉络里面去。概念的起源、概念的传播,对于中国的概念来讲,可能还有一个很重要的就是翻译、译介,这样一个历史过程,一定要找清它的历史脉络。

第四个就是潘老师刚才利用科塞雷克的时间化、民主化、意识形态化、政治化这样四个标准,给我们讲了概念史研究的方法问题。除了时间化,我们可以理解为把它放到历史脉络里面,另外"三化",民主化、意识形态化和政治化,其实我觉得谈的是什么问题呢,就是概念史与其他史学类型之间的关联,包括社会史,包括新文化史,包括历史记忆研究,甚至包括过去曾经非常辉煌,后来又被扔到历史学的垃圾箱里面的政治史。要去看每一个概念形成和演变的过程当中涉及的人物,涉及的事件,还有它的那些机制。就是政治史、人物、事件、政治制度这些东西,过去好像新史学都是要把它丢掉,放到垃圾箱里去的,现在觉得,可能还是离不开它。否则,我们的概念史研究就会变成从文本到文本,一个非常干瘪的东西。

这是我理解的潘老师今天给我们提供的概念史方法的探讨。至于接下来的批判工作,还是交给大家吧。

提问互动

提问：我的博士论文就是做概念史研究，潘老师的这篇文章我看了很多遍，对我的论文有很大启发——当然我没有像潘老师那样处理得那么好。处理不好的一个原因可能是，潘老师是在写一篇小论文，材料比较集中，而我博士论文20多万字，篇幅太大，里面的点切得很细，有点散，这个问题以后再向潘老师请教。我今天想问的问题是，潘老师你讲这个"殖民地"，里面也涉及"帝国主义"，你是怎么确定时间点的？它的源头很好确定，就是它被翻译到中国，但它的结尾是如何确定的？

潘光哲：你看的应该是《中央研究院近代史研究所集刊》第82期登的《"殖民地"的概念史：从"新名词"到"关键词"》吧？那篇是份"太监版"，因为正式的文章有8万多字，任何一种学术集刊都不可能登的，我打算以后弄成一部小书。

更精细地讲，其实刚开始不是"帝国主义"这个词汇受到欢迎，而是"民族帝国主义"可能流传更广。梁启超他们尝试要为中国的脉络找寻一个可能的诠释空间。再怎么样讲，大清帝国自己本身也有一个扩张的脉络，梁启超也认识到这样的情况。更何况，他自己就尝试着做出这样一个理解：过去的政府是以君主为主体，故其帝国是独夫帝国；今天的政府以全体国民为主体，故其帝国乃民族帝国也。所以，没有经过民族主义的阶段，不能谓之"国"，是民族主义者从胚胎以至于成童，不可缺的材料也。而民族主义变为民族帝国就是成人以后，谋生建业当所为的事情。根据这段引文，可以想象，当时他们对于词汇的认识历史，非常错综复杂，而且他们自己还尝试为这个词汇的建构找寻理由。他们寻觅到的理由，并不是没有可以依据的知识/思想资源。梁启超的同门师兄弟罗普，他同样是康门弟子之一，那个时候他们办了广智书局，从日文翻译了很多书，其中一本叫作《十九世纪末世界之政治》。其中特别提到：世界各国形势以及中国的出路，而以民族帝国主义发明之。也就是说，要借助民族帝国主义为中国找寻出路。陈天华《猛回头》里面则说：民族帝国主义是当下灭国的名词。两相对比，取用同一个概念，抉择大有差异。一个是想象地说，中国是不是应该要走向这条道路？所以应该先淬炼民族主义。陈天华则说不行，我们得当心这个词汇啊！再让这个词汇流行下去，中国就要亡国了。在具体的时间点上，面对"民族帝国主义"这个概念，两派自有不同的认知，完全不同的理解。

你刚刚讲的在一个时间点上，人们的认识怎么样展现的情况，在我看来，就必须要看文本的情况。举例来讲，我的这篇《"殖民地"的概念史：从"新名词"到"关键词"》注意到了一个问题：孙中山一辈子不喊"打倒帝国主义"，到什么时候开始喊的呢？他生命的最后两年。在1924年7

月,孙中山生命的最后一年,他开始用"次殖民地"的想象开展理论宣传,之后才开始把"打倒帝国主义"变成自己的一个纲领。对照于国民党第一次全国代表大会宣言,当时还没有提出这样的论点。到了孙中山把"次殖民地"的论述正式地提出来之后,才开始有这样一个主张。所以呢,面对广州商团事件,他就说这是帝国主义欺负国民党,欺压中国,所以我们要打倒英国帝国主义。他到神户演讲"亚细亚主义",也同样提出要联合平等待我之民族,打倒帝国主义。所以说,从这个角度来讲,既然孙中山这样的政治人物已经确定将"打倒帝国主义"作为政治行动的纲领,我就在这里画上了句点。因为这个词汇不是用来玩概念游戏的,而是成为他的政治号召,这个政治号召也成为他所属的政治力量的工作内容。我刚刚讲研究概念史,要注意到意识形态化这个面向,其实也是这个意思。孙中山已经采取行动,开始动员了,底下的人也跟着喊了,也跟着做了,这个概念已经落实到具体的政治行为当中。

提问(接上问):就是说,您对"殖民地"概念的研究,其基础就是在民族主义脉络之上的,等它句点画上了,那其他的,如"阶级"的语境就不考虑了,是吗?

潘光哲:语境的讨论不是不重要,只是,我认为,概念史的追溯,得具体而为。就孙中山本身提出以帝国主义为敌的脉络而言是如此,就共产党的脉络而言,何尝不是如此呢? 在共产党"一大"的主张里有讲到打倒帝国主义吗? 有提到什么"半殖民地"吗? 没有。等到陈独秀本人动手翻译了"红色工会国际"(Red International of Labor Unions;或做 Profintern),在 1922 年 11—12 月间于莫斯科召开第二次代表大会做出的决议案,刊布于《新青年》季刊,并加按语,有言:"因中国处于半殖民地之地位,特取赤色职工国际第二次世界大会所议决的《殖民地及半殖民地职工运动之题要》译之",比对英文原文,陈独秀也将"Colonies and semi—colonial countries"翻译为"殖民地及半殖民地"。可以想见,中共领导阶层已然可以直接根据共产国际方面的文件,为他们诠释中国在"世界秩序"里的地位,进而制定革命纲领与策略,寻觅指导和帮助。从此,对于中国处于"半殖民地"之地位的论说,基本上在中共党内"一锤定音"。我是以具体的政治行动为参照点,观察概念的流传与形成。

我有一篇文章研究"晚清中国'政党'的知识系谱",发表在香港中文大学《中国文化研究所学报》。[①] 文中提到黄遵宪的《日本国志》。当时日本已经制宪了,他在《日本国志》里就介绍解释了日本各式各样的政党,并说政党作为政治力量,在日本政治舞台出现了;在中国则还没有出

---

① 潘光哲:《晚清中国"政党"的知识系谱:思想脉络的考察(1856—1895)》,《中国文化研究所学报》,总第 48 期,2008 年,第 241—279 页。

106   学衡名家讲演录

现这样的场景。如此说来,他对中国未来是否要走这条道路,是不是创造出一个"期待空间"?我以黄遵宪的《日本国志》为"政党"的知识系谱的建构,画上句点。也就是说,出现了一个政治行动,或者一个论述,已经为大家公认,议论不止,争辩不休,是我自己目前的抉择依据。

我另外一篇文章《想象现代化》[①],以孟森与胡适在 20 世纪 30 年代的讨论作为时间定点。孟森说:大家都在讲现代化,但是各讲各的,你唱你的现代化,他唱他的现代化,我老孟森虽然在日本留学过,当年还是立宪派党人,参加过很多政治活动,可是搞不清楚哪个现代化才是我们应该追求的现代化。所以,他认为不要高唱"现代化",反而提出"先务急",找寻什么才是中国现在需要的"急先务"。以 20 世纪 30 年代作为现代化概念流传的具体时间,意在缩小战场。至于 20 世纪 30 年代之后现代化概念的流传,尔后怎么样又演变,特别是到台湾之后,根据现代化理论形成的现代化言说,相关的故事,我不能再说了,再说下去,就不知道伊于胡底了。所以根据自己要处理的对象,找出一个能够讲出道理的划界范围,这是我的做法。像听到某位同学讲她要做"福音",我就想到应该以基督教传教士召开大会确定《圣经》汉译原则的时候,就画一个句点。我本来想说以和合本为止,再一想,不行,那太晚了。可能"福音"这个词汇,在早先的会议中已经有了具体的结论,取那个时间点,画上句点即可,再往下延伸,恐怕就没有意义了,况且材料会越来越多。以某次会议为止点,对于相关的课题,大家基本上不会有议论,作为取舍断限。如对于 GOD 到底要翻译成"上帝"、翻译成"主",还是"神",相关最大的争议,彼此已经有共识了,应该就此止步。日本有一位学者叫柳父章,他的《「ゴッド」は神か上帝か》(東京:岩波書店,2001年),讨论关于"上帝,GOD,神"等等这样的词汇,在各种宗教里都共同存在,但他自己只界定于基督教。就是说,做概念史研究,研究的范围,不能无所不包,而在具体的课题与时间段落上,找得出来足以服众、自成一说的界定理由,我认为是可以接受的。

提问(接上问):谢谢潘老师。我再问一个问题,您这篇论文的题目是"从'新名词'到'关键词'",这个"关键词"其实是作为一种研究范式提出来的,我的想法是,把这些"新名词"啊、"关键词"啊、"知识仓库"啊都去掉,直接讲故事不是更好吗?为什么要绕呢?这些词我们平时都不用,直接讲"殖民地"的故事不也很好吗?

潘光哲:我们研究人类历史现象的时候,总是免不了要进行概念化;只是,具体事例的表述,怎么样概念化,我想每个人各有功夫。惭愧的是,我自己是"乱枪打鸟",写了不少这方面的文章,从最早研究"改造国民",到接下来研究"现代化",还写过"党",写过"政治抉择"等等。这些

---

① 潘光哲:《想象"现代化":一九三〇年代中国思想界的一个解剖》,《新史学》,16:1,2005 年,第 85—124 页。

文章,都尝试将个别事例进行串联,提供概念化的认识。那么,过去汉语世界里不存在的词汇,究竟是怎么样演变成为今天你我共知的词汇呢? 我尝试用"从'新名词'到'关键词'"的过程,进行总括。我们在做历史学工作的时候,常常会碰到的困境,就是我们使用的语言跟词汇,是否确能进行这样概念化的提炼? 又是否真能为受众所接受? 再者,我们使用的词汇,往往被赋予了新鲜的意义,目前史学理论领域的研究者,比如安克斯密特(F. R. Ankersmit)提出"叙述实体"的论说,用来泛指一些历史上的综合性的事务,好比说"十月革命"。"十月革命"也不是说 1917 年 11 月 7 号那一天发生的事情,而是指包括一连串事件的一个革命。所以我们可以听到这样一句话:"十月革命一声炮响,给我们送来了马克思列宁主义"。多么简洁有力。从这个意义上来讲,怎么样对历史上的一些事件,进行整体的概括,这就是我们应该要尽可能做好的一个工作。我们念历史系最大的一个苦恼,包括我自己在内,就是要背那么多时间、人名,这些时间、人名,又有怎么样的总括性的意义呢? 所以,是不是找到一个恰当的词汇或概念加以概括表述? 我再举一个例子,大家都知道张玉法先生,大家通称他为"法老",作为近现代史的前辈学者、大师级的人物,"法老"对北洋军阀的概括,特别指出一个观点,只要记得一件事情,当年的"井"字战争。当年中国的铁路如"井"字,右边津浦路,左边京汉路,当年北洋军阀混战争夺的范围,就是以"井"字所在作为竞争的地盘。所以,直系、奉系、皖系的交战通通在这里发生。"井"字号的图像,基本很清楚地勾勒出当年军阀混战的场景。你问我第一次直奉战争哪一年发生? 讲实话,我不知道;第二次直奉战争又是哪一年? 我也不知道;直皖战争是哪一年的事呢? 同样不知道。反正都是 20 世纪初的事,我只有这个概念。但是,一旦说"北洋军阀混战","北洋时期","井"字号的图像就浮现在我的脑海。我发明这些新名词、新词汇,也是尝试着把这些历史现象做一个概括。例如"知识仓库",在写博士论文之前,我就开始用这个词了,大概用了十几年了,或许还有点效力。

在今天早上的另一场讲座里,我介绍了《海国图志》和徐继畬的《瀛寰志略》以及各式各样有关世界局势的书。这些书,对晚清读书人来说,到底有什么意义与作用呢? 我就说这是一座"知识仓库"。这座"知识仓库"对当时的读书人来讲,是他们可以自由进出的读书空间,所以,晚清读书人今天可以进到这个房间,看到了魏源的《海国图志》,明天在别的房间里的书架上看到徐继畬的《瀛寰志略》。说不定,走到更前面一点,看到了传教士办的刊物,再走得更远一点,看到了日本人写的书。到后来,梁启超的《西学书目表》,就告诉读书人,在这个"知识仓库"里面,有这么多的书啊! 有中国人写的书,有传教士提供的材料,也有日本人提供的材料。这部《西学书目表》,分门别类,提供指引,像是"知识仓库"的"地图",看这张"地图",就知道有些什么书。我本来的用心,当然是想讲晚清读书人涉猎西学,究竟读些什么书的故事。只是,故事讲完了,总不能让大家像听童话故事一样,很久很久以前……接下来呢? 随便你编。我用"知识仓库"这个概括,就是想让读者的印象与认识更为鲜明。

毕竟,身为史学研究者,我们不能老是陷在既有的认识框架里面。我自己深恶痛绝的主流历史叙述,如台湾流行的国民革命史,其实它也是在讲故事,只不过那是带有意识形态的故事。在这个故事里,孙中山领导推翻清朝,是国民革命第一期,第二期以下则都是蒋介石领导,先打倒军阀统一中国,第三期是打倒日本,第四期则是要打倒万恶的什么匪,只是现在这个任务还没有完成,所以大家要继续接受蒋介石领导,"同志仍须努力"。这种国民革命史的历史叙述,在今天的台湾,并没有完全消失。虽然现在不讲国民革命,也不讲打倒万恶的什么匪;可是,孙中山、蒋中正的意义跟地位,还是依然在那里,神圣崇高。这样的历史叙述,其实就是概括一百多年以来,以孙中山、蒋介石与国民党为核心的故事。国民革命的概念,有没有道理呢? 好像也有点道理。但是,是不是也充满意识形态的臭味呢? 绝对充满意识形态的臭味。只是,在这则非常清楚的故事里,你可以为某人某事,找到一个定位。郝伯村绝对不可能是第一期的英雄人物嘛! 对不对? 其他人则同样都可以在这样的历史叙述当中,找到定位,所以第一期的英雄人物有宋教仁、黄兴、陈天华、邹容等等。然而,同时也可能排除了一些人物,如杨衢云、章太炎,这些不与孙中山、蒋介石同调的,往往就没办法对号入列。可以说,这种叙述不是没有意义的,只不过,对我们来讲,这个意义是令人生厌与起反感的意识形态而已。

主持人:对刚才同学的问题我补充两句,我觉得这个问题蕴含着一个社会科学研究的学者或者博士生对于历史学的一种他者想象。说实话,我在历史学从业学习十多年,然后再到政治系工作,也有十多年了,过去二十多年差不多一半在历史学,一半在政治学。我经常会有这样的感触,特别的深刻,就觉得好像历史学对社会科学,包括政治学在内有一个想象,觉得他们一定要有假设、问卷、调查、数据、回归分析,就是这样一个东西、一种想象,觉得非常的枯燥,没有意思,没有味道,因为看不到人,看不到故事。而社会科学对于历史学的想象,就是说,你讲个故事就 ok 了,讲好故事,别的事情就不要去做了。所以学历史学的人就觉得社会科学过度的理论化,没必要的理论化;反过来,社会科学就觉得历史学你没有理论,或者说你根本就不需要有理论。我认识的很多政治学从业者,他即便在用历史学的方法,也觉得你只是初级的东西,你给我提供原材料,我来分析解释,那是我的事。但是这种想象确实存在的,历史学的确有这个问题,有做历史理论的人,大陆也有,台湾也有,西方也有,也有做具体历史研究的人。可是,这两个领域经常脱节,好像做历史理论的人我就专门做理论,做历史研究的人我就不需要理论。

可是,我觉得这样的相互想象其实忽略了一点:历史研究并不是没有理论的,它只是与社会科学的理论不大一样。为什么我特别欣赏潘光哲老师提出的"知识仓库"的概念？其实大家想一想，我们政治学的同学都学过一门课，叫"政治学研究方法"，这门课程里面经常会提到一个词，叫"工具箱"。"工具箱"是什么东西？就是说，在你学政治学之前对一个政治现象有一个直观的感受，你也知道有"总统制"、"议会制"这些东西，可是让你用学术的语言去分析它、解释它的时候，你好像又不知道该如何表述，就只有我的经验感受在那里。那么，这个时候，你通过政治学的学习，就会了解一些相关的研究范式，比如说，"国家与社会"。你学政治学之前，国家是什么？我看不见啊，我看到政府，我哪看到什么是国家呢？社会是什么？我也不知道啊。但是，你通过不断地掌握一些概念、理论、范式，这样呢，你自己就有一个"工具箱"，你不断在"工具箱"里增加新的东西、新的内容。当你遇到一个现象，你翻开自己的"工具箱"，里面哪个工具可以用来解释这个现象，我就把它拿来用了。这个"工具箱"的概念在我们政治学的意义，就好比潘老师提出来的"知识仓库"在历史学研究尤其是概念史、观念史研究中的意义，二者是很相似的。那为什么我们能理解"工具箱"，却不能理解"知识仓库"呢？我觉得这里面就有一个人文学科与社会科学之间的隔阂，这是非常不好的事情。孙江老师回南大以后，由于目前物理空间的局限，被迫在我们这边"客座"，其实给我们带来了很多的好处，不仅给历史系带来好处，也给政府管理学院带来好处。这些好处当中的一个，就是帮助我们消除历史学与政治学，或者更广泛地说，人文学科与社会科学之间的界限、隔阂——当然不可能完全消除，但尽可能地相互理解，相互体会对方的研究思路、研究脉络，然后拿来为自己所用，这对学术的发展是非常有帮助的。

潘光哲：我再补充一句：好的学术著作，不管它是什么学科的。大家读过巴林顿·摩尔(Barrington Moore, Jr.)的《专制与民主的社会起源》吧？你看看，他如何分析地主、国家、农民三角关系，在不同的国家，英国、中国、俄罗斯怎么演变的。这个三角关系的差异，造成了不同的社会结果，激发了不同的革命动力，也带来不同的体制，相当精彩。我是历史系的，干吗要读这些书？要得着启发嘛，那是我的"烟士披里纯"(inspiration)的来源之一。只是，如果仔细看他的研究，的的确确会出现各式各样的问题。举个例子来讲，在《专制与民主的社会起源》涉及中国的部分，很大一部分是仰赖何炳棣、杨庆堃等的研究成果。万一何炳棣、杨庆堃等的研究有错误呢？他的模型还能立足吗？从这个面向上来讲，尽职的史学家成为社会科学的"奴仆"吧，何尝不可？至少我们提供了精确的原料。相对的，作为历史学的从业者，我们难道不能以自己的研究，挑战他的模型吗？况且，理解这个"三角关系"之后，反过来，也能刺激我们自己想一想，分析近代中国的国家与社会，农民、地主跟国家政府等问题，是不是也可以取法这样的角度。

我刚刚讲，进行概念史研究的时候，要注意到具体的个人还有体制。为什么呢？在我看来，如《专制与民主的社会起源》这等著作，往往只有理论模型，其实质却是干巴巴的，令人读来味同嚼蜡。过去的历史叙述，往往同样会有这种干巴巴的问题。批判国民党党国资本主义，说他们成立了农业机械公司，要假政治之力，汲取中国农业机械发展的资本，剥削农民，累积资本，等等，干巴巴的。只是，一旦把人的名字放进去，看到具体的过程，就知道这绝对不是只有党国资本主义形成的这个面向的故事；一旦蒋经国插手其中，那么，这个故事里，就可能还有政治斗争角逐的场景。

好的史学工作者，当然我自己现在还不能完全做到——虽不能至，心向往之——怎么样让我们的工作除了讲故事以外，还多少能够提出一些让大家讨论的话题？这是大家需要互相勉励，并从其他学科找寻借鉴的。

提问：潘老师，我有个一直困扰的问题，是关于概念史具体操作的，就是当我们拿到关于一个词汇的很多文本之后，就会产生这样一个疑惑：我去分析它的时候，我到底要关注文本作者所处的时代背景、个人经历、翻译这个词汇所处的语境，还是要考虑这个文本是怎么样被翻译过来的，也就是要更关注文本本身？因为语汇、词汇的使用其实还是在于它被传播，或者说被宣传的程度到底有多少。我脑海中会有这样两条线索纠缠在一起，也就是更多地考虑文本本身还是文本背后所蕴含的一个背景。

潘光哲：这个简单，两个都看，搞清楚对象。举个例子，做《时务报》的人不知凡几，我相信，到目前为止，只有鄙人为了搞清楚古城贞吉翻译的依据究竟是什么，老老实实地每年都跑去日本，看报刊的缩微胶卷或是"覆刻本"；我也想搞清楚涉及的课题在日本的本来脉络究竟是什么，苦读日文书，希望可以进而分析在具体的课题上，可能带来什么样的后续影响。例如，在古城贞吉的翻译里涉及美国总统选举的 context 之下，出现了"共和党"、"合众党"等词汇，那么一定要查清楚日本报纸原来是不是就是使用"共和党"、"合众党"？结果发现，日本报刊原件确将 Republic Party 译为"共和党"，Democratic Party 译为"合众党"。可是，我们今天将后者译为"民主党"。从言论脉络来看，当年身在日本的黄遵宪也说美国有"共和党"与"合众党"。可以想象，古城贞吉与黄遵宪的论说，确为日本之共识。那么，顺藤摸瓜，从日本接受介绍美国政治与思想的脉络里，早稻田大学与高田早苗、有贺长雄等人可能都扮演了重要的角色。做这种 trace 的工作，可以让我知道，为什么黄遵宪或古城可以不假深思、理所当然地袭用了这些词汇。但是，现实里有没有影响呢？讲实话，没有。当知识分子对美国具体的基本政治体制，对党组织，不感兴趣的时候，认识就到此为止。反而到民国初年，政治生活别启新局，新一波的政治可能性出现的时候，引介的政治思想、政治观念以及词汇、具体政治制度的内容，再显新局。这时候，相关的课题再次被提出来，但是，论者依据的思想资源，基本上跟古城贞吉等先行者一点关系都没有。反而像是梁启超的弟弟梁启勋，那个时候活跃非常，他介绍美国政党等情况的材料依据，则是 James Viscount Bryce 等这些在政治学史上都占有一席之地的人物的著作。根据这些把政治学已经作为一门学科（discipline）的先行者，而他们的著作在日本也有译本，以之为据，进行介绍论述。因此，20 世纪头 10 年之后，我们要做的工作恐怕就是去查 Bryce 的著作及其日译与汉译本。

再举一个例子，大家都知道，小穆勒（J. S. Mill）的 *On liberty* 的翻译，影响深远，特别是严复于 1903 年将其翻译为《群己权界论》，不知道有多少学者都关心与研究这个问题。可是，就在 1903 年这个时间节点上，另外一个 *On liberty* 的译本出现了。在具体的时空场景里，该译本可能比严复译本的影响还要更大一些。翻译者——马君武，书名翻译为《自由之理》，在哪翻译的，日本，根据谁，根据中村正直的日译本。这个译本出来后，梁启超读之，陈天华读之，邹容也读之，《新民丛报》屡屡引用之。在具体的时间场景之下，反而借读《自由之理》而了解知晓穆勒的人，比读严复译本的还要多。可是，历经时光的汰洗，到今天还有多少人记得马君武翻译过这本书呢？

因此，进行概念史研究的时候，可能要针对个体的情况、具体的场景，施展自己的功夫。在这里，没有统一江湖的方法论。只能靠平常的积累，以及对于刚刚讲到的那些概念的基本认识。在我看来，刚刚讲的科塞雷克的那些观点，的确有帮助，但是他不会具体告诉我们，概念史研究的"民主化"该往哪个方向走。往往得靠材料为决定项。如果要做《圣经》的汉语翻译与引进的概念的问题，我的第一个反应就是，都能找到那些译本吗？要是找不到，怎么可能讲话？现在有资料库了，当然提供了方便的线索。但是具体到究竟是哪些译者有过贡献，在翻译工作上出现过什么样的争论，得看具体的情况施展功夫。就像我常讲的，"运用之妙，存乎一心"，别无他言，没有一个可以告诉我们唯一方向的罗盘指针。只有多读，多看，别无他法。

提问：潘老师，有一个问题要请教您。做概念史，尤其是东亚概念史，首先就是要注意翻译史。那我们在收集资料的时候，我自己就有一种"深海恐惧症"的感觉：我找到了一个很早的翻译了，比如说 1855 年，但是我不知道 1855 年之前还有没有。所以我要继续往前找，但我在往前找的过程中我就要看很多很多，比如福泽谕吉的全集，在里面一个一个地排查，一个一个地找，但是我在辛辛苦苦看完了之后发现没有，或者说找到了以后，那问题又来了，在这之前还有没有呢？所以就会陷入这样一个循环往复的找资料的恐惧当中。所以想请教一下，您是怎么样处理起点与终点问题的？

潘光哲：我同样有"深海恐惧症"。确实，某些词汇、某些概念，只要再往前追，往往会有意想不到的结果。像我批评过意大利的学者马西尼（F. Masini），他说英国的国会"parliament"被译为"巴力门"，首见于1874年出版的《教会新报》。[①] 我说不对，"巴力门"一词在1856年出版的《大英国志》这本书里就出现了。我敢这样说，仰仗的是什么？仰仗我自己亲自一页一页翻过《大英国志》，所以我敢批评他。可是，"剃人头者，人亦剃其头"，我绝对也会成为人家批评的对象。追索词汇概念的起源，要为"孩子"找"爸爸"，结果发现往往"点错鸳鸯谱"了。在这个时候，词典，英华词典，各式各样的英汉词典，或者是汉英、汉日等等的词典、工具书，可以当作参考的一个坐标，能为概念的出现，找到定锚点。而且，在具体的范围内，只要肯努力，想必胸有成竹。你说你翻了一遍福泽谕吉的《全集》，这就是一个训练的过程。就我自己来讲，词典等工具书，特别是各式各样专有名词的词典，当作定锚点，大致是够了。能够找到更早的线索，当然更好；可是，永远找不完。在这样的情况下，就得"王佐断臂"，到此为止，不能再找了，否则论文搞不下去了、写不下去了。因此，要有勇气，反正挨骂就挨骂了。在我看来，做概念史这个行当，就不要怕挨骂。理由很简单，我们做的事情，绝对不是一锤定音。

更何况，在我看来，概念史研究不能永远停留在只追索词汇概念究竟在什么时候出现的阶段。讲实话，这种按图索骥的功夫，往往好像找出"爸爸"来，事情就做完了。不对，没什么意思。真正要搞清楚的是，它出现以后各式各样、错综复杂、相互竞争的"新名词战争"的过程，这才是最引人入胜、最值得花心力的地方。所以说，与其把时间、精力花费在一定要把"爸爸"找出来是谁，不如看它长大以后在外面怎么样奋斗、成家立业的过程，它历经了什么样的风霜雪雨，吃了什么样的苦头，这段故事，恐怕更该说清楚。相对来讲，这是可以更多展示自己治学本领与对学术有具体实质贡献的面向。

主持人语

今天下午交流得非常愉快，但是因为时间关系，我们只能到这里结束了。今天下午，潘老师给我们讲解了一些概念史的理论方法，自己的一些经验和体会，我们也进行了一些很愉快的交流。我记得某位同学说过，读了潘老师的文章对做概念史有点绝望，觉得要有这样的"知识仓库"才可以去做概念史，各种各样的材料信手拈来，尤其是对于我们政府管理学院没有经过历史学专业训练的人来讲，好像有一定的难度，有一点绝望。但是我想，通过今天下午潘老师给我们所讲的内容和讨论，潘老师又给我们一些希望。一个是指点了门径，让我们了解到底该怎么去

---

① 马西尼著，黄河清译：《现代汉语词汇的形成——十九世纪汉语外来词研究》，汉语大词典出版社，1997年。

做,到底该朝着哪些方向去努力。第二个是打消了顾虑,就是说,你可能没有"知识仓库",但是你仍然可以做概念史研究。你不要怕犯错误,不要怕被批评,如果连我们的潘老师都不怕被批评,我们还怕什么呢? 所以我想,接下来,为了概念史这样一个共同的事业,我们不仅仅要把概念史作为学科的领域发展壮大,而且作为我们从事所有人文社会科学研究的一个必要的工具,希望概念史能够得到大家的重视,也能够成为我们"工具箱"当中的一部分,共同努力! 谢谢大家! 谢谢潘老师!

(该演讲由南京大学历史学院硕士生谢任、程善善整理)

近代中国保守主义的困境：现代性之冷酷与遁入特殊性

施耐德（Axel Schneider，德国哥廷根大学）

主持人语：今天我们很荣幸请到了德国哥廷根大学的汉学家、著名中国思想史研究学者施耐德教授。我不知道大家是否看过他的书，施耐德教授写的东西并不多，但是写一篇就是一篇珠玉一般的好作品。所以在我们学界，特别是在国内的思想史研究圈中，他是一个众人交口称赞的学者。他和我们学校的缘分很深，因为他做的研究正好和我们学衡跨学科研究中心的一个核心人物——柳诒徵先生有密切关系。所以今天请他到我们这里来有一种双重的喜悦。另一方面我们也很高兴，今天虽然是星期六，本来我们想在一个小教室里进行小范围的讨论，但没想到那么多同学都赶来了，我希望大家能通过施耐德教授的演讲获得不少启发。下面有请施耐德教授演讲。

谢谢！尊敬的孙教授，各位老师、各位学生，下午好。

今天我这个报告其实跟我上次在这里做的报告有一点关联，我上次在这里谈的是保守派对时间和历史的理解的问题，都是一些个案，讲的是章太炎、柳诒徵还有其他一些保守派，我今天的报告其实是一个比较抽象的、概念性的东西。因为我一直做这方面的研究，知道原来很多人都认为学衡派是一个很保守的派系。我做这个研究有七八年了，最后问我自己：到底保守是什么东西？什么叫作保守？我们都喜欢用这个词，在一般的媒体上都可以看到"保守"。称呼人保守，就是说我不喜欢你。这是一个贬义词，但这不是学术用语。我们可以看一下西方近现代的思想史，基本上我们都将其分成三个不同的派系，一个是自由主义派；一个是社会主义派，激进的；一个是保守派。西方关于保守派的研究也不是特别多，但还算是有不少。不过在中国情况很特别，就是关于保守派的研究，差不多一直到1995年为止都很少，甚至可以说几乎没有。但是随着1994—1996年国学热的兴起，对保守派的研究就越来越多。但是不论如何，在中国近代史上，保守派的这些人算是非常边缘的，没有多大影响的。通常的情况是，很多人原来是激进的，后来变得保守，很多人对他们只对他们激进的那一段经历感兴趣，而对保守的那一段经历就不怎么感兴趣。所以，我觉得需要探究为什么会这样子，为什么这些人全部被边缘？为什么他们这么不被重视？那么今天演讲的目的就是想探讨一下我们怎么理解"保守"这个词，从不同的立场和角度来分析这个现象。

在西方，我们去访问普通老百姓，比如哥廷根大学大一的学生，问他们"保守是什么"，估计大多数人会说，保守就是保守一些价值吧，就是重视家庭、义务、道德、责任，重视社会集体，不要太多产生个人的行为等等。这个大概就是一般舆论对保守的定义和理解。但更具体一点，按照不同时代和不同文化背景的具体立场来看，每一个所谓保守的人还是不一样的，所以这些所谓保守派是非常多样、非常复杂的现象。那么在中国，我们看一下过去二十年里中国大陆学界的相关研究，就有一个术语，即所谓的"文化保守主义"，很多人都喜欢用这个词。

文化的保守主义，大概从字面的含义来看应该就是部分地、选择性地，还是全面地认同中国传统文化二者之间的区别。中国传统文化是什么？他们有不同的意见。但是他们至少都部分地认同这个东西，部分地要把握这个东西。我认为，其实现在所谓的文化保守派中大概80％都是不保守的，他们一点都不保守。为什么呢？现在我就转到这个词在西方的原意上看看它究竟指的什么。

保守，我们什么时候开始有保守这个现象呢？我认为差不多出现在18世纪末叶的法国革命前后。从18世纪五六十年代开始就出现了一些文化保守派，而之前根本没有。为什么呢？因为保守派是对现代化、对现代性这样一种新的社会文化状态的一种反弹和一种批判。所以，如果还没有进入现代性的时代，那是不可能有保守的。现在一些人喜欢说：中华文明的传统是保守的，这是对历史的重视。我认为这是回头看，这个根本没有多大意义。既然保守派是对现代性的反弹和批判，那他们可以说是被动的，是先经历了现代性、现代化，然后才发展成为保守派。

那么现代性，modernity，到底是什么呢？我想我们大概都有一个共同的认知：现代性就是科学、科技，以及由科学、科技所引起的工业化、理性化、个人化。我们认为它的正面特征是线性发展的一些特性，如个人化及其所带来的民主化；但是也有负面特征，如异化、祛魅，disenchanted，甚至于认为现代性这种文化状态就是一个很冷淡、冷酷无情地来提高效率，最后控制我们新的社会的一个状态。但是这些特点不管是正面也好，还是负面也罢，这些所谓的现代性的特性，真的是现代化、现代性的核心吗？我认为不是。这样去形容现代性，我觉得还没有真正抓住它的特点。

在西方的中世纪之后，接下来是文艺复兴，文艺复兴还是回头看，它是要克服教会的权力、教会的思维，要通过回到古希腊哲学的方式，来对人有一个新的理解。所以他们对人的想象和中世纪基督教的想象是完全不同的，但实质上他们还是要回头看。文艺复兴之后的启蒙运动才是线性发展的真正开始。我们都知道，启蒙运动反对一些传统、权威的东西，比如教会或者是一些旧的哲学思维。启蒙运动最核心的概念就是理性：人是一个理性的动物，理性是人的本质。

持有理性观念的人,在科学方面是牛顿,在哲学方面是笛卡尔。那么这个重视理性到底是什么呢? 为什么他们突然间这么重视理性? 其实,他们对理性的理解背后有一个革命性的转变。笛卡尔的二元论中,主体和客体是重点。我们都知道笛卡尔的一句名言是"我思故我在",这句话不仅是肯定人是一个理性的动物,它的真正含义是:我存在是因为我有理性,上帝,你可以回家了,我不需要你来肯定我。我不是上帝创造出来的一个东西,我就是我,因为我有理性的思维能力,没别的,并不是你的恩惠。因此,我之后不要再等一个末日,不要再等一个最后审判,我们只要靠我们的理性,就可以来改造这个世界;我们不要等到什么天堂、末日,或者所有审判之后才可以过舒服完美的生活,现在就靠我们的理性来改造这个不完美的世界和不完美的人。如果等不及改造世界,那我们就自我改造。因为我们其实可以通过教育等方式,来把人性恶的一面加以限制,我们可以通过重新想象出一个新的教育方式来把自己改造成一个完美的人。所以启蒙时期的哲学家们都非常非常乐观,用现在的话说就是非常非常的天真。他们确实非常乐观,他们认为有办法解决问题,所以笛卡尔的核心观点是以人为至上的、唯一的标准,人的理性才是重要的,上帝则可以不要。笛卡尔虽然没有明白地说这句话,但是当时谁都懂他这句话的意思。"我思故我在",之前是上帝创造我,故我在;现在是我思,故我在。

除了以人为中心的转变外,还有一个更根本的转变发生。在中世纪基督教想象的世界中,人是什么呢? 人就是上帝的 creation,是上帝所创造出来的这个宇宙的一部分,是宇宙里面的一个成员。所以我是人,我是宇宙的一部分。因为太近了,所以我看不到我们肯定的东西,也看不清楚和我们有很密切关系的东西。那现在人从宇宙中跳出来,变成我思的主体,把宇宙推开,当作一个研究的客体。这便是笛卡尔二元论中最厉害的一点:把世界对象化。原来是宇宙,现在变成世界。宇宙是包含我们的,世界是我们之外的,我们可以研究、可以把它对象化。因而,从此之后才有世界观。因为"观",是站在外面看它,之前是没有"观"的,我们常说"古希腊的世界观",这句话是没有意义的。古希腊的哲学家们虽然认为没有一个上帝,但他认为人是宇宙的一部分,所以古希腊没有世界观。中国传统思想中的"天人合一"就是这个意思,人不是天之外的,也不是天之上的,而与"天"是一个整体。既是整体那么你没有办法把他对象化,因为你跳不出来。科学最厉害的一点,也是笛卡尔"我思故我在"这句话最厉害的一个意思就是,把所有的东西当作我可以研究的对象,那么研究之后我懂得它内在的一些规律,我可以把它改造成我想要的那个样子,包括人的身体、包括我们自己在内,这些都是可以改造的。故而,人再也不需要依赖一个超越的、外在的什么权威,宇宙也好,天理、天道也好,还是上帝也好,都统统不需要了。我们需要什么呢? 需要我们自己。因此,严格来说在启蒙运动之后,才有了人文主义。古希腊的人文主义是另外一个现象,而现代人文主义的核心是以人为中心,没有别的东西。所以原来的 creation，变成我们可以研究甚至可以改造的对象。这个是现代性的一个非常重要的特点——对象化。

这里可以讲一个很有意思的故事。我在台湾留学是在 1984—1987 年，这刚好是台湾政治转变最快的一段。后来我回国念书，先硕士后博士。大概等到博士快修完的时候，1993—1994 年前后我又去了台湾，在机场看到一个广告，是现在已经被淘汰了的那个诺基亚的手机广告，广告上只有手机的照片，上面写着一句话：只要你喜欢，有什么不可以？我就觉得 ok，只有你、我就可以。这就是非常现代的理念，台湾在 80 年代还不敢说这样的话，虽然可能社会状态也是往这个方向发展，但是敢把这句话说出来，是 1994 年后。后来再进一步，大概到了 2001—2003 年那一段，我记得不太清楚，大概是台北的一个地铁站，也有一个手机广告，我忘了是哪个牌子，和当年一样，也是手机上有一张照片，上面写的什么呢？"世界，以你为中心。"那个时候我就觉得完了，已经完全转到现代性的一个状态，就是以我为中心，世界以人为中心，这个是现代的人文主义。那么这样一个转变，第一，给人一个新的地位，原来人是一部分，现在人跳出来是一个新的角色，他跳出来变成了一个主体。这样的转变不仅是给人一个新的地位，还引起一个一直不断进步的过程。进步到现在，而且进步得越来越快。过去两百年，世界在社会经济方面一直在变，因此我们非常崇拜新。比如，你要申请研究经费，一定要搞什么 innovation，现在看一些博士生写的论文，很少看到他们引用 1990 年之前出版的书，好像 30 年前的人都是笨蛋。不管有没有用，其实最好的著作我认为还是早些年的。现在我们非常崇拜 innovation，创新，但是一些真正的新，不是说给人一个新的地位，也不是说我们搞创新，真正的新的转变是什么？就是这个新的角色是我们自己给自己的，我们觉得我们的地位是自己可以决定的，这个才是启蒙的新，最革命性的一个新。此后，再也不承认一个人之外的权威，完全靠自己，这个才是真正的创新。所以我们可以说，对象化是现代性的第一个特点，这是一个革命性的转变。对象化，以人为中心，以人为标准。

第二个是自我授权。人的新地位，是人自己给自己的，所以我们可以用一种有点法律味道的词——"自我授权"。意思就是：我们再也不用听什么上帝的话了，上帝你可以退休回家了，我们不要你啦，我靠我自己。我现在是唯一有权利、有资格说我是谁的"东西"，再也没有一个我们人之外的"东西"有这个权利。这样的转变还带来了一个很有趣的现象，一般的历史学界很少会注意到，但我觉得这是一个关键的现象，体现了现代性是一个戏剧化的转变。我觉得有本书很有趣，是 W. Egginton 的 *How the World Became a Stage：Presence，Theatricality，and the Question of Modernity*，作者是搞文学史和艺术史的，我觉得他的观点很有道理。他认为 modernity 的一个核心特点就是 theatricality，戏剧性。为什么呢？之前，人的地位是固定的，我们是宇宙的一部分，是上帝所创造的。我们在宇宙当中的这个角色、作用、意义等等都来自一个外在于我们的权威或者力量。而在自我授权之后，我们是唯一可以决定我们是谁的力量。换句话说，我们原来走路是这样子走的，只有一种步伐，到了舞台之后，我们是好像在旁边看我们自己怎么走，既可以这样走，也可以那样走，爱怎么走就可以怎么走，因为这个角色，我们是谁是由我们自己决定的。因此，不管我们认为我们是谁，我们同时也知道我们可以用另外一个立场，那么所谓的"自然"，道家"自然"的概念，我们这种自发的、自然的状态就没有了。什么都可以用另外一种观点、另外一种态度，去看、去做。有选择，就不自然了。因为你不管做什么样的选择，你知道我还可以有另外一个选择。所以，How the World Became a Stage，世界怎么变成舞台，这个舞台是个很讨厌的舞台，因为我们下不来了。你没办法下来，不是你上去演戏演完了就可以下来，你的生活就是一个戏。你一直在演戏，因为你一直知道你可以那样子做也可以这样子做，你可以当那个也可以当这个。什么靠我们自己？统统全部都靠我们自己。这是一直在进展过程当中的一个转变。

　　举个最简单的例子，同性恋。在我们小时候，同性恋是一种病，而且是非法的，会被抓起来。在我大概初一初二、大约 13 岁的时候，在我长大的德国南部，那里一直比较保守一点，有一次，好像是 1973 或 1974 年，德国的国立电视台放了一部电影，里面有男同性恋一起玩耍的镜头，虽然看得不是非常清楚，但是我们反正知道他们在做什么，也能看到身体的一些部分。就在那一天，德国巴伐利亚市的市政府做了什么呢？电影八点十五分开始播放，当地供电台便停电了，所以整个巴伐利亚都看不到那部电影，到九点四十五分电影结束才恢复供电。这是一个意外吗？对不起，市政府没有办法，它没有权力不放这部电影，但是它认为这个是不好的，所以就用这个方式不让大家看。那么在那个时候我们认为同性恋是一种自然的错误，人不该这样子，大家的脑子里都有这样一个固定的模式：我们不该和同性的人搞什么恋爱，这是不对的。现在呢？我们去年刚刚聘了一位来自加拿大的女教授。她和她的太太同时怀孕了，她们不是夫妻，是一对"妻妻"，我不知道怎么说合适。在她们差不多怀孕到第六个月的时候，她们就要申请德国所谓的"母亲假"和"父亲假"，就是你生了孩子，妈妈可以申请一年的留职留薪的假期来照顾孩子，而爸爸也可以申请三个月的假。这有点不公平？没关系，这个不是重点。那她们两个都去大学的行政单位说，我们要申请这个"母亲假"，也要申请这个"父亲假"，然后管理员看她们的这个表情……当时我不在，但她们告诉我的，管理员的表情就是"呃"，就愣在那儿。但是现在可以做到，这不是固定的，你爱怎么样你就怎么样，我们还是在戏剧化的这条路上。所以，除了对象化、自我授权之外，现代性的第三个特点，就是戏剧化。

　　我认为这些才是现代性的核心，这才是保守派所反对的。这个是不对的，所有的其他的现象,保守派反对的具体的东西,都是一些比较次要的表面上的现象。我认为什么叫作保守,反对现代性这几个特点才是真正的保守。

我上一次讲到的有关保守派的时间观、对历史的理解问题,他们反对进步史观,其实也都跟今天的话题有密切关系。因为现代的史观很依赖于对时间的理解,这都来自于物理学。物理学是现代科学的核心,它最早把一些宗教的观念给推翻掉了,比如 time、space 这类概念。"时间"这个词日本人翻译成汉字的时候很聪明,加了个"间",意思是之间的那个东西。因为原来的空间、时间观念不是一个量化的、线性的、平等的概念,而是一个质的东西,就像你去祈祷的时候,你发现上帝在和你对话,这是一个很特殊的时刻,是跟你去洗澡、做菜完全不同性质的"时间"。但在物理学上,这完全没有什么区别,时间就是这样子,"梆梆梆梆梆梆梆"固定的,因为每一个时刻和另外一个时刻距离都是一样的,都是线性的、平等的,没有任何区别的。"空间"也是一模一样。这才是所谓的进步史观的真正核心:我是在这样一个线上进步的。

那么,原先这个时间概念就完全不同了。为什么保守派反对进步史观呢?不是因为进步史观会破坏一些具体的文化,也有一些保守派在关心这些问题。但是,在这背后更可怕的是再也没有一个质的 time,而只有一个量的 time,这才是他们觉得不好的、不对的地方,这样子就没有东西有特殊价值,都是一样的,都是为了效率,都是为了快速。为什么保守派会反对这些? 这有什么不好的呢? 为什么要反对把人放在最高的、质的地位上呢? 而我们正是通过这样的转变得到了很多很多好处,包括这个小东西(麦克风)在内,我这个讲话你们后面能听得见吧。比如,我现在牙齿发炎了不会死,但在以前是会死的;盲肠发炎我也可以活下去;哪怕你一出生就是盲人,什么都看不见,现在也可以恢复神经的功能……现在已经有了先进的技术,统统都可以做到。小时候觉得 70 岁年纪就很大了,但现在在德国 68 岁才退休,我们哥廷根市的日报每逢周末就会登有谁去世了的消息,现在我看十个当中大概有三四个是活到 100 岁以上的,这样不是很好吗? 我们活得越来越自由,我们可以到处飞来飞去。我妈妈 1937 年出生,她只出过 3 次国,而我出国次数很少低于一年 4 次,我一年之内大概出国五六次甚至更多,相比她而言这不是很好吗? 既然有这么多选择的空间,又为什么会有反对的声音呢? 其实,保守派有一个不成文,甚至很多人不会明确提到的主张,但如果你通过看他们具体反对我总结的有关启蒙立场的文章,你很快就会发现,保守派认为人是靠不住的。人有所谓的"可错性",fallibility,是靠不住的。具体理由有三:第一,我们是有理性的人,但我们还有感性,还有意志,而这个理性就算有,也不是主要的或者主导的。第二,它会犯错。第三,它也不是普遍的。启蒙观认为人性就是理性,但是保守派认为人的理性会按照时间与地点而变化,所以人是靠不住的,你以为人是这个宇宙和这个世界的核心,但以人为核心是给世界宣判了死刑,没有未来,也会不可避免地把这个世界破坏。这是一些保守派的共同立场。

但是正如我刚才所说,保守派是一个非常复杂的现象,是按照不同文化、不同时代而有不同立场的现象。虽然目前在这儿我没办法讲一个非常仔细的分类方式,但是我认为,根据这种人有"可错性"、人是靠不住的立场,保守主义基本上可以进一步分为两类:一种保守主义,是我所谓的"classical conservatism",就是有一个古典范式的保守主义,它不一定发生在古代,但是就像经书一样是规范性的保守主义。这个规范是普遍的,可以是上帝,可以是一种天理,也可以是一个宇宙的什么道理,这个可以有不同的观点,都无所谓。但这样一个普遍的标准、一个规范是我们通过努力可以意识到、认知到的,只是我们不能改变它,它也不是处于我们控制范围之内的规范。因此,我们只能想办法,尽量把我们所在的社会组织成为一种可以实现这种规范的社会,但是在实现这个规范的同时,保守派认为,我们一定会失败,那是一个循环:努力——失败——再努力——再失败的循环。因为人有"可错性",所以我们只能往这个规范、这个理想去前行,但是要知道我们永远不会到达目的地。因此,这一派非常强调人的自我克制这类行为:我们要控制我们的欲望,别走享乐主义的这一条路。所以他们重视义务,强调为集体、为社会、为群体服务的主张。而这些规范不是历史性的,它不会按照不同时代和不同时间而发生改变,它是普遍的。因为历史性的东西是特殊的、是会变的。

第二种保守主义不是假设有一个规范的存在,他们是一种历史性的、历史主义的保守派。他们认为,大概不存在这样的一个规范,或者就算是存在这样的规范,我们也看不到、认识不到这样一个处在人认知范围之外的东西。那么我们可以怎样生活呢?历史主义的保守派(historical conservatism)认为,人只有一个东西可以依赖——传统。那传统是什么呢?传统是祖先传给我们的智慧,但这个传统一直在变。因为人的社会一直在变化,那不变的传统自然就死了,因此我们需要努力地,很小心、很保守地让这个传统一步步地适应这个时代,但是不要改变它的核心。它的核心仍然是不以人为至上的观念,是听从传统、听从祖先智慧而不能乱改的观念。因为这一派认为所有的人的现象和社会历史的现象都是带有历史性的,所以我们才能够知道它、理解它,而普遍的规范和普遍的价值则是人没办法知道的,因此我们只能靠祖先的智慧、传统。

所以历史主义的保守派同古典主义的保守派有一个根本区别:古典主义的保守派是有规范的保守派,他强调的是我们应该怎么样,ought,有一个我们要实现、要追求的规范的理想;而历史主义的保守派具有历史性,他们所关心的是 being——存在,他们在这个时代所能看到的传统是祖先流传下来的智慧,这是人类的标准,而不是一个高高在上的 ought,所以他们强调的是一个特殊而非普遍的东西。但是同样的,他们也要反对启蒙运动之后人类社会的发展,历史主义的保守派也跟着现代化越来越有影响。而由于这个社会变化的节奏越来越快,那些看起来比较顽固的保守派因为有一个普遍的规范,所以这些"小丑们"也越来越没有办法吸引人。生活在1750年的农民一辈子都不会看到一个很大的转变,而生活在19世纪三四十年代的农民,他们的世界变得非常快,铁路出现后,市场就变大了,很多改变也随之发生。

讲一个好玩的故事。我老家附近有德国的一条铁路,好像是在1838到1840年前后修好的,从我老家到纽伦堡,距离大约18公里。在那个时候18公里就很远了,如果你是生活在我老家那里的农民,你要到纽伦堡去的话,来回36公里就更远了,所以你的菜和你用的东西只能在你住的地方卖,如果那里没有市场就没办法了,只能自己种自己吃,过着这样的生活。但是,有了铁路你就可以坐火车到纽伦堡,于是纽伦堡就变得越来越大,就开始变成附近地区的共享市场,继而引起了更大的经济社会的变化。这样的进步和发展一直是存在的。所以19世纪初的人已经能看到很多的变化。而我们现在的时代更可怕了,我在海德堡大学开始工作的时候还没有网络,没有internet,也没有手机这样的东西。如果想在2016年年底开一个研讨会,那你得在2014年年初就写信给你想邀请的人,如果运气好的话,过了半年他们统统回信说全部来,那你再开始慢慢筹备。现在呢,我星期一把邀请函寄出去,最慢的话星期五也统统能收到回信,那我们不是可以省很多时间吗?不,我们可以加很多新的任务,这才是要点。所以我们现在的生活方式已经完全变了,我现在每两年换部手机,而我爸爸在他老家那里还用着他在1968年买的那台,不是手机,是那个"叭叭叭"的东西,我小的时候就一直在用。我爸爸他就觉得干吗要换呢,还能用就好了。所以,我们现在的变化非常快,那随着这样现代化一直加速的过程,这种看起来古典的、强调不变和规范的保守派就越来越不能吸引人,变得越来越边缘化;而历史性的、强调历史的保守派倒是还有一些办法来解释这些变化,当然太快的话也就不能解释了,可是有一段时期他们还是可以维持这个立场的。

那么我们现在从这个比较概念性的内容转到中国来。原来这里还想多讲一点关于保守派与浪漫主义区别的问题,毕竟浪漫主义也是反对启蒙的一部分,但是因为现在时间有限,就不讲了。现在我跑到中国来,发现中国过去二三十年来流行的一个学术术语就是文化保守主义。我认为这个概念以我的理解为基础可能会有些问题,但当然也可以有不同的理解。为什么呢?我们自己来看,那些所谓的文化保守主义者有多少其实还是在搞现代化,还是要建立一个现代的民族国家(nation state),像西方那样的。他们唯一要做的就是把传统的一些东西保留下来,给这种冷酷的、无情的现代性包上糖衣,只是不同的糖而已,但还是认为我是中国人,不是洋鬼子。其实西方也有一样的问题,除了现代化发源地的三个国家之外,所有其他的西方国家都有一个同样的经验,作为第一个later developed country的德国,它是怎么样接受现代化的呢?它是一直不让现代化进来的，要反抗，所以第一次世界大战是为德国特殊道路打的，但不小心打败了，第二次世界大战还是为德国特殊道路打的，又打败了，之后就搞美国化了。西德在1949年之后的几年里，一个主要的政治口号就是"融入西方，放弃特殊道路"，德国特殊的现代化道路也就不搞了，这是好还是坏我先不说，但是"中国特色社会主义"，这个是现在特有的一个想法，还是同样的一种思维。不是说都一样，我们可以有多样的现代性，但是归根结底还是现代的东西，还是人的地位至上，还是把世界对象化，还是搞一个自我授权，还是戏剧化的一个转变。"天人合一"完全是过去的，怎么可以把天改成这个样子，这是不可能的事情。所以很多的文化保守主义者，其实一点都不保守，他们有一点"文化民族主义"的味道，可能culture nationalism是一个比较妥当的术语，他们还要搞modern nation state，还要搞modernization，还要搞工业化，还要赶上西方，而之所以要赶上西方，是因为他们认为现代性是好的，如果不这样搞就被淘汰了。

举几个例子。我们刚刚提到的一个很重要的学衡派史家柳诒徵，很多人都认为他是文化保守主义者。但我们自己看看，我认为他早期的一些史书，特别是《中国文化史》一点都不保守。他写上古史，谁是主要的内容、主要的人名？不是说什么黄帝啊，或是三代式的理想社会啊，不，他认为是人民搞这个东西的，他认为所有的体现伟大文明和现代发展的一些发现，都是人民搞出来的。这是一个新的、进步的社会史观，他认为历史有规律性，因此他的史学观念就是要搞客观研究。他的《中国文化史》是早些时候写的，大概是1920年之前的一个讲稿。到了学衡派时期，他在发表文章的时候就开始有一些变化，他一边发表一边开始抛弃原来的立场，就开始怀疑进步的观点是有问题的。他最开始批判的时候，部分是根据对《易经》的一些理解展开的，但是这些变化还不是太明显，最明显的一个变化是到晚年写《国史要义》，这真是一本保守的史书，因为它彻底地放弃了现代科学史学的立场。现代科学史学的目的是要搞清楚历史原来的面貌，要搞清楚历史的规律性，而《国史要义》统统放弃了这些观点，提出我们要理解天性、人性、民族性之间的关系，史家的任务是道德性的任务不是客观研究的任务。所以柳诒徵早期是一个culture nationalist，是一个文化民族主义者，他晚年才是一个保守派。我们看一下过去20年里中国国内有关他的著作，98％是讲他早期的东西，而讲他晚年的东西没几篇，学界对此不感兴趣。

另一个很好的例子是陈寅恪，很多人都认为他是保守派，包括我在内，甚至我的博士论文都是这么写的，但现在我认为我错了，我以前的想法太简单，他的历史研究方法是新的，不是传统的；他对中国史的解释也是新的，不是传统的。那么为什么很多人认为他保守呢？因为他有一个中心观念，他强调中国史的变化很多，是透过很多外来的因素一直在变的过程。陈寅恪认为，佛教对中国的影响很深，原来魏晋南北朝中的北朝都是胡人，他们对南朝的影响也非常深；他认为唐朝的国乐是从西亚传过来的,西亚则是从北魏传过来的,根本不是汉人的。所以他在那个时候也嘲笑国粹学派,他说:你们看一看那些东西,什么国粹,开玩笑。那为什么说他保守呢?因为他有一个民族精神,他有一个核心观念是不变的。这个民族精神是什么呢?是三纲五常,所以他在这个问题上真的有一点保守。三纲五常的核心就不是人至上,人是在宇宙天理之下的社会状态的一部分,他也不是一个爱在哪儿就在哪儿的个体,他是一个固定的架构里面的角色。但是,三纲五常在陈寅恪心中就变成了民族精神,不是一个天理,不是一个普遍的放之四海皆准的东西,而是一个特殊的、可能像历史主义保守派所认为的,把原来是一个普遍的东西特殊化为祖先所传下来的智慧的东西。因为他这样的观点,我在那个时候就认为他的某些方面是保守的,虽然他的研究方法非常现代,但是他的文化认同中有保守趋向。现在,我就更进一步地怀疑了,因为他公开承认这个民族精神不得不没落,它没有未来。为什么呢?因为任何一个文化都有一个社会经济基础,社会经济基础变了,文化必须要跟着变。虽然他不是一个唯物史观者,但这一点他看得很清楚。社会经济基础变了,所谓的上层建筑不得不变。所以他在柏林给他妹妹写信时提到——具体是哪一篇我忘了,我得查一查近二十年前的研究——他认为那些源自西方的东西其实我们可以不要,什么民主、什么苏俄都不符合中国。但是同样的一篇文章里他也说:但是我们也不要做梦,文化必须要跟着下面基础的变化而变化。所以假如他是一个保守派,那他是一个悲剧的保守派,因为他自己知道没戏唱,他想要保护的东西他并没有办法去保护。

这两个例子至少可以告诉我们,在变化特别迅速的中国,要当一个保守派很难,特别是当一个古典的保守派,比当历史主义的保守派更难。为什么呢?因为你反对的东西刚好在迅速地改变你的社会,而这个社会不跟着改变就会被淘汰、被灭亡,亡国这个可怕的未来就在眼前,因此我们必须努力,必须想各种办法来追上西方,必须要"大跃进"。就是在这样一个心态下,在这种时间的压力强烈地压迫你的情况之下,你必须要赶快地追上去,不然的话就没戏唱了,就会变成另一个印度,会被殖民,或者根本就被淘汰、被灭亡。北美和南美的原住民就是这样,不跟着现代化,或者现代化比他们本身的发展还快,就没有未来。在这样的情况之下,保守派对启蒙的分析比"五四"那一批人甚至还远,不过这是理所当然的,并不是他们比"五四"那一批人聪明,而是他们的立场逼他们多一些反省,既然站在一个非主流的立场,那你就必须很努力地为你自己的立场而提出一些理由。而主流派则很轻松,跟着跑就好了,既然大家都这么认为,所以主流总是有百分之七八十是投机分子。但是非主流,他就很艰苦,因为他要唱反调,而唱反调你需要唱得很漂亮才行,必须要很有道理。那么一个在非主流立场上的思想家,他往往思考问题、分析问题比主流的人还深入一点,这就是我之所以对他们这么感兴趣的原因。

我不认为保守派们可以告诉我们现在可以怎么走,但是他们会让我们慢慢意识到我们是怎么来的,这个过程有什么问题,有什么特点。然而,他们没有办法提出一个比较具体的救中国的方案,比如你看一下柳诒徵晚年的著作,看一下章太炎早期有一点保守主义的著作,再看一下陈寅恪、钱穆的著作,你找找看他们有没有一个救国的政治经济方案?统统都没有,没有什么具体的下一步,明天该做什么?后天军队来了,我们怎么打?工业化之后的商品进来了,我们怎么做?基本上都没有很具体的想法。为什么呢?他们感觉到这个现代性的可怕,因此反对现代性,但他们反对的不是一个救国的办法。

最后,我今天没有想要介绍很多的个案研究,再进一步走这个分类的概念性的路子。因为我上一次在这里介绍的是所谓保守派对进步史观的批判,只是介绍了一些个案,没有开始分类,也没有开始去想到底有哪些不同的类别。后来我再进一步地去研究他们,我就觉得基本上有四种不同的批判进步史观的类型。

第一个是发现进步这个具体的历史进程都来自于西方,所以现代化基本就是西化,他们觉得这样子不好,现代化就等于"去中国化",现代化成功,中国人就不是中国人了,所以很多人就提出他们要"中国特色"的东西。梁启超1903年的《新史学》基本上还是搞现代化的基本思维,但到了1909、1910年,他发表了很多文章,都认为其实要依靠我们自己的中国文化本位的特点,探求我们的一些风俗习惯和现代化的关系。这种把现代化特殊化、走自己路子的态度其实根本不保守,它还是一个现代观念,而不是一个根本的批判,只是一种调整了的进步史观,让它内部多元化,而不是反对进步史观的观点。所以这个基本上不算是对进步史观的批判,看起来有,但其实一点也没有。

第二种是实事求是的对进步史观的批判,很简单,他们说我们一直在进步,我们看一下过去,明明没有进步,人哪里变得越来越好?人的道德行为哪里变得越来越好?刚好相反,有很多反例,所以你们讲的东西可能概念是好的,但是不符合历史,历史不是这样子发展的。这样的人也有不少,但是这样的批判还不是根本的批判,他只是提出来你们讲话没有根据。

第三种,这是一种比较厉害的批判,它认为就算有进步也是不好的,为什么呢?因为进步靠竞争、靠提高效率、靠不断创新,而这跟人性不合。人性是不变的,道德则是不应该变的,竞争是不道德的,是我要拒绝的。所以这种"不道德的"伦理的批判,开始有一点真正抓住了进步史观背后的现代性的主要性质,并认为这个是不对的,人不可以这样子。

第四个类别是比较根本的哲学性的批判,这样的人很少,我想是一些新儒家,像章太炎这类的人,他们是比较符合这一类别的。他们从哲学的根本立场否认了历史性及其重要性,说这个根本统统是幻想。比如,章太炎的"俱分进化论"和"齐物论"认为西方的进步史观基本上就是幻想,跟我们人的状态根本不合,所以是坏的,是要反对的。

像我刚刚说的,第三和第四种批判是比较根本的批判,但它们还是面临这样一个问题:根据他们对现代性的批判,是根本没有办法提出一个可以让我们幸存下去的救国方案的。因为他们提不出来方案,或者是因为他们没办法,所以他们还是说:我们要接受科学。这个可以看一下1958年的"新儒家宣言"(《为中国文化敬告世界人士宣言》)。所以大致儒家的理想认为民主和科学是对的。假如科学是对的,那么儒家讲"天人合一"这么一个社会的理想、政治的理想、人的理想,而对比科学的要点是对象化、自我授权,这根本就没办法说得通,你可以用"体用"的观点来把东西黏在一起,但是这样一个"体用"的论点是非常弱的。如果最后的"用"比"体"更有效,不是"体"就可以不要了么?这个"体"和"用"是必然的关系,并不是随便把两个不同的东西加在一起就可以了,所以就算是他们提倡科学,他们这种观点也是自相矛盾的。他们又要保护、延续儒家的传统,又要改造它,让它跟西方哲学对话,还要加上民主和科学,我认为这是不可能的,不可避免地会导致一些内在的矛盾。因为科学与天人合一,与"人是宇宙的一部分"是不可能结合在一起的,这个是天壤之别。

好,谢谢各位。

主持人语

我想今天施耐德教授讲得非常清楚,就不需要我再总结了。但是,我还想强调一下,他讲的内容环环相扣,我都听入迷了。今天讲座的主要内容,一言以蔽之,就是分析了"保守"的概念是什么。施耐德教授分了四个方面来阐述这个问题:第一个,何为"保守"?在这个何为"保守"里面,他强调界定"保守"的三个标准:如何把世界对象化,如何自我授权,如何戏剧化的问题。第二,为什么会有"保守"?就是对上述的标准产生了一些怀疑。第三,他讲了保守主义的类型和类型化,主要是从历史主义和普遍主义两个角度来界定的。最后,他把他的标准放回到中国,继而发现了一个大问题:中国的保守主义者都是"伪"的、"伪装的"、"伪保守主义者",可能99%是"伪"的,他们自称是"文化保守主义者",但顶多是"文化民族主义者"。

尽管如此,在解释中国历史的过程中他发现,还是存在一些保守主义倾向的。比如说第一种类型是现代化、普世化,建立中国特色的历史观;第二类是事实批判,基于一定事实对现代性进行批判;第三个是文明批判;最后就是哲学性批判,特别讲到了现代哲学史上比较难以把握的一个思想,就是章太炎的思想。他的论证非常严谨,我认为在座的很多都是硕士生、博士生,大家要学会用这样的思维来做学问,这才叫真学问。下面请大家提问。

提问互动

    提问：施耐德老师您好，我在点校柳诒徵先生的文献，因此和您的研究有一些契合点。我想问一个问题，就是中国所谓的文化保守群体，包括柳诒徵先生也好，陈寅恪先生也好，钱穆先生也好，他们在早期，也就是20世纪二三十年代的时候，都是亲近、接近于接受西方的，比如说柳诒徵先生和中国科学社这帮人的关系非常好。但是，在40年代以后，这样一个群体，尤其是陈寅恪、柳诒徵、钱穆等人极明显地转向保守，他们从思想观念上比二三十年代的思想有一种更加保守、更加对抗的心态。我想问一下，您认为造成这种转变的原因是什么？

    施耐德：嗯，可能各个知识分子有一些不同的因素影响了他们，但是常常会发生这样一些转变，这是一个很有趣的现象。其实我觉得陈寅恪的转变不大，他原来就不是西化那一派人；钱穆我不是很清楚他早期怎么样；但是柳诒徵是很明显的，还有很多其他的人也有这样的转变。有些人就认为因为他们老了，不像年轻时候那么激进，所以就保守了。这个解释表面很有说服力，但很有说服力的东西大部分都是错的。我认为他们之所以会转向保守，有一个很重要的因素是，就像我刚刚说的，因为他们接受激进、研究激进，所以他们有些人是蛮敏锐、蛮敏感的，他们就会进一步问："这个是什么东西？"可能是他们所看到的一些历史事件引起反省，可能是一种个人的挫折引起反省，有些人因为生病而开始反省。我们来看傅斯年的例子，他这么一个爱搞科学化的一个人，而且在我看来搞得是很失败的，到生病的时候他开始对孟子感兴趣。所以我说有些个人的挫折、一些国家的变化引起了个人的反省。那么有反省能力的人，而且也有基础的人，他对传统的理解不是间接的，而是受过传统的直接影响的。在这样的情况下，他会进一步考虑，到底哪些来自西方？再进一步考虑，哪些是我们需要来救国的东西？它的性质是什么？柳诒徵，我觉得是在"五四"那一段，他看到了一些变化，发现有些东西错了，他就开始反省。先搞了《学衡》，之后就一直在变；到了30年代，他开始与国民党走得比较近；到战后留在大陆，他就更进一步地变了。

    我觉得让他们变的因素有很多，但是核心在于：第一，他们受过传统的影响，但受过的现代教育只是部分性的；第二，他们有理解和分析的能力，他们不会把中国传统当作一个东西，他们明明知道没有Chinese tradition，第一没有Chinese，第二没有tradition，Chinese和tradition都是一个现代的概念，有很多不同的traditions，传统是复数的。所以这一点他们很清楚，不会把它简单地整体化，因此他们还是可以很深入地分析：这个来自西方的东西到底是什么呢？从西方传来的那些东西的问题在哪？

    不同的史家有不同的文化资源，像章太炎部分地是靠道家的观点，但是更主要是靠佛教来批判现代性。柳诒徵最早是靠《易经》，他批判进步史观时用的是《易经》中"恒变"的概念。所以他们都有不同的批判态度和不同的批判方式,不同的方式又引起了不同的立场,但是他们和根本不改的人也有区别:第一,遇到一些挫折;第二,聪明、敏锐;第三,有传统的基础。越到后面,我觉得这个保守主义就越变成一个舞台上的选择,既假又不自然,就觉得我要保守,那我就保守,但怎样就保守、怎样就不保守呢? 保守不是一个角色,而是一种心态;不是一种选择,而是一种 convention。所以柳诒徵之变,虽然他个人的资料我其实没有看很多,但我认为他的变化是和"五四"同时发生的,就是在 1920—1923 年那一段中产生,那时就可以感觉到他开始变了。总之,我估计和"五四"有关系。好,谢谢。

提问:我请教的问题是,您刚开场的时候提到西方在启蒙时期,笛卡尔这些启蒙哲学家们"突然"觉得人的理性、人的自我发现、自我授权比较重要了。我一直有一个困惑,就是为什么西方中世纪长时间被神权笼罩的状态能够通过启蒙运动被打破,那个时候好像是有这样一种思潮,为什么似乎西方人突然就变得聪明起来,认识到人自身的价值了呢? 难道仅仅就是因为有一些哲学家发现了人的价值、人的理性比神的意志更重要么?

施耐德:我觉得我说"突然"这个词是说错了,不应该说"突然",这其实是一个非常漫长的过程,长达几百年,慢慢地积累,到了某一个时刻,其实也不是一个突破的转变,但是就有一个人、一本书,或者一句话出来,就让很多人突然意识到:哦,好像真的是这样子。所以有时候历史的转变就是这样,它是慢慢积累起来的,到某一个时刻,语境刚好适合,环境刚好符合,突然有一个人说一句话,就引起了很多人的注意,说那句话概括出了重点,但是其实这种转变,虽然笛卡尔是 17 世纪的,但我认为大概是从 12 世纪开始慢慢地一步一步变化的,其实是从教会里面出来的。

我们去看一看那个培根,不是 Francis Bacon,而是 Roger Bacon(1219/20—1292),好像是 11 世纪或者 12 世纪,我记得不是很清楚,他是一个修道院的修道士,他做实验和后来的实验有一个根本的区别。科学实验是什么呢? 就是我认为我的对象有"规律性",有一个 law 在背后,那么我现在假设,在这个规律下会怎么样变,我就可以预测未来的变化,所以我就搞一个实验,看看是不是这样子;如果发现不对,它不是这样子变的,那我就可以看看是不是什么条件影响了这个变化;如果我条件没有搞清楚,或者是我的假设就是不对的,那我就改一改调一调再来一次。但 Roger Bacon 的实验不是这样子,他也搞实验,但是他实验的目的是什么呢? 把神圣的上帝和 creation 的完美都看清楚,所以他看得很仔细,他把那个花长得怎么样看得非常仔细,通过做这样的一种实验来实现目标。也可以说这种实验是转变的源头,而不再像原来那样,坐在那儿去接受这个 cosmos/宇宙怎么样,而是一步一步越来越好奇、然后慢慢地就发现天上的一些现象和教会说的不太一样。后面就积累起来,随着社会的变化、商业的发展,一步一步地这个力量越来越大,到了 16、17 世纪,特别是在英法地区,就有一些根本性的转变,那么笛卡尔那句话出现之后,我们知道是一个突破性的一句话,我们再去看那些教会的代表、神父的反映,他们就跳起来了:"我思故我在",你这是要杀人吧,你要杀上帝吧。然后他们就开始反对,但是到那个时候教会的立场已经太弱了。

还有另外一个很有趣的例子,西方的世界史是怎么写的呢? 我们要有一个创世的时刻,以×××的一个算法开始,这个大约是西元前四千几百年,一个具体什么数字我也忘了,历史的开始就是"创世"。这个发展到现在,看看还有大概多久到末日,有不同的说法。那伏尔泰的世界史是从什么时候开始写的? 从贵国——中国开始,那个时候人们认为最古老的文明就是中国,所以他的世界史是从中国开始写,教会看到这些东西就想:完了,他敢这样子做,就代表他背后有一个很强有力的社会力量,我们抵挡不住了,他敢写历史不是从创世开始的,根本上否认上帝了。当然伏尔泰没有说这句话,太危险,但实际上是根本否认了上帝。所以说,他从史学否认了上帝,笛卡尔是从哲学"我思故我在"开始否认了上帝。那么,这两句话、这两个现象,就把人们慢慢积累起来的一个转变,推动起来了,现在可以说,真的就不用怕了。所以我觉得我可能说到"突破",我说了"突然"么? 我真的错了。这是一种突破性的转变,但当然也是之前积累起来的。

提问(续上问):从这个理解来看,我们可以说西方的现代性也是一种非个人、非意志性的一种自然的演化,然后到了启蒙时期,经过一些聪明人的总结之后,发生了一些突破性的东西?

施耐德:是不是自然我不敢说,怎么看自然呢? 你是说自然,还是 nature? 是西方的 natural,还是道家的"自然"?

提问(续上问):我是说这种所谓的现代性的思想,其实它是随着时代的发展,慢慢地自然而然地积聚、积累、沉淀,到达一定的程度之后,突然,或者也不能说很突然,但是经过文艺复兴、宗教改革到启蒙运动这样一个两三百年的积聚之后,终于开花结果了?

施耐德:嗯,你可以这么看。可以说他们很聪明,也可以说他们很坏,看你站在什么立场了。

提问(续上问):刚才您提到中国的保守主义有一个比较明显的特点,即他们无法提出改变中国现状的一些具体的建议。您觉得这是中国特有的一种现象,还是世界保守主义共有的一种现象?

施耐德:这个是世界保守主义共同的一个现象,不是中国特有的。但是中国保守主义者更明显，因为他们的压力比西方更大，这边的发展比西方快三倍。

提问（续上问）：所以您认为这种现象在中国特别突出，是因为外在的压力给中国带来了更大的困境？

施耐德：那个时候要中国赶快现代化，那个压力比西方、比德国、比其他国家都更大。德国发现要改变，到现在经过了快两百年了，而中国才一百年，所以当然有区别。我刚刚还忘了一个很有趣的现象。你说他们没有提出一个具体的方案，但现在的保守派——假如还有的话，我觉得也不多了——他们也不会提出一个具体的方案。但是西方也好、中国也好、东亚也好，我们以一些哲学家的最新观点来看，泰勒也好，哈贝马斯也好，都认为我们是在一个"后世俗时代"。因为我们很多人看到一种新的现象，很多人叫它"宗教复兴"，是不是"宗教"还得打个问号，是不是"复兴"也得打个问号，反正有一些新的发展，有一些看起来是宗教的力量又起来了。在台湾基本上佛教的力量越来越大，民主化之后就更大了。再看大陆过去二十多年里佛教的发展，看大陆基督教的发展，其实比佛教还更快，到去年为止，更快。在西方、西欧不是那么明显，但是也有，现在西欧发展最快的宗教是佛教，这是蛮有趣的一个现象，很多人感兴趣。美国更早，美国的佛教的兴起在 20 世纪 60 年代就开始了，有一些站在启蒙科学立场上的人说：你看那些笨蛋们又来了，信什么上帝，太搞笑，可笑至极。但是这个力量，我觉得对宗教感兴趣的人不仅是社会的弱者或不聪明的人，还有很多高级知识分子。中国大陆也是很明显，基督教徒有一些是下层的群体，但是很多都市的所谓白领阶层也开始相信这个，这不是因为它是一个来自西方的东西，这样说太简单了。那为什么会有这么一个现象？大陆的佛教为什么过去几年这么受欢迎？这当然是一个非常复杂的现象，他们也没办法提出一个具体的方案，但他们也与之前的保守派不同。

现在时代变了，我们现在看外面这个漂亮的校园，我们现在过得挺舒服的，过得挺好。我经常和学生开玩笑说，有了三部车子、两幢房子，每年出去玩两次，家里有四台电视，发现好像还是过得不舒服，还是觉得缺了点什么。所以这个宗教复兴不是一个保守的现象，它是对同样问题的另外一种反应。一些西方的保守派不久前又站出来说话，也不是什么新的观点，但是他们要趁这个机会得到一些支持，就是这种信仰的重新发展，就是对自我对象化、自我授权的一种反省。也许不应该这样说，这样太高了，把它知识化了，只能说是一种反弹。它现在之所以有影响，只是我们社会进步到一个阶段，我们发现不断进步下去不仅会把社会破坏掉，而且也不会过得更舒服、更快乐；发现这个发展尽管带来很多好处，但是它的代价很大。这不是一种解决方案，但是跟保守派一样，是一种对问题的反弹，对问题的反省。我之所以对这个题目有兴趣，也是因为和这些发展有新的关系，就是我们还可以从这种对现代性的批判中学到一些新的观点。

提问：老师您好，我有一个想法，罗素很早以前也提过，就是人的内心深处有一种不安全感，包括一些哲学家在内的人就一直在寻找某种依托，在宗教时代会有什么什么，在启蒙以后会有什么什么。后来，在我看来就是用科学和理性取代了某种宗教的作用。我有一种想法，就是"祛魅"对人类来说只是一种偶然、一种变态，那么在某个时候，人类会不会"反动"，回到"祛魅"之前？

施耐德：嗯，我觉得你抓到了一个重点就是依托，德文的 gründe，也就是英文的 ground，我站的地板或者房子的地基，也是一个 gründe，是一个 foundation，是一个 ground。德文 gründe 还有另外一个意思：原因、因果关系。我们去找那么一个可以套的东西，可以靠的理由，可以站得很稳的 foundation，一个基础。其实对现代性批判最厉害的是 20 世纪影响深远的一个哲学家——海德格尔，海德格尔他批判现代性，但他这个批判不是保守的。为什么？因为保守派否认人至上，反对理性，反对人从上帝继承一个什么样的东西。海德格尔说：你做梦，有一些改变你没办法感觉到。他有一篇文章叫《世界图像的时代》，这个有中译本、英译本，"the age of the world picture"。这篇文章非常精彩，它说得很清楚：这个现代性是怎么变来的，对象化、自我授权这些东西，他都用非常专业的术语提出来，分析也极为精彩。文章的最后有两句话，一句是：如果继续走这条路，你们会被毁灭，因为有一个比你们还巨大的东西，这是你们控制不了的，这个东西会报仇。他那个时候指的是技术会反过来控制我们，自然会报仇，如气候变化等等。这是 1952 年写的，有核弹之后写的，有一个东西他称呼为 gigantic，庞大的东西，这个我们没办法，所以你们走这条路会被毁灭。看到这句话我觉得：唉，保守派来了。可是他接着说：你们这些保守派不要做梦，不能回头，我们得勇敢地走下去。至于怎么走？我也不知道，因为他是二战之后的早期哲学代表，他有一个所谓的根本的"本体论"，fundamental ontology，就是要面对人的历史性，面对生命的一个偶然性，在这样的情况下过一种有意义的生活，找一个新的、既不是固定也不能叫作变化的 foundation。因此，他对佛教感兴趣，跟京都学派关系很密切。但是我们没办法走回头路。找一个寄托，找一个可以依赖的基础，我们当然有这样的需求，但是如果把所有的权威统统否认掉，在这样一个情况下，你怎么走回头路？我觉得这是不可能的事情。所以我对宗教复兴这么感兴趣，他们怎么走这条路？他们为什么出家？为什么到寺庙里？特别是他们对佛教的复兴，为什么是无偿的？至少从哲理来看，他不是找一个 foundation，而是要否认这个 foundation，否认了这个 foundation，才能过得好，过一种比较有意思的生活。所以我对这么一个新的趋势很感兴趣的原因就在这儿，我认为我们没办法走回头路，你上了这个舞台，就没有可以下去的路了。你怎么下去呢？你可以把人推下去，但是只不过是死了么？哦，我不知道，我觉得不大可能。

提问：施耐德先生您好，我有一个问题，就是我们今天谈的保守主义，是在一个比较精英的范畴内的，我们谈到了很多知识分子的思想。您刚才提到章太炎先生是一个比较悲观的保守主义者，他意识到了中国的上层受到了这些西方意识的冲击，并且想要改变，但是下层在很长一段时间内是没有办法接受的，这种上、下层之间的分离导致了中国没有希望和未来。那么我想问的是，在西方这些比较现代性的概念出现的时候，它们是怎么样渗透到下层的呢？还是他们的社会中有一个中产阶层来承担这个责任？我想听听您怎么看保守主义深入下层和大众的观念的现象，谢谢。

施耐德：我基本上认为我们这些知识分子和精英没办法改变什么，这是不可能的，这个庞大的东西比我们强多了。我认为让一般的老百姓意识到这种东西，不是概念性地意识到，而是经验性地意识到，要通过社会和经济的转变。一般说来我们都是跟着欲望跑，谁要死？没有人要死，我们要把医学搞好；冬天要冷死，我们要装好暖气。所以这些新的发展带来的好处，总是吸引人，有时候是被迫接受，有时候是主动追求这个东西。这些变化带来的一些感受，生活的感受、生活的节奏，引起一些经验性的意识，知识分子可以做的是把这些已经在发生过程中的现象提高到一个概念的层次，就可以讨论这些东西，就可以对它进行反省。所以我认为知识分子并不能改变什么，我们能做的就是把已经在做的、在发生的东西提升到可以用一个概念、一个术语讨论它的地步，而不是主动去干什么，这个我觉得我们做不到。不仅现代是这个样子，古代也是这样子，古代也不是什么理想、理念在推动历史。我觉得这是很舒服的一个梦，但它终究是个梦。

提问：施耐德先生，我对您刚才提出的文化保守主义的论断很感兴趣，根据您的判断，它们只有在文化上可以算是传统的，但是在政治、世界观、历史观上面仍然是服从那种现代性的论断的。但我的疑问是，他们写出来的文字所表达的态度和他们自己的真实想法是否一致？是不是他们在政治、世界观、历史观上的这种态度只是一种"失语"？因为我虽然对您研究的章太炎、柳诒徵先生缺少了解，但是我关注的一些下层士人也经常会讲国民、权利、责任这类的术语，但我不认为他们内心是理解和赞同的，他们只是服从一种时尚、一种流行而已。刚刚第一位提问的同学也提到了像钱穆、柳诒徵先生他们在后期的转变，您是从他们个人的学术经历来判断的，我在想这种转变是否与战后时代氛围的变化、民主主义的退潮和西化的退潮有关联？谢谢。

施耐德：我不认为这些保守派在文化上保守，而在世界观、历史观上不保守。我认为真正的保守派所关注的就是直观的对人的理解,他们提出的政治的、经济的一些具体的意见不是很深入、很有道理、很仔细的方案,因为他们无法根据一个对宇宙、对人的保守的理解提出一个现代化的方案,这是不可能的事情,所以我不认为他们在政治、世界观、历史观上是非保守的,他们都保守。但是他们必须提出一些观点来说服别人,他们可以怎么做下去,而这些观点一般就是没有什么道理的,缺少内在的逻辑性。例如柳诒徵说过:我们必须要搞科学,但是对国家而言科学就是坏的,或者是不好的。现在也常常说:我们在精神上靠什么,我们靠的是基层的农民社会的道德群体,这个才是国家的基础。这便是典型的儒家观念,而高高在上的现代性国家基本上就不行了。科学到底来自哪里呢,来自国家,国家搞国立大学、社科院、"中研院",科学统统是国家搞起来的东西,不是个人和基层社会搞的。所以说,他真正的想法是一个保守的想法,但是他要加上一些看起来现代的东西,这是一种悲剧性的、内在的矛盾。你刚刚提问的就是这种转变,这个转变你可以推测和思潮有关系,但是我觉得像柳诒徵等,在"五四"之后有一些所谓的保守派做出了勇敢的反对,玄学和科学的论战就是常常被提到的一个例子。这当然和战后的趋势有关系,战后的西方也好,中国也好,开始反思现代文明,这个在西方更明显,德国这种战败国更会反省,因为它失败了,所以战后德国对道教的研究特别多,道家对德国文化的影响特别深。德国有一个设计学校,叫作 Dao house,它受道教的影响很深,它设计的很多房子、家具都有一种正面的东方主义。所以说,每一种转变都与它的时代精神有着密切关系。但是为什么别人就没有受这个影响、没有这种转变呢? 这和个人的教育背景、价值选择都有关系,同样一个时代,有些人变了,有些人不变,这和这些人的家庭、教育、聪明不聪明、聪明在哪些方面都有密切关系。当然,20 世纪 20 年代初这么多所谓的保守派跑出来讲话,当然是那个时候时代精神的一个表现。再看梁启超,他也是战后开始变的,变得不是很保守,但还是变了,这和那个时代的潮流还是有关系的。不知道这样有没有回答清楚你的问题。

李里峰:施耐德教授,非常高兴在这里再次见到您。这个教室是我们政府管理学院最大的一间报告厅,但是刚才发现好像都变成了历史系的主场,提问的全都是历史系的青年才俊,不过我也注意到有一些我们政府管理学院政治学研究生的面孔,所以我想替我们政治系的研究生们提一个问题。最近十多年,有两位德国学者在中国受欢迎的程度超出了我们的想象,一个是列奥·施特劳斯,一个是卡尔·施密特。我想请施耐德教授给我们指教两个问题:第一个就是现在德国学界怎么看这两个人? 因为我们在座的绝大多数人是不懂德语的,我们都是通过其他人的翻译来了解他们,包括相关的评价也大多是英文的,我们不太了解德国学界到底是怎么评价这两个人的;第二就是您作为德国的汉学家,您如何看待这两个人在中国如此流行这个现象。

谢谢。

施耐德：我对施特劳斯比较了解，但是对卡尔·施密特不是太感兴趣，我的政治哲学老师是卡尔·施密特的学生，我的另一个老师是施特劳斯朋友的学生，所以我在这两个不同的派系影响之下搞政治哲学。后来我那个是施密特学生的老师自杀了，1989 年自杀的，他对德国统一后知识分子的反应非常失望。这个人（施密特）的立场我非常讨厌，他非常右，他在德国是一个被完全妖魔化、边缘化的人，我不喜欢他的立场。但正因为他是被妖魔化的、边缘化的人，所以他必须非常仔细，就像我刚才说的，他不能跟着主流跑，他必须要提出很多理由证明为什么自己的观点是正确的。虽然我不赞成他的观点，但是从他的观点中我学到了很多，可我对卡尔·施密特仍然不是特别理解，我知道一点点他的思想，但我还是不懂他为什么在中国大陆这么流行。我有些想法，但我自身没有研究这些现象，我不能"胡说"，我只是觉得，这个人现在在德国没有人研究，就是因为这个人太坏了，所以现在也没有人感兴趣。但是他一辈子的著作都是反对黑格尔的，反对这位在 20 世纪影响最深的哲学家。没有黑格尔、没有萨特、没有福柯，就没有后现代主义，所以法国的后现代研究者的博士论文，不是写尼采，就是写海德格尔，所以战后德国哲学没落了、西化了，都转到法国去了，和本土的历史结合在一起，通过美国，变成一个影响全球的新的东西。你看过去二三十年真正有影响的学术理论观点，大概百分之六七十来自法国。

列奥·施特劳斯基本上就是一个保守派，他就是要否认这个对象化，根本上否认兰克、尼采、海德格尔，接受人的历史性，他是这么一个观点。假如我们提出历史性、不是所有东西都是相对的，那就没有所谓的绝对的、相对的东西了，那就什么都可以了。在美国就有两种我们德国人一般不敢讲的对第三帝国的立场和批判，施特劳斯就说第三帝国要杀犹太人，是要走德国的历史化的路子，什么都是特殊的、个别的，所以你就放弃一个不变的价值系统，就可以杀人，这个是施特劳斯对杀犹太人的一种评判。这个在德国还可以讲，另外一种在德国完全不能讲，（一讲）你马上就死了。就是说杀犹太人是启蒙的后果，为什么呢？因为启蒙把一个人从外在束缚他的框架中解放出来了，有了理性，有了效率，我们过去三百年的发展，基本上就是一个提高效率的过程，一直搞所谓的理性化，也就是"效率化"。杀犹太人是非常有效率的，用一种工厂化的方式，都机械化了，从束缚他的框架中跳了出来，靠一个不可靠的理性，再加上靠这个理性把杀人的事情都机械化了、高效率了，所以才这么成功。那么当然，在他说这句话的时候，所有自由主义派都跳起来了，说不能这样子；又因为他是犹太人，所以不能批评得太厉害。犹太人虽然也这样想，但是就不敢讲这句话，德国人更不敢讲，因为我们现在是"好人"，启蒙的人，不再像以前那么坏了。所以施特劳斯在这个脉络上也算是保守派。沃格林也保守，不是一种不承认变化的保守，但还是要回到一个非历史性的、普遍性的基础上去，同时也部分地、有选择性地接受启蒙的思想,是要搞一个理性的政治哲学。既然要接受启蒙和理性,那就不要走后来因为 19 世纪的发展而形成的历史性、历史化的道路了,历史化那条路是不对的。我能理解他们的选择,但是我认为这条路是走不下去的,因为我们自我授权,不可避免地走向历史化。我们一直变,不承认历史性,不承认历史化,又怎么能解释整个来龙去脉呢? 我觉得这个问题到现在为止一直都没有好好解决。所以,列奥·施特劳斯在大陆很受欢迎我能理解,但是施密特我就不清楚了,你觉得呢?

李里峰:施密特在中国的流行很大程度上是得益于几位熟悉德国学界的中国学者的介绍,有一位叫刘小枫的教授把他的著作,我不知道具体多少,但至少有十种已经翻译成中文了。我想很多人关注施密特,可能是因为他政治主张里的"决断论"、"主权论"比较契合当下中国的发展在国际局势中所面临的非常尴尬的处境,人们觉得也许施密特的东西能帮助自己应对这些问题。包括把施密特介绍到中国来的刘小枫,前两年因为一个所谓"国父论"的主张也引起了轩然大波,我们过去说孙中山是国父,但他说真正的国父是毛泽东,而刘小枫早年是一个非常纯粹的保守主义者,而且他很信奉基督教的一些东西,可他最后投入这样一个全新的历史立场,引起了很多人的诧异。我想这两个因素可能是有关联的。

施耐德:关于"国父"我讲一个故事。我是在台湾读书的,那个时候台湾开始转变,但是还没有开始民主化。我在德国的老师是留学大陆的,所以我们学的一些政治术语都是大陆这边的,我们说"南昌起义",我查这个"起义"就是 uprising。我到台湾的政大,我的老师是李云汉,国民党中央党史委员会副主任,我在上课时候说到 Nanchang Uprising,才意识他们不用 uprising 而用 rebellion。我在台湾待了三年后才慢慢习惯他们的一些词。上世纪 90 年代,我忙于写博士论文、找工作等等,所以我没有常常回去,每次回去都是待一两个礼拜,没有很久,所以有一些社会的变化,特别是一些提法就不是很了解。后来在 2003 年我到政大当客座教授一年,上课说到"国父",下面坐的差不多八十多个年轻人开始笑了:"谁?"所以,"国父",好吧,我们不需要"国父"。

(该演讲由南京大学历史学院硕士生王瀚浩、宋逸炜整理)

记忆之场

活着的档案*

安德鲁·霍斯金斯（Andrew Hoskins，英国格拉斯哥大学）

主持人语：大家早上好！今天我们非常有幸，请来了英国格拉斯哥大学社会科学学院的跨学科研究教授 Andrew Hoskins，他的研究领域主要集中于当前数字社会的方方面面，包括媒体、记忆、冲突、安全、隐私等等，并致力于从历史维度探讨当代媒体与记忆生态之间的互动关系。Hoskins 教授还是学术期刊 *Memory Studies* 的创刊主编，以及麦克米兰出版社 *Memory Studies* 研究丛书和劳特里奇出版社 *Media，War & Security* 研究丛书的联合主编。下面有请 Hoskins 教授为我们讲演。

谢谢南京大学的盛情邀请，非常荣幸有机会在这里讲演。今天我要讲的主题是记忆。如今，记忆已经突破了传统的档案、组织与自我，通过一种在大脑、身体以及公共和私人生活之间的超连接性（hyperconnectivity）进行传播。

我用"活着的档案"（the living archive）这个表述来强调连接性所具有的一种颇为吊诡的状态，一方面，它穿越看似健忘、抹去了过去感的日常数字通讯，通向即时性；而与此同时，比起之前各种媒介生态，又使过去越发显得是当前的和触手可及的。它之所以重要，用杰伊·温特（Jay Winter）的话来说：它在记忆的"创造、调试与循环"（creation，adaptation，and circulation）中构造了一种新的平衡，并因此对从今以后所要记住的对象、地点、时间、缘由和人物都将产生影响。

那么，我所说的是哪种记忆呢？在我看来，关键在于传统上所理解的（至少是作为研究对象的）存在于个人、文化和社会记忆之间的诸种界限，在连接性的动态活动中，它们变得更加模糊了。因此，对我来说，区分记忆的多重模式，并且探寻它们反身性的交叉与主张，朝向对媒介与

---

* 讲演稿为英文，题为 The Living Archive，由罗宇维（南京大学政府管理学院博士生）译为中文。archive 的字面意思即档案、档案馆，作动词时意味着存档，这里所谓"活着的档案"，指的是超越了过去物质化形态的记录和存档方式，也就是通过数字技术的处理，出现和保存在网络以及各种设备中的图片、文字、音频、视频等等，它们涉及人们生活的方方面面。就呈现过去和制造记忆而言，这些新的存档形式又是极其不确定的、流动的和突发的，因此，从某种意义上也是具有自己生命力的。换句话说，作者在这里采用的标题有着双重含义：一方面，在信息时代，每个人都采用数字技术记录自己的生活，因此可以说个人的生命被存档了；另一方面，由于媒介内容的扩展和媒介形式的变化，档案本身也发生了改变，从过去固定和稳定的东西变成了仿佛具有生命力的东西。（译者注）

记忆之间不断变化的关系更加整体性和动态的理解,而不是孤立其分析,才是说得通的。

因此,我将活着的档案理解为连接性转折(connectivity turn)的一个产物:这是一种通过连接性的动力状态来思考和使媒介与记忆概念化的办法,连接性乃是我们与过去发生关联,体验、呈现、理解和记住过去的一个核心内容,由此,过去立刻变得更加接近、丰满和无处不在,甚至明显是容易理解而无法抗拒的。

已经有许多研究讨论过科技日益发展的"形象化"如何通过对媒介不断增加的使用和依赖来强化记忆。据称,科技进步将会推进记忆以及人类对它的掌控,据说数字和人之间的协同作用在不断发展。举个例子,已经有许多运用数字生命记录技术的精彩的跨学科研究,例如利用感应相机来帮助痴呆患者,还有心理学专家马丁·康维(Martin Conway)、神经心理学专家凯瑟琳·罗福德(Catherine Loveday)以及艺术家秀娜·伊林沃思(Shona Illingworth)正在进行的研究。

然而,事实上,如今的新兴媒介不再仅仅揭露、照亮和提供进入过去的路径,它们还会遮蔽它。一种漫不经心却又难以抑制的连接性——点击(clicking)、粘贴(posting)、链接(linking)、点赞(liking)、打卡(pinning)、发推(tweeting)以及所有的数字化发表行为,通常不加区分地分享自我,使当下得到拓展,变得更厚重。这些生动的日常数字沟通行为以及不断被创造出来的联系,提供了一种即时性的慰藉,一种掌握主导权的感觉。它使媒介意识的减少变得模糊不清。

我们不如将连接性看作是有害的:它掩饰了日常沟通、存档以及不断增长的对数字记忆的依赖的混合,还改变了记忆的含义和功能。看看以下内容,马上就可以发现这种有害连接性的症状。"曾经,媒介的有限形式标志着过去的衰落,在过去和现在之间确立了合适的距离:使社会不断消逝的记忆变得有声有色。"结果就是我们所熟知的恶化(deterioration)。不过这种恶化至少提供了某种确定性。衰变时间(decay time)的通道赋予了过去价值,使它值得被仔细发掘、重新想象和再现。从它第一次被展现、捕捉和贮存的那一天起,宝贵的记忆被制造出来,受到它所反映的罕有文化以及不断衰落的媒介的珍视。

然而,今天,衰落和腐坏的物质象征以及所赋予或减损的价值都被搞混了。连接转折打开了两条看似矛盾的时间衰变轨迹,而它们都影响着新数字记忆的不确定性。第一条轨迹乃是媒介内容的扩张性时间衰变,它将记忆拽入不可知的和可能是永恒的未来中。第二条轨迹则是遗忘媒介形式和设施的缩减性时间衰变,它使记忆的连续性变得碎片化。由此,又出现了第三条轨迹,可以被称作数字不确定性,从稳定到突发(emergence)的转移。

我所谓的突发是指:媒介数据日益成为名副其实的"现实"的可能性(因此也是不确定性),从它被记录、存档或丢失的那一刻起,按照无法规定和难以预测的速率同时被"发现"或者传播,而因此可以超越和转变我们关于人、地点或事件所知道或应当知道的东西。这种突发的转移在最近 25 年才显现出来。在这里我用一个 1989 年的小故事作为例证：

我有一段关于开始大学第一年生活的记忆，那是 1989 年秋天的兰开斯特，英格兰的西北部的文化流行的是"疯狂曼彻斯特"这种音乐场景，其中诞生了许多划时代的乐队，例如快乐星期一（Happy Mondays），灵感飞毯（Inspiral Carpets）和石头玫瑰（The Stone Roses）。一个家伙——暂且叫他汤姆——和我住在学校大厅的一个走廊，他设法去看了石头玫瑰的一场新曲临演，当然，还有乐队的其他 27000 位粉丝。他是带着自己的"大学"（这个标签很重要）女朋友去的，而他还同时在约会自己家乡的女朋友：这段关系在他大学的新生活中也在继续。汤姆并没有协调这两个关系，而且费了很大力气才把两者区分开来，也就是说，他家乡的女朋友并不知道他（在大学）的"另一位"女朋友。

然而，有一天我撞见汤姆在大厅走廊上挥舞着一份英国国民小报（当时的发行量超过五百万份）。前一天石头玫瑰乐队临演人山人海的照片成了头版头条。在人群中，汤姆和他的大学女友站在前排，清晰可辨。一段关系的突然曝光使他两段关系的隔离崩塌了。"没戏了，"他说，"她（家乡女朋友）甚至不知道我要去听这场演唱会。现在整个世界都知道了。发生这种事的几率是多少？"

这个问题很妙：发生这种事的几率是多少？考虑到 1989 年所谓的"大众"传媒，汤姆不正当情侣关系的突然被曝光几乎是不可能的。那是一个新闻媒体还仅仅存在于印刷、无线电和电视中的时代。而时至今日，连接性应该会让汤姆很难维系他的双重恋情。

今天，不断累积的数字内容等待着在未来突发，造就了无所不能的潜在记忆的新的永恒幽灵。就此而言，潜在的那些超然的或"丢失的"，或"隐藏的"或以为"被删掉的"图片、视频、邮件等等，突然转变为被知晓或者以为被知晓的东西的可能性，构成了未来记忆和历史进化蔚为壮观的不确定性。突发标志着我所谓的稀缺文化到后稀缺文化（post-scarcity culture）的转变。这种转变被嵌入了当今的媒介中，恰如鲍克（Geoffrey Bowker）所指出的："从文化上说，我们正在从记录记忆（recorded memory）的时代走向潜在记忆（potential memory）的时代。"

今天，没有哪位政治领导人、名人明星、皇室成员或其他公众人物——或者甚至说每个人——可以免受活着的档案的威胁。当然，那些公共生活中的人们一直以来都由于其私人生活的大量曝光而显得脆弱——但今天，他们不得不身处模棱两可的媒介罗网中，它捕捉、连接、胁迫人们。

不过,突发所带来的与日俱增的威胁,绝不仅仅影响那些已经是公众人物的人。数字连接性汇聚出一种新的社会技术公共空间,它将今天所有用户看似日常的沟通设备都置于网中,通过网络联系起人们的生活。

而在我们与活着的档案之间复杂的纠葛中,保持亲密和合群,通过健康地遗忘另一种挑战而得以维系,这要求一种新的切断联系的策略。我在这里想谈的就是数字媒介内容扩张性衰变时间的变幻莫测所带来的新的不确定性。

衰变时间——媒介内容

这意味着:(1)图像、视频以及其他文本通过数字内容极大的流动性而获得潜在的无限扩张性。(2)数字文档缓慢而且通常是系统性地(默认的)再生产、复制、分配、联网、流通和归档(存贮),将其可能生命周期延长至一个新的难以想象的未来。

这得到两种因素的支持,其一是我们年龄的强迫性记录,它造成了一种前所未有的后稀缺容量。其二是对连接转折之前稀缺时代所剩下的所有东西数字化、上传以及作为新生命(新媒介)的流通。因此,通过强大的升级变成它的数字同伴,过去所有东西的衰变时间被阻止了。数字化已经成为它自身的终结,就像对总体记忆的追寻一样。

我们既在上传正在到来的现在(uploading of the incoming present),又在对过去进行数字化重构(digitized reconfiguration of the past)。简要解释一下,我们拥有的是:其一,文本、图像和视频无法预测的生命周期;其二,其内容的"病毒性"(virality)或者"可传播性"(spreadability),即变异(mutate)、循环(circulate)和附着在其他物品上(adhere to stuff)的能力。

文档共享和社交网站提供了沟通和媒介数据(声音、图像、文字评论等等)的纽带,通过自己与众多(点击数、流通量和修改次数)的连接,它们的价值不断累积。正是媒介内容的设计以及网络的 2.0 时代推动了病毒性。例如,亨利·詹金斯(Henry Jenkins)将 YouTube 上的混合空间视为"向一个最高价值乃是其可传播性(这个术语强调通过消费者们的媒介内容流通,消费者创造价值和强化认识的积极能动性)的时代"迈进。因此,举个例子,凯蒂·佩里(Katy Perry)作为 X-Factor 嘉宾的价值就可以部分地通过她 20 亿的视频点击量来衡量。

但是,这个数据到底意味着什么?我们可以将它的价值同什么进行比较?看起来这不过是某些持续时间极短的东西的暂时观众。但我并不认为"传播性"这个设想足够说明正在发生的情况。

突发轨迹不可知的界限(持续性和容量)对那些制造、塑造或与这些内容有关的人的控制随着时间的推移,实际上是在减少,而不是增加。然而,尽管媒介内容的衰变时间看上去是扩张性的,但起码有一些媒介形式的衰变时间正在缩减。

衰变时间——媒介形式

这里我谈的是计算机—沟通性的媒介形式(智能电话/手表、平板电脑、手提电脑)。正是通过不断增长的媒介设备的生命周期,我们的数字生命才被创造、观察、管理和确定。

就像几乎所有消费商品一样,媒介形式的过时并不是什么新鲜事,但是其操作性收缩的不断增长的速率——它们急速增长的衰变时间——由于其在我们数字化生存于世间的组织和控制中的核心性,就具有了新的意义。这些设备在设计上越是复杂、融合和系列化,它们在货架上待的时间就越短。而这种机械的衰变时间的不断加速带来了"有意义的现在"——"知识(或事物)的储备依然有用的时间段"。因此,媒介形式衰变时间的不断加速使现在的记忆变成碎片,因为连续性和稳定性成了机器不断加速的成交量的人质。

我们偶尔也会碰到稀缺的过去的突然再发现(尽管这种情况越来越难得):那些意外的发现,那些隐藏在阁楼(通常是一代人的秘密领地)、一度被遗弃的东西,彼时其未来的价值还不可知。例如,2002 年,历史学家彼得·沃登(Peter Worden)发现了商业摄影者米切尔和凯尼恩所拍摄的 800 张硝酸盐胶片,它们描绘了 20 世纪早期的英国生活。在布莱克本的一间废弃商店里,这些不稳定的纤维素硝酸盐胶片被保存了下来,在被发现之后,人们采用多种方法将其复原。经过数字填补机器的处理,爱德华时期和早期维多利亚生活的浮光片羽呈现在 21 世纪的电视、DVD 以及 YouTube 观众眼前。2005 年,BBC 第一次播放了《米切尔和凯尼恩的失落世界》(*The Lost World of Mitchell and Kenyon*),本片还邀请了照片中人物的后代作为见证,录下了他们第一次看到自己先辈的情景:通过活着的记忆的真实见证,逝去的私人故事被赋予了新的公共视听形式。

从某些方面来看,这个故事乏善可陈。毕竟这不过是一个有选择的复原处理,社会通过它来制造自己的历史:在再现、存档和循环技术中重新发现,并且翻译(和修正)当时当日的话语和经历。但是,如今,数字将过去危险地附着在模糊的现在上。稀缺文化中遗留物的发现,很快就被转化成后稀缺(post-scarcity)的物品。抛开所有关于电视和所谓集体记忆的讨论不谈,广播媒体有记录的记忆却是反存档(anti-archival)的,这显得十分奇怪。

一个例外出色地阐明了这一点。备受好评的英国喜剧演员鲍勃·蒙克豪斯(Bob Monkhouse)在自己家中着了魔似地将电视节目转录到录像机上,一直到他去世(2003 年)一段时间之后,这些收藏的真正的稀缺价值才展现出来:人们曾经以为已经遗失了的电影和电视的宝库。蒙克豪斯是第一批有自己的录像机的人(早在 1966 年)。但对这个时代进行全面的记录,需要的是成百上千个蒙克豪斯。这个例子意味着如今各大传媒自身档案库的补缀性（patchiness）和难以接近（inaccessibility）。

今天，一卷"遗失"磁带的发现都具有新闻价值：例如，九集 20 世纪 60 年代遗失了的《神秘博士》最近在尼日利亚的一个电视台被找到。英国电影协会如今每年都举办一个叫作"失而复得"的活动，放映那些之前以为"被抹掉了的"，再次被发现的英国电视镜头。因此，吊诡的是，记忆繁荣中媒介记忆的历史在今天看不过是零星地保存了下来，对私人和公共记录产生影响。

另一个例子则是前利物浦和汉堡前锋凯文·基根（Kevin Keegan），在谈到他二十世纪七八十年代足球生涯精彩片段的那些不完整的电视记录的时候说："当我踢球的时候，'今日比赛'上只会播三场比赛，因此，我的 100 个进球只有 65 个被拍了下来。另外那 35 个则永远失去了。今天，所有的进球都被拍了下来。你永远看不到我当初做到的许多精彩动作。"

因此，稀缺文化标志着一种记忆繁荣，其中，虽然所有的记忆在之前都被认为具有固定性和形象性（从口语到图像，从书写到古腾堡印刷术，从手工创作到电子技术），但过去依然是一片只获得了零星保存的空间，已然处在逐步衰败、堕落和遗失之中。因此，媒介十分随机的记忆混杂着作为记忆的过去体验所无法避免的减损。而这似乎与那时候人们所理解的转向过去相抵触，随着 20 世纪后期档案容量的不断上升，那个时代以某种方式为记忆注入了一种制度化的稳定性和持久性。

但是，对记忆来说，一些媒介已经死掉了。例如，有些沟通已然符合稀缺文化的界定，恰如杰夫·鲍克尔发现的："历史学家将 1920—1980 年这段时间称为遗失的岁月。在这几十年里，大量的闲扯、咨询和决定都是在电话里进行的，没有给那些可怜的编年史作者们留下一丝痕迹，他们被迫对隐藏的文件做符号学分析，来揣测行动的真实动机。"因此，媒介的存档指南和重要性剧烈地变化着。

然而，如今档案——衰变时间的伟大化身——不断增长，彻底连接。这改变了档案的定义及其功能，以至于存档/非存档的区别也变得复杂起来：连接和不连接等于在场和缺席、记忆与遗忘。想要确定数字和记忆的关系，一个核心挑战就是，人们通常假设数字可以抵御时间的衰变。许多人都将模拟（analog）的必死性与数字的金刚不坏之身做对比。这种看法部分是由于数字技术在显示自己年龄时具有明显的抵抗力，也是因为人们觉得数字技术可以进行无限的复制，而不影响最初的状态、形式和条件。例如，弗雷德·瑞金（Fred Ritchin）就认为："数字技术建立在无限可重复的抽象结构的基础之上，其中原版和复制是一样的；模拟则会变老和腐败，随着代际增长衰减，其声音、样貌和味道都会改变。"不过这个对比有点言过其实。

大量的数字化数据被压缩起来，以便于更快速地分配、存储和获取（音频、视频和静态图像），这导致了常常难以察觉的数据丢失，也就是所谓的"有损压缩"（lossy compression）。因此，压缩算法或许的确利用了这一点——通过平衡或去除图像中的某些色差信息，使人眼更能敏锐察觉亮度，而不是色彩的部分变化。

杰米·艾伦的精彩的视频作品《杀死莉娜》就佐证了这一事实，它是艺术与创意科技基金会（FACT）所主办的"视觉的坚持"这场展览中的参展作品，我当时是这场活动（利物浦和哥本哈根）的顾问。这部影片展示了一位女性模特的照片所经历的重复的压缩算法处理，结果则是观赏者们忘掉了展示本身。照片中的模特是莉娜·索德伯格。她是一位杂志插图模特，图片出自1972年《花花公子》的一组照片。1973年，一位研究因特网的前身——阿帕网（ARPANET）的南加州大学的电气工程师扫描了这张照片。许多行业内的人员都颇有兴趣，希望他复制一份照片以便于同其他的图像处理和压缩算法进行对比。

因此，数字技术的一个偶然历史进步铸就了新的时间衰变：一项随机和有缺陷的处理过程奠定了后来 JPEG 和 MPEG 图像压缩和传播的标准。

现在我想回到今天的时间衰变及其连接性的关键差别上。技术消耗的加速导致了对整体记忆之追寻的盲目崇拜。媒介机制和机器的衰变时间的加速则不断创造出下一个改良了的管理那无法管理的、流动的数字化现在的办法。我所谓的连接性强迫（compulsion of connectivity）——从自我到自我，从自我到他人，从自我到设备，从自我到网络——进一步加剧了这种盲目崇拜。

例如，对比一下 2005 年在梵蒂冈告别教皇约翰·保罗的人群和 2013 年为教皇本迪十六世所举行的同样的仪式。其中的差别不过花了 8 年时间。2013 年，牛津字典的编辑将"自拍"列为本年度的国际词汇。给自己拍照并不是什么新鲜事，但是它们如今巨大的连接性则是。自我的上传和下载一夜之间改变了个体和集体之间的关系，改变了个人的局限性和对社会的归属感。这是一个并不进行分享的分享世界。而这种强迫性的自我文件编制（self-documentation）影响着那些最不可能的人们。

自拍不过是现在通过其合并实现强化、扩张和加深的一个例子而已。情感媒介的活着的档案最新的转向则是"可穿戴技术"的蚕食以及向量化的自我活动的进军。自我追踪（self-tracking）和飞速发展的日常生活数据获取技术，标志着"从记录记忆（recorded memory）到潜在记忆（potential memory）"的最新潮流。我之前提到了一些采用"感应相机"进行的精彩研究，但一瞬间，"生命记录"设备就进入了消费者市场，价格适中，可以穿戴。"像你所记住的那样再次经历你的生活"，这就是最新的 GPS 数码相机"记叙"给消费者的承诺，这款相机十分袖珍，你可以别在衣服上，它就会自动拍摄相片。

现在我想放一小段叙述的广告视频：

http://getnarrative.com/pages/vision

https://vimeo.com/75959462

当我想到这段视频中进入一个姑娘脑子里的第一个"特殊"时刻是"朝别人扔番茄酱"，实在有点担心。叙述的厂商声称它很有用，因为它捕捉到那些我们并不认为是重要时刻的时刻，直到以后才恍然大悟。而随着电子技术的发展，这种认为我们以某种方式操纵和保全了过去的，以便它能为现在服务的看法，对我们如何理解记忆以及记忆的功能产生着越来越大的影响。

对我来说，一个基本要点在于：人类的想象对记忆来说，貌似不再足够，相反，记忆等同于拥有某些图片或视频，这样它才存在并被珍惜。不过，这种看法算不上新鲜。不同的其实是记忆和自恋(narcissism)之间的关系。当然，记忆的主张中有着悖于常理的逻辑。许多被认为是"特别的"时刻之所以是珍贵的，其实是因为通过再次讲述，它们被错记、被美化、被修改和转化了。因此，让我们自己考察一下这些主张。

活在现在——避免打扰"奇妙"时刻
艾米丽(Amelie)，25 岁："我在社交场合很少拍照片，因为这会打乱我正在进行的互动。"

首先，我不相信她。其次，当每个人都带着生命记录设备走来走去的时候，它如何会改变人们的行为。总而言之，用户至上的生命记录的真正假设建立在这种看法上，它认为记住是件好事，遗忘需要被避免。

然而，记住是一个十分麻烦的过程，其中我们的记忆被改变、遗失和转化，以便于满足我们现在的主要考虑。为了继续前行，我想要并且需要忘掉生命中的许多细节。按照保罗·康诺顿(Paul Connerton)的看法：人们通常认为："铭记和纪念是一种美德，而遗忘则无疑是过失。"五年或十年之后——视频里的这位姑娘将会希望自己忘掉曾经朝人们扔过番茄酱，然而，她的话如今已经成为了一则广告视频的内容，拥有了新的和无法预测的生命，或许有一天会回来一直折磨她。

但是，生命记录和其他技术的主张之一是，它们为过去将会变成什么提供了掌控和选择。例如，叙述声称可以提供掌控——"知道照片都被安全保存"。

珍妮(Jenny)，38 岁："只要我能够完全掌控(自己的照片)，我想我就会使用它。"

然而，"完全掌控"不过是痴心妄想——更别提或许偶然捡到的其他人的生命记录设备了：数字产品可以被破解，很容易被复制和传播，它的形式使自己成为记忆更加确定的未来的不确定基础。因此，诸如生命记录这样的可穿戴设备所掀起的量化自我这种潮流，看似提供了铭记的灵药，但实际上或许因为破坏了遗忘令人讨厌但重要的功能，而腐蚀了记忆。由是，尝试对数字技术和记忆进行更多的强调反倒产生了反作用：我们越是试图使记忆变得可管理、可控制和完整化，档案就更多地控制了我们，就有更大的潜力来勾勒未来。

让我们回顾一下一开始提到的数字要素：我们如今的新兴媒介和技术不仅只是揭示、照亮和提供进入过去的通道，它们也会遮蔽它。智能手机的兴起把我们从采用移动媒介记录现在的常规但非正式的个人设置，带入了对想象和过滤每一天——当然也包括激动人心的时刻——的强迫之中，因此，我们生命中不被记录的领域迅速地缩减了。过去对亲近他人的强迫现在变成了对连接性的强迫。我们甚至可以说，**记录行为已经变得比见证被记录的东西更加重要**。毫不夸张地说，现在作为见证世界的默认方式的数字技术被筛选出来。

> 我最近经常搭乘空客 380 客机。坐在座位上，我现在拥有三条现场摄像视野，提供航班的各角度视觉观察。看着窗外再不能满足我。

但是，对于沟通和档案的聚合，越来越多的反抗也出现了。例如，一股潮流主张从例如"脸书"这样的固定社交媒介转向信息运用程序，例如 Snapchat，MessageMe 和 Kakao Talk，在苹果的应用商店里，这些运用程序每个月都拥有全球超过百万的用户。因为用户一般来说都有对方的手机号，这些运用为个人和真正的朋友团体进行即时谈话提供了更直接和有限制的手机平台。这股潮流是逃离超连接性的社会网络的重大尝试，像脸书这样的平台就是以此为生。

不过 Snapchat 创造的是没有记忆的媒介，因此也是有缺陷的。用户可以发送照片、视频和其他媒介记录，将它们作为"快照"发送给其他个人或群组，并且规定受众可以查看这些内容的时间（从 1 秒到 10 秒）。在规定时间结束之后，快照在对象的设备上就无法查看了，Snapchat 的服务器也将删除它们。电子性爱（Sexting）在 Snapchat 聚集了一个青少年用户群，凭借着几乎不同于所有其他数字媒介的特点，它保证了发送内容随着时间而发生的衰变，因此，在一个由所谓"社交"媒介的病毒性所界定的时代，为受众提供了一种稀罕的界限，某种私密性。

Snapchat 也向我们传达了连接性的强迫，通过不带分享的分享实现连接的渴望，因此，它同样是转推、关注、链接、点赞等建立和维持人们数字在场和价值的相互和强制性特质的例证。不过，Snapchat 并不能保证自己所承诺的加速时间衰变以及永久删除：2014 年 1 月，Snapchat 受到黑客攻击,四百六十万用户账号和手机号被下载,挂在网上。

因此,控制数据可传播性和防止容易被黑的唯一办法就是回到前数据时代——媒介稀缺的时代——它不受超连接性风险的威胁;回到满足于媒介提供系谱意义上的和表现意义上的确定性的时代,字面的报章踪迹可以追溯,因此能够控制。而且这个办法并不像它看上去那么不可能。在告密者爱德华·斯诺登2013年曝光美国监视行动的丑闻之后,俄罗斯曾经试图通过回归更加容易辨识的记忆媒介来减少他们所面临的数字不确定性。俄罗斯联邦警卫局订购了20台黛安芬·阿德勒打字机。回归这种由于世界性的处理器的出现而几乎变得过时的技术,凸显了物体生产更加可控的过程,它留下一条可辨认的轨迹,而不是数字化灰色地带变幻莫测的扩张性。

这个例子也表明,跃入不确定的数字化并不能为过去如何被制造提供稳定的、安全的和可预测的基础。这是个控制缺位的问题:为了不可知的运作和机器的脆弱而放弃记忆的适当性。

数字记忆的问题在于,似乎没有办法能将控制争取回来。回归过去的媒介是一个策略,对俄罗斯联邦警卫局限制在特定空间中的档案的重新发明和再次排版提供了某种防御性的外壳。但这几乎无法推广。几乎不会有人会回到打字机那个并不相互联系的世界中去,即使他们曾经试过。而俄罗斯回归过去媒介的做法从某种意义上说不过是事后的亡羊补牢。维基解密所揭露的内容以及2013年的美国监视丑闻告诉我们,数字已经将过去困住了,把它变得脆弱不堪,受到大数据这种新的黑客浪潮的威胁。当然,"黑客"文化的整个发展标志着新的个体和群体脆弱性。

或许,这与正在衰落腐坏的传统媒介所具有的更加健康和稳定的脆弱性形成了对比,那时候,记忆相对而言的世代稳定性清楚明白,持续维系。

结论

我已经指出,我们已经从一个相对稳定和可知的媒介衰变时间进入了一种更不稳定和难以预测的衰变时间体验中。这就是程序化但却又是强迫性的连接性——点击、粘贴、链接、点赞、发推以及所有进行发表的数字行为,它们通常不加区分地分享自我,使现在扩展和加深。

尽管感觉上这些日常司空见惯的数字沟通以及联系的建立是生动的和受到我们自己控制的——即时性的舒适之处——它们也掩饰了媒介意识的减少。而媒介意识的减少乃是通过再次实现它的尝试被揭示的。例如,欧洲的立法试图引入一种"遗忘权",这就是这种控制缺失感的症状之一。虽然从一个层面上看,这是值得赞许的应对之策,遗忘权提案怀念的是过去的媒介时代。它试图通过回溯到媒介控制还被限制在确定空间的那个时代的折射之光,来认识和解决数字的复杂和巨大规模。这就是沟通和档案的聚合——我们在活着的档案之中不断累积和增加的现在——以及它们的出现干扰和动摇未知未来的潜力。在这些情况之下,记忆是混乱和被驱逐的。

在这里,我的意思是说,曾经是有效记忆的,为了维系过去——对身份、地点、关系——的连续性而必须工作的人类记忆,随着对机械设备研发依赖性的信赖而不断削弱了。在后稀缺文化中的记忆更多强调知道看哪里,而不是记住哪里。与此同时,这种依赖性,这种连接性的强迫,从一个丧失了重点的世界分离出来,在这个世界中,更广泛的社会意义变得越来越难以理解。

提问互动

提问:我对您讲演中从"稀缺文化"(scarcity)到"后稀缺文化"(post-scarcity)的看法很感兴趣。研究记忆特别是社会记忆的学者都知道,最困难的地方在于如何找到足够的材料去追寻记忆的踪迹,关于历史时期的记忆尤其如此。例如,要考察 19 世纪、20 世纪的记忆,问题在于很难找到足够的材料。可是如今正好相反,我们的挑战是材料太多了。对此您有什么建议?

Hoskins:噢,对这个问题,我没有答案。这一点确实非常重要。我们可以想一想,新的故事是如何传播的。在传统媒介时代,大型新闻机构会用广播的形式来传播它们。如果一档新闻节目想要出版或播放故事,大家主要从比如美国联合通讯社(The Associated Press)获取相关的图像。可是在 21 世纪,这些机构扮演着完全不同的角色,它们不再关注图像或视频本身,而是关注如何使这些图像或视频真实可信。我要寻找的是一种真实性(veracity)。这是一种转折,它不再是关于素材神圣性的问题。这就是稀缺与后稀缺之间的差异所在。我想,关于如何创造一种后稀缺文化,会有一种巨大的转变。我们必须尝试不同的方法,而不仅是大量素材的问题。

记忆的力量：历史记忆与国家认同

汪铮（美国西东大学，Seton Hall University）

主持人语：今天，我们很荣幸地请到了汪铮教授给我们做"历史记忆与国家认同"的讲座。昨天我收到一个朋友的微信，里面一大堆排比句，其中有一句话："两手摸得着的是胸脯，摸不着的是胸襟。"我觉得这话可以用到今天的场面上，为什么呢？我觉得我还挺有胸襟的。历史记忆是我们搞历史学的独占话题，但是今天我把一个搞政治学的引来给我们做报告，这在某种意义上是"引狼入室"。汪教授在美国出版了《勿忘国耻》①这本书——一本长期在美国学术书畅销榜上名列前茅的书。今天他主要是以这本书为核心，来讲对这个问题的看法。大家掌声欢迎汪教授。

首先谢谢孙老师！我非常荣幸。也谢谢大家来参加今天的报告会，我知道已经学期末了，大家都很忙。我不是搞历史的——我主要是做国际关系的，到南大历史学院来谈历史问题，我觉得确实是"班门弄斧"。大概是一个月以前，我参加了孙老师主办的记忆研究工作坊，听了孙老师的报告，印象很深。所以我觉得，虽然来自不同学科，但我们都对记忆感兴趣，是可以相互交流的。另外，我就一直在想：我以后写文章是不是也能按照孙老师的风格来走？所以今天，我就稍微学习了一下：我想参考孙老师那篇文章的框架，把我的报告分成三个部分。首先是一句话，或者说是四个字，或者说是一个词；然后我再讲一份中日之间的民意调查；最后是一张地图。通过这三个部分来介绍我的研究，我也想通过这样一种方式把我过去的研究和现在的方式串起来。

"记忆"听起来有点像是精神分析的东西。一般来说，"记忆"不是我们政治学者会感兴趣的东西。到目前为止，国际关系的主流理论中很少能够看到关于历史记忆或者说历史叙事对国际关系的影响。我们说的记忆，一般被理解为个人记忆。比如说，我有一个朋友出了车祸，那么他就会跟我讲这个车祸的记忆对他后半生的影响非常之大。我们也有很多美好的记忆。我印象很深的是，好几年以前，当时我女儿才三岁，我们想带她去坐迪士尼游轮，我太太就联系了一家

---

① Wang Zheng, *Never Forget National Humiliation*：*Historical Memory in Chinese Politics and Foreign Relations*，Columbia University Press，2012.

旅行社。然后那个旅行社的老太太问我们：你女儿多大了？我们说三岁。她说：那我不建议你们去坐迪士尼的游轮。我们说为什么呢？她说：小孩子最初的记忆大概形成于四岁，四岁的时候她就有记忆了。如果你们到她四岁的时候带她坐游轮，这可能就是她最初的记忆。就是说，到她长大了以后，她能回忆起来的最早的记忆就是坐迪士尼的游轮。那是多么美好的一件事情！当时我们就觉得很有道理，就采纳了她的建议。当然我现在不知道我女儿最初的记忆是不是那个迪士尼游轮，但是这件事就让我想到了至少两个方面的东西：一个就是，对于美好事物的记忆对人的影响可能是很大的；第二就是，记忆可能也是可以塑造的。有爱心的父母居然可以——就像那个老太太建议的一样——想方设法地塑造孩子最初的记忆。我就想我最初的记忆是什么？因为我是在云南长大的，我最初的记忆是一场泥石流。

我写这本书的时候，经常用到的一个概念是 CMT——实际上谈不上是一个理论。挪威学者、和平学的创建者 Johan Galtung 有一个提法：如果你想了解一个国家，那么你一定要了解他称之为 CMT 的一个情结 (Chosenness-Myths-Trauma complex)。他说，世界上几乎所有的国家都有这样的三个东西。一个是 Chosenness——实际上这个词在字典上是查不到的，这是他自己造的一个词——我也想不出一个特别好的中文词来替代它。就是说，很多的民族、族群都觉得自己与众不同——我们是被上天或者超力量的神选中的，我们是特选的，就像我们中国人经常会说我们是龙的传人。另外一个你要知道她的创伤，她的非常难以忘怀的甚至是耻辱的东西。第三，你要知道她的荣耀，过去的一些事情，她自己引以为骄傲，甚至以为是神的创造的东西。他说大部分的民族都有这样的一个情结，如果你想了解这个民族的国家认同，特别是在冲突或危机状况下他们的选择，CMT 情结至关重要。他把这个理论应用到对很多国家的研究之中，比如说研究美国、印度、越南，都有些真知灼见。同样地，我们可以想一想，对于我们中国人来说，有哪些创伤、哪些历史的苦难是我们特别难以忘怀的？哪些荣耀、哪些骄傲对于我们来说也是非常重要的？

另一位美国教授 Volkan 做了进一步的发挥。他强调"选择性"。任何一个民族过去的历史经验、历史经历都是很多的，但是人们只选择其中的一些来记住。所以他觉得，一个民族对自己国家过去历程中苦难与荣耀的难以忘怀，构成了这个民族最基本的心理基础。而且，他还有一个看法：一旦一个历史事件变成了这个族群所选择的——无论是荣耀还是创伤，它背后的历史事实就不那么重要了。而且，他们会附加很多自己后期的理解、再叙述与再创造。上个礼拜我刚去了南京大屠杀纪念馆，南京是个记忆之城，这个事件肯定是一个非常大的创伤，我想所有的中国人都非常了解。但是，我还想到，离这不远，我们学历史的同学肯定都知道嘉定三屠、扬州十日；但不是学历史的人，一般的老百姓有多少知道扬州十日？如果我们看历史的话——可能这个数字不太准确,据说有八十万人被屠杀。这就是一个例子,就是说记忆是有选择的。

这就是我要说的第一部分:一句话,或者说是一个词——"勿忘国耻",在不同的图片里我们都可以看到这四个字。我想,"勿忘国耻"这句话,这个叙述,在中国大家都非常地熟悉。在美国做报告的时候,我就要跟大家去讲什么是"国耻",为什么"勿忘"。那么,这句话对中国人来说到底意味着什么呢? 我们知道南京大屠杀,或者有关的历史记忆,不完全是从历史教科书里学到的,实际上它也是大众文化的一部分。对于国人而言,了解这段历史不仅是通过教科书,实际上是通过生活的方方面面。像在南京,或者其他城市,我们都生活在纪念碑的海洋里。在任何一个街角,或者是在不同的地方,打开电视机,你都能看到对于过去历史的再叙述——也就是关于历史的记忆。

同样地,在很多城市里都能看到关于过去历史的展现。沈阳"九·一八"纪念馆的设计者把它设计成打开的日历,这里的想法是希望人们不要忘记这一天。广东虎门销烟的纪念馆,本来我们是打了败仗的,但是被塑造成这样一个威武昂扬的形象。所以说,在很多地方我们都能够找到后人关于历史的再叙述。无论是通过文字,通过影视,或者是通过雕塑这样的方式,对历史记忆进行展现。实际上,不光中国如此,外国也这样。我记得孙老师的文章里面就提过"记忆之场",我们都知道圆明园、大屠杀纪念馆肯定都是中国人的记忆之场。同样,在美国,如果我们去华盛顿的中心地带的 National Mall,可以看到整个美国对于过去一些刻骨铭心的记忆的再展示。比如对朝鲜战争的纪念方式,一看就是非常疲惫的,甚至是很可能马上就要遭到伏击的一支美国军队。它的越战纪念碑,大家可能都知道,是一位华人设计师设计的,上面写满了越战中牺牲者的名字。二战的纪念碑用了很多的星星,每一颗星星代表一百位在二战中牺牲的美国士兵。所以,各个国家都会有不同的方式去纪念它过去历史当中的重大事件。

我在我的书里就提出这样一个概念——我不知道大家同不同意我的想法,在政治学里有一个概念,我们可以把它叫作"国家思想"(national ideas)。概念提出者的意思是,对于任何一个国家而言,肯定有很多不同的思想、信念、想法,但是有少数的一些想法,对于指引他们的行为起到了极大的作用。而且,这些想法通常是非常难以改变的。它们经常也是融入其体制之中、融入它们的大众叙事,甚至融入它们的官僚机构中,所以把它叫作"国家思想"。但是这样的国家思想,经常是处在无意识当中。就是说,你平时并不一定会时时刻刻地想到它,你可能只是在特殊的时候,或者在你可能都没有意识到的情况下受到它的影响。但是,它可能对它的国家,对它的民众,对它的政府,对这个国家的大众叙事都起到了非常重要的作用,特别是影响了人们的观念和行为。

我在这本书里提到的一个想法是,我觉得"勿忘国耻"是我们中国人的"国家思想"。尽管在日常生活中大家可能并不经常提到这个概念，但是这个概念和它所包含的一些内容，实际上非常深刻地影响了这个国家和她的民众，影响了政府看待世界和自己的方式，也影响了他们的行为。有的时候，有些学者会提出这样的问题：中国现在已经很强大了，一般我们说时间会治愈伤痛，而"勿忘国耻"听起来则是很遥远的事情，那它是不是还在起作用？在这本书里，通过一些案例的分析，我觉得，总体上来讲，时间确实会冲淡记忆。然而，今天的成功某种程度上更加强了民众对过去的历史创伤的回忆，或者说进一步强化了这样一种情结。我们不要忘记我们之前讲到的 Galtung 的理论，就是说这三个东西是连在一起的——CMT，你的特选，你的荣耀，你的创伤，三者彼此加强。就像 2008 年的奥运会开幕式，大家肯定印象很深。在我看来，那个开幕式就是中国人荣耀的艺术化呈现，它呈现了一些中国人最引以为荣的东西。比如说，四大发明，包括最近的航天技术。但是在中国成为一个大国之后，特别是在舆论、媒体和教育的加强之下，这种创伤和荣耀的情结反而可能体现得更加深刻。

另外一个概念，研究文化的学者经常会讲，文化分为深层次的文化和浅层次的文化。浅层次的文化就是我们可以看到、可以听到、可以触摸到的，我们经常讲的一个国家的文化通常是浅层次的文化：他们吃什么东西，他们穿什么衣服，他们唱什么样的歌。而深层次的文化，就像冰山一样，在底下的是一些国家的观念、价值、思维方式，还包括他们的历史、荣耀与创伤。而且，这些深层文化的东西通常情况下难以改变，也是一种无意识的，或者说是在潜意识的状态之中，甚至有时候你很难对它们进行科学的研究。我认为，这种"勿忘国耻"的概念也是中国深层文化里非常核心的内容。所以呢，开场我就讲了这四个字，大家都非常熟悉，当然对于国外的人来讲他们可能就很奇怪。比如说我的美国学生就会觉得，为什么要把自己的耻辱拿来纪念而不要忘怀呢？他们很难理解。但实际上，对于美国这个国家来讲，你看她怎么纪念"9·11"、珍珠港，实际上可以看出历史事件同样对美国也是有很深影响的。

我的书里头主要的一个提法，就是说我觉得，如果你想了解中国人，了解中国的近现代历史，那么"勿忘国耻"可能就是打开了解之门的钥匙。如果你不了解"勿忘国耻"，恐怕你很难理解中国的近代历史，也很难理解中国人的想法。通常情况下，如果你要是看新闻的话，会发现新闻报道的是国家的行为，好比说最近的南海，中国干了什么事，美国干了什么事，都是行为；我们研究国际关系，更多的是要了解动机和目的，他为什么要干这样的事情？但是研究动机和目的非常难，怎样才能了解一个民族和国家的动机和目的？在我看来，"勿忘国耻"的概念是了解中国人目标与动机的一个重要途径。我们可以联想一下国内另外一个重要的概念——"中国梦"。实际上，"中国梦"也是和历史记忆联系在一起的。我们的总书记讲"中国梦"的地点选在国家历史博物馆，他是通过对中国近现代史的回顾来讲"中国梦"这个概念的。这个概念恐怕是所有中国人都能理解的——虽然中国现在也是非常多元化的社会,但是无论我们怎么划分政治光谱,中国复兴、中国崛起都应该是一个比较一致的概念。

这就是我在书里提到的一个想法,我不知道大家是不是同意:"勿忘国耻"的概念是"国家思想"和深层文化的一个重要方面,特别适用于了解中国人的世界观和行为的目标与动机。

我要讲的第二个内容是一份民意调查报告。这个民意调查报告是由中日两国的两个机构——日本的言论 NPO 和《中国日报》社——做的,他们从 2005 年开始,到去年为止已经做了十年了。它针对中日两国的国民观感做民意调查,取的都是大样本,而且分不同的城市,有一套具体的办法。据我了解,在中国的调查实际上并不是由《中国日报》社主持的,而是非常著名的零点调查来做的。我想他们是非常职业地、非常严肃地在做这个持续十年的报告。我们可以很明显地看到,结果是触目惊心的。前年两个国家都是超过 90% 的民众对对方持负面印象。去年中国可能稍微好了一点,降到 86%,日本反而上升到 93%。而且,很可怕的事情是,两个国家的民众都有相当大的比例认为军事冲突会在数年以内或者不远的将来发生:中国超过 50%,日本是 30% 左右。这个调查报告做得比较细,它也问受访者:如果你不喜欢对方,那么是什么原因造成你不喜欢对方? 中国受访者谈到最多的是钓鱼岛,对日本在钓鱼岛问题上的表现很不满;第二个原因是,中国人认为日本人对侵华历史缺乏反省。这是中国对日本持负面看法的两个主要原因。日本对中国持负面印象有这样几个排在前面的原因:其中一个就是钓鱼岛,反感钓鱼岛事件中中国的行为;另外一个是关于中国的国际行为,牵涉到对国际准则、国际条约的遵守问题;还有一个是中国人在日本历史问题上的负面评价——这个很有意思,就是说他们不喜欢中国人在历史问题上批评他们。

这个民意调查对中日两个国家来讲都很重要。有意思的是,这份民意调查在日本发表了英文版和日文版,但是它没有被翻译成中文版。中国的媒体也有报道,但都是选择性的报道,所以国内可能关注得不多,但在国际上——尤其是研究中日两国的学者,很多都在引用、解读这份做了十年的民意调查报告,通过这份报告来认识中日两国的关系。

我们都知道 2005 年日本发行了一本教科书(按:指《新しい歴史教科書》,扶桑社),这本教科书在中国、韩国引起了很大的抗议行为。欧美很多民众觉得匪夷所思:一个国家发行一本历史教科书怎么能引发另外一个国家的民众走上街头? 虽然在日本只有很少的学校在用这本书,但是它对于过去的历史采取了一种非常轻描淡写的或者说是非常歪曲的表述。比如南京大屠杀,如果我们去看中国的教科书,我们知道会有很多篇幅来讲这个事情,而这本教科书只有一句话提到了南京,就是他们在 1937 年 12 月份占领了这座城市。下面有一个注解:关于这个事件有不同的看法。整本书关于南京大屠杀的描述就是如此之简单。韩国人同样觉得书里头关于日本在韩国殖民历史的描述是对历史的歪曲。

在中日、韩日关系中，历史都是很重要的一个内容，彼此都知道两个国家因为历史发生了很多问题。但是，从研究国际关系的角度来讲，我始终认为：大家都认识到历史在两国关系中的特殊作用，但在谈到双边关系的时候，都不从历史的角度思考解决的办法，或者说大家都认为历史是一个很难改变的东西。所以，在两国关系具体操作的时候，很少有人会想到通过历史来解决问题，或者说认识到历史实际上是两国根源性的问题。我在我的书里也写道：中日关系从根本上来讲是历史记忆的冲突，两个国家对历史存在着相当大的认知差距，而这种认知差距造成了彼此对今天行为的完全不同的解读，可以说，历史记忆仍然影响着今天我们对对方行为的解读。

我记得有一次开国际会议的时候，我们讲到了日本问题，当时有一个日本学者就把深圳游行示威的照片拿出来了（照片上有一横幅，上面的文字是"核灭日本野狗，铲除民族后患"），他说日本媒体都报道了这件事情。这次游行大家都知道，2012 年钓鱼岛事件的时候，中国有超过一百个城市举行了反日游行。他的问题是，如果这是中国的主流民意的话，日本怎么办呢？中国是一个核国家，日本没有核武器。如果你的民众都是这样想问题的，从日本的角度该怎样看待今天的安全问题，看待中国的崛起，看待中国人对日本的态度呢？这样一张照片翻译到日本肯定会在日本引起很大的反响。当时我跟他说，很多民族主义的东西实际上并不能代表主流的民意，我相信大家也同意这并不是中国的主流民意。民族主义有时会有非常极端化的表现，但并不是真正的行为方式，或者说大家不是真的这么想的。但是，我们如果不用历史记忆去解释，只是从现实政治的角度来解释的话，或者说，一个日本人不了解中国对日本的看法在很大程度上被历史记忆所塑造的话，他就真的难以理解这种想法。或者说对于很多中国人来讲，这种过去的历史伤痛，过去发生的侵略和耻辱使任何关于日本的行为都可以在大众叙事中得到合理化的解释。如果我们去看中央电视台或地方电视台很多慷慨激昂的评论者，他们讲述这些事情的时候都可以把它合理化，好像我们无论对日本做什么事情都是合理的。

具体到我们讲国家认同和民族主义的时候，我们一般认为有三种认识路径。一种可以叫"原生论"（Primordialism），就是说历史的记忆是代代相传的，我们不需要去学校或者其他什么地方，生在族群当中，过去的历史口口相传，像是在我们的血液里一样。第二个大家都很熟悉，我们可以称之为"建构论"（Constructivism），就是说历史都是再创造的，或者说历史都是建构出来的。大家知道关于建构论的很多理论，比如说有一个提法：即使是太平洋的一个只有两万人的小岛国，她的民众也不会认识所有其他的人。那么，一个国家、一个民族是怎样联系在一起的？怎样才能有一个国家的认同？怎样才能够有这种同一性？特别是我们中国这种有 14 亿人口的大国、美国这样乘飞机横跨都要六七个小时的国家，民众是怎么样成为一个国家的？这种建构论的想法就是，我们都是被教科书、被学校、被大众媒体塑造出来的。虽然我们在不同的地方，但我们看同样的媒体，美国人每天都看《纽约时报》或者是《今日美国》这类报刊。或者说，共同的历史记忆是建构一个国家最核心的内容。第三种可以叫作"工具论"（Instrumentalism），这一理论最有代表性的看法是，大家都说历史的旧恨或者是历史的仇恨，但根据 Stuart J. Kaufman 的说法，我们不是生来就恨另外一个民族或国家，我们都是被教育的，或者说是被引导的。政治人物都会利用过去的历史事件来进行政治动员，它们往往是最有效的武器。

用这三种理论来解释中日关系，我想也很有道理。比如说我经常跟日本学者讲，在日本很多人都非常熟悉中国的爱国主义教育运动，而且他们有一种简单化的看法，就是中国的反日情绪是爱国主义教育运动的产物。我跟他们说，爱国主义教育运动毫无疑问是从上到下的教育运动，但是，我们的教科书，我们博物馆里陈列的内容并不是创造出来的，而是历史上发生过的。如果我们用"原生论"来讲的话，有很多的家庭都在抗日战争期间家破人亡了。就是说不需要通过教科书来了解这段历史。它是客观存在的东西。当然，中日两国现在的年轻一代，因为有不同的教育、不同的媒体、不同的信息来源，他们对这场战争的了解会有很大的差异。同样也有"工具论"的存在，就是说这个国家的社会精英希望他们的年轻一代记住什么、不记住什么，同样也非常深刻地塑造了这两个国家没有亲身经历战争的人对这场战争的看法和记忆。所以，如果我们要了解中日关系的话，我觉得非常重要的一点就在于此。

在我看来，中日关系中两个国家所做的任何事情都是头疼医头，脚疼医脚的创可贴式的处理方式。而两个国家要真正地解决他们之间的问题，一定要从历史问题入手，比如说曾经有过的共同的历史教科书的编写、共同历史研究的进行，两个国家的教育家、历史学家一定要认识到这种记忆的力量之强大。怎么样改变这样一种非常不好的循环，即历史记忆不断强化民众对对方的负面印象；另外一方面，这种负面印象又进一步强化民族主义的情绪，甚至这种民族主义的情绪可以被用作一种商品。从国际关系的角度来讲，大家都可以看一看，电视台平时请的评论员很少是国内研究国际关系的重要学者。电视台一般不请真正的学者，因为他们的看法可能相对来说"中道"一些，或者说客观一些，媒体不喜欢这些看法，他们喜欢一上来就讲更刺激的内容。所以，这其实也是一个市场。在中日之间，正存在着这样一种恶性记忆的循环。

以上是我要讲的第二个内容——一份民意调查，从这个民意调查我们怎么样看到历史记忆的作用，或者记忆的力量。今年是抗日战争结束七十周年，七十年了，你看记忆的力量有多么强大，它还在影响着这两个国家。从某种意义上来说，这两个国家还是历史记忆的"囚徒"。我去参观南京大屠杀纪念馆的时候,感觉很不好。我觉得,事情已经过去七十年了,一个民族对自己最深刻的创痛应该有更深层次、更有高度的认识。至少从展板的设置和解说词中我没有看到这种厚重,或者说这种深度和高度,反而是相当肤浅的。七十年了,对过去那样一种惨烈的东西,我们的记忆却还缺乏深度和高度。下面我就过渡到第三部分,这是我现在在做的研究:一张地图。

大家可能都很熟悉这张地图(2013 年新版的中国地图,南海首次与大陆同比例展示),尤其是下面这一部分。著名的九段线,实际上你们数一数,新版地图是十段线——出版社的人在钓鱼岛那儿也加了一段线。我这次到南大做访问学者,是因为南大做了一件非常了不起的事情,就是成功地申请到了 2011 年国家创新项目——中国南海研究协同创新中心。我们知道,南海问题可能是目前对中国外交最大的挑战和考验,我们国家要加强这个问题的研究,所以成立了南海中心,而且把这个中心放在南大。实际上,南海问题非常复杂,但是归根结底,南海问题所有的争论都是从这张地图开始的,就是九段线。很多外国人都以为九段线是中共的发明,实际上这是国民党的创造——最早的九段线出现在 1947 年版的地图中。实际上,当时不是九段线,是十一段线,在中越之间还有两段线。大家知道,20 世纪 50 年代中越友好,我国去掉了两段线,把其中一个岛划给越南,于是形成了九段线。

就像我讲的,所有南海问题的讨论都是关于九段线。我想大家都很了解,在关于南海的讨论中我们是非常孤立的,至今我想不出有任何的国家支持中国的看法,而且国际舆论非常负面,普遍在批评中国。这个批评的矛头,也正指向九段线,他们觉得这个九段线是毫无道理的。比如说最下面的一段线,大家可以看到曾母暗沙,曾母暗沙离马来西亚的海岸线大概 50 英里。而且他们还质疑:如果你是一个法律申述,你认为这是你的,那么你的九段线应该有坐标、应该有经纬度,但你的九段线从来没有经纬度,你的不同版的地图画的都不一样,长短啊、哪里断哪里开啊、形状啊,都不一样。最要命的是,大家知道《海洋法公约》,它是经过长时间的谈判形成的——从 1972 年谈判开始到 1984 年谈判结束,1986 年《海洋法公约》达成。中国是缔约方之一,这个公约规定,一个国家可以享有 200 海里的专属经济区,所以,我们九段线里有大块的地方是菲律宾、马来西亚、越南的专属经济区,因为离它们的海岸都在 200 海里之内。比如我们知道的,中菲之间关于黄岩岛的争论最主要的就是,菲律宾认为黄岩岛在它的专属经济区之内,而中国认为黄岩岛属于中国。最近的争端我们就更加强调九段线,三沙设市的时候,立下了巨大的石碑,碑上就刻着九段线。这个九段线也同样是我们历史教科书中的一部分,我记得我在做学生的时候就做过这样的事情:老师让我们拿一根尺子从漠河一直量到曾母暗沙,然后根据比例尺算出最南端到最北端的距离。

这段时间我在南海中心跟国内学者的交流中，发现南海问题的主要矛盾实际上是历史与国际法的矛盾。根本上就是中国的历史叙事不被国际社会所接受，中国自己没有很好地陈述历史事实，也没有得到国际社会的理解和尊重。为什么说没有被很好地陈述呢？大家都知道，我们一般的说法就是，我们是最早开发、最早命名这个地方的，或者是用一句特别斩钉截铁的话：它们历史上就属于中国，是我们不可分割的一部分。但是，你没有给国际社会提供一个更完整的证据链。很多国外的学者认为，你说那个岛下面发现一条船，船里面发现很多宋代的瓷片，通过这个来证明你过去的历史不太具有说服力。实际上，我们的九段线还真是有一些证据的。或者说，用一个很公平的讲法，如果是基于历史的主权、领土诉求来讲，相关国家没有一个能跟中国相比。可能各个国家的证据都有弱点，但我们的还是相对完整的。比如说我们可以拿出来，范文同在给周总理的信中说他在国家公开的法律文书中表述过，明确地表示同意、支持中国对于南沙的主权诉求。在黄岩岛争论的时候，我们可以讲到，哪年的条约、哪年的地图它们都是不包括的。马来西亚呢，我们在 1947 年划九段线的时候，它还没有独立建国呢。所以说，咱们还是有一些证据的，但从来没有过很好的陈述。或者说，我是这样理解的，对于中国来说，南海问题是一个历史问题，历史还没有结束，我们只是历史的继承者；而对于其他国家来说，这是国际法框架内的问题，历史早就结束了。《海洋法公约》当中确实有历史性权益、历史性水域的概念，只是非常含混，因为它很难定性，很大程度上是相关国家之间的约定俗成。所以，这就是当前南海问题最主要的矛盾，即如何看待历史与国际法的矛盾。

　　对于中国而言，有时候中国政府也是蛮值得同情的。九段线的地图被国际社会理解为中国社会的主权诉求，所以，所有的国家——特别是美国——就批评中国，说你非常霸道。但是中国的民众，用的是同样的地图，我不知道大家想过没有，九段线到底意味着什么？意味着九段线内所有的海和岛都属于中国，还是只有里面的岛属于中国，还是说其他的什么？大家有没有考虑过这个问题？咱们的一些评论员至少给国外观众造成的印象是，九段线某种程度上是我们的疆域线，里面的一切都属于我们。但是我们必须要客观地说，这个不是事实，中国政府也从来没有主张过九段线里面所有都是中国的。九段线是虚线而非实线，但是在我们国内的教育、舆论或者大众叙事当中没有很明确地界定这个东西，所以给很多民众这样的印象。所以我说中国政府是很值得同情的：同样一张地图，国际社会批评它很霸道，国内民众反而认为它太软弱。估计大家都很熟悉我们关于南海的传统叙事：主权被侵犯，岛屿被侵占，资源被掠夺。这是我们的悲情诉求。就是说同样是一张图，实际上九段线只存在于地图上，海上并没有一段线叫九段线。但是国内的民众和国外的政府、民众对它是两极的评论，而中国政府夹在中间，两边受气。

在我看来,围绕着南海历史和主权的历史叙述和历史教育,对于塑造中国(包括越南、菲律宾)社会和民众的国家认同和观念与判断起到了极其重要的作用,南海问题的解决不只是一个政治和法律的问题,更大程度上是一个认知和观念的问题。而且,对于中国而言,南海问题更大程度上是一个观念的问题,是一个认识的问题。我们设想一下,好比说在南海问题上有一个谈判,中国政府有可能同意一个要修改九段线的方案吗?恐怕很难做到。在我们的历史和地理教科书里,在我们那么多年的社会叙事当中,九段线已经成为民众的一种认知与理念。这绝对不是通过两个国家的谈判就可以决定的事情。

我在一些国际会议上,碰到了情绪非常激昂的越南代表,他有一种恨不得把中国代表给吃了的那种感觉。他觉得越南是海洋国家,那个岛屿早就是他们的。他的历史悲情比我们还要厉害,他甚至讲到了 1988 年越南与中国的海战。我举这个例子是说——上一次工作坊我也说,我当时做博士论文是歪打误撞做了历史记忆的问题,在进入历史记忆研究之后,我发现很多问题归根结底都是历史记忆的问题。或者说我们学者在研究了某一问题之后,你会习惯于通过这个视角来看问题。在我看来,无论是中日问题还是南海问题,历史和历史记忆都起到非常大的作用。当然,这种作用并不是很简单就能陈述清楚的,历史记忆塑造了大家对当前形势的看法,历史记忆实际上也是民众和政府之间两个层面上的对话与谈判。就像刚刚讲的,如果修改九段线,我们的民众能够同意吗?同样地,中日关系,我跟很多日本学者讲,看到那个民意调查就会知道,作为政治家来讲,改善中日关系的动力并不是那么强。如果 80% 多的民众对对方都是负面印象,我何必要冒险去改善两国关系呢?虽然改善关系可能是更理智的选择。

归根结底,我就想说,作为国际关系的学者,我在研究历史问题之后,对历史更加充满敬意,而且我觉得大家——尤其是学习历史的同学,我觉得你们学习了非常重要的学科。我一直在我的书里特别讲到,在学校里有很多不同的学科,历史只是其中之一,但历史绝不仅仅是一个学科,它塑造了一个国家的国家认同的最重要的内容。所以,恭喜大家学到了这样一门非常重要的学科。我的报告就到这里,谢谢大家!

主持人语

讲得非常精彩!我一边听一边想:如果今天的主讲人是我,各位会怎么想?肯定会给我扣一个帽子,说孙江是从日本留学回来的,他的观点是亲日的。实际上,我们在认知一个客观事物的时候,往往会用一个先验的框架。我们国家的历史那么漫长,用黑格尔的话说,幸福的民族是没有历史的。中国多灾多难,她的历史是非常深厚的。但是反过来说,我们对自己的历史又了解多少呢?我们了解的那些片面的东西是真的吗?我举一个例子,2007 年我们翻译了一本书

《靖国问题》①。中国人没有哪个不知道靖国神社，还能说出很多故事来。这本书在日本出版以后，一年之内卖了 28 万册。我想中国人的底数是日本人的十倍，咱不敢说卖 280 万册，至少也能超过 28 万册。你们猜猜，最后卖出了多少？只卖出了 3 万册！这意味着什么呢？最热闹的问题实际上恰恰是我们不了解的。

同样，回到南京的问题，南京大屠杀，各位知道多少故事？说实在的，也不知道。那问题出在哪里呢？刚才汪教授一边讲，我一边用我自己的知识与他对接，我就想起了法国年鉴学派的历史学家费罗（M. Ferro），他写过一本书，叫《监视下的历史》。在监视之下，我们对历史保持了一种沉默，他认为这种沉默来自三个因素的制约。第一个是正统性原则。只要碰到正统性原则的时候，我们不敢说。这是一个大问题，比如有一天，我们吃饭，一位教授跟我们侃侃而谈抗日战争如何壮烈，歼敌多少。最后我就问他：请问，最保守地估计，抗日战争我们打死了多少日本人？他说最保守地估计，28 万人。我说靖国神社里面只供了 19 万 1 千多人，你多出的那八九万从哪来的？他无语。我不能反驳他，我只能提供一个反例。第二个就是心照不宣的、不愿提及的。一个多星期以前我在长崎讲历史与记忆。我讲到战争责任、战后责任，学生一片沮丧。但是我最后安慰了他们一下，我说你们是没有战争责任的，你们有战后责任。碰到这种心照不宣的东西，我们实际上就有一个误解，认为日本人不反省。据我的观察，实际上日本百分之八九十以上的人都承认南京大屠杀，只是不愿意说，因为觉得很可耻。第三个就是对不堪回首的事不愿意回忆，特别是受害者。作为受害者，我们对自己受害的事情娓娓道来，喋喋不休。这里面实际上不是和受害者有关的事情了，它已经变成问题，成为政治的知识能量。

提问互动

提问：对"勿忘国耻"的大力提倡似乎是 2000 年以后的事情，在毛泽东、邓小平时代则很少提及。请问是什么造成今天中国社会这样一种受害者心理流行的局面？

汪铮：确实如此。把我自己中小学时代和后来所受的教育做比较的话，能看到很大的不同。在 20 世纪 90 年代初以前，中国教科书的历史叙事还是以马克思主义、阶级斗争理论为指导的历史叙事。我记得那时候上历史课讲中日战争的时候，更多的是讲日本人民也是战争的受害者，战争是日本统治阶级、军国主义发动的，把它作为阶级斗争来解释。另外一个，当时强调中国遭受的侵略和失败是国民党、军阀这样的统治阶级的错误造成的，正是因为无产阶级的代表共产党的出现才改变了这样一种局面。我在书里面讲了一个例子，提到另外一个学者做的研

---

① ［日］高桥哲哉：《靖国问题》，黄东兰译，生活·读书·新知三联书店，2007 年。

究,他在北京图书馆统计了中国从 1949 年到 1990 年出版的所有图书,发现书名中有"国耻"二字的一本没有,但是从 1990 年往后则是相当的多。我不知道他的这个统计是不是完全正确,但也能说明一定的问题。包括我书里的另一个例子,当时有南京大学的学者做南京大屠杀的研究,但是受到压力,没有正式出版,只是作为内部材料发行。

孙江:这本书遗失掉了。当时这本书要出版,但是没被批准。出版社只给了打印稿,好像是给了五本,一本送给了友好人士,好像还有一本给了日本代表团。我们的一位老教授吴世明老师一直惦记此事,不知能不能找到这个代表团,找到这本书最早的版本。

汪铮:回到你这个问题上来,我们肯定能理解这样一个背景。去年我接受了《朝日新闻》的采访,当时的采访很不愉快,我差点跟那位记者吵起来。他约了我很长时间,非常有诚意,而且他是《朝日新闻》一位非常著名的记者。但是后来,我估计是语言的原因,因为是用中文采访——他不会讲英文,我也不会讲日文,所以我们用中文交流,导致沟通上有些问题。他当时问我的一个主要的问题,也是日本当时普遍的看法,就是说爱国主义教育运动实际上是一个反日运动。但我告诉他爱国主义教育运动不是反日运动,爱国主义教育运动的兴起有其他的背景。不过后来他明白了我的意思,用了几乎一个整版刊登我的采访。后来我收到很多来信,包括一些普通民众,就是说这对他们而言可能是一个冲击。

回顾过去几十年里中国的历史记忆和历史叙述,我们可以看到经历了很大的变化。我的书里专门有一章讲到了孙中山和蒋介石怎么样利用"国耻"的概念来动员民众。蒋介石从"济南惨案"以后,每天在他日记的右上角写两个字——"雪耻"。对他来说,抗日战争也是国仇家恨啊!所以,实际上你要看孙中山和蒋介石的很多东西,不平等条约啊、历史的国耻啊,他们都讲过很多。1949 年以后,你可以看到很大的变化,因为毛泽东是一个胜利叙事的爱好者,他不喜欢悲情。我记得我小的时候,我们看的那些抗日战争电影和现在的抗日神剧不同。首先,血腥的场面不太多,特别暴力的东西很少。而且,看到的都是"鬼子"被八路军打得屁滚尿流。所以当时的印象是,抗日战争我们是胜利者。当时唯一的疑问是,既然我们老打胜仗,怎么国家还被他们占了?

就是说历史叙事经历了很大的变化,但是这个变化——从我的角度来讲,我觉得它传达了这样一个信息,就是改变人们的历史记忆是很难,但是回顾中国在过去几十年里经历的这种叙事的变化,想想其实也不难。当然了,任何时候的人都会有不同的看法,但是从整体的社会的角度来看,当传媒和教科书发生了很大变化的时候,当你有一个很明确的转换的时候,它对民众的影响是巨大的,我们看到了这样的变化。同样的道理,如果我们将来需要有新的变化,还是可以发生的。实际上不光中国是这样,我在书里也举了其他国家的例子。所以我刚刚跟大家说你们学到了一门非常重要的学科,历史永远紧随着政治变化,当政治发生变化的时候,历史叙事总是会发生变化,而且历史叙事往往发生在很多其他大的政治叙事之前。大家可以看看,苏东剧变以后,俄罗斯的教科书发生了多大的变化。同样地,南非种族隔离结束以后的教育、叙事都发生了很大的变化。虽然我们不能说历史是任人打扮的小姑娘,但历史的叙事确实是经常会发生变化,对于任何一个国家来说,历史都是非常重要的。所以,在怎么样教育下一代、怎么样控制历史的叙事权这个问题上,无论对专制国家还是民主国家,都非常重要。我就跟美国人讲,你批评中国很容易,美国自己在历史教科书上公平吗?美国历史教科书的选择余地很大,但是有多少本书真正给小学生讲清楚了美国人是怎么样对待印第安人的?所以,各个国家也不完全是民主还是专制这样简单的东西,大家都是有选择性地记住自己的历史。

提问:我的问题是,个体记忆在国家层面的记忆中到底扮演什么样的角色?也就是,您今天提到的"勿忘国耻"很大程度上是国家层面的叙述,对于个体,尤其是我们这一代人而言,作为国耻亲历者的一代已经逝去,过渡到我们这一代人按道理是会产生断裂的。也就是说,我们这一代人对国耻并不是那么感同身受,其实我们更大程度上是无感的。断裂是在个体层面的,而国家层面却不断地延续下去。换言之,在国耻的叙述中,国家记忆是不是在很大程度上侵占了、挤压了个体记忆的空间?

汪铮:你讲到国家记忆,我想更好的、更准确的一个词是集体记忆。个体记忆肯定是对个人人生中的重要事件的记忆,但是我们所有的人都是社会的成员,所以又有一个社会记忆。在一个社会里,大家对历史的敏感度实际上是不一样的。比如说美国人就很少谈论他们的历史,因为它本身就是一个历史很短的国家。不同的人、不同的国家的集体记忆或者历史情感之间实际上是有差别的。而且,有意思的是,很多历史记忆研究的重要学者都是来自历史上遭遇很多不幸的民族,比如波兰、波黑、犹太,都是如此。集体记忆的塑造是一个多方面的过程,就像刚刚讲到的"原生论"、"建构论"和"工具论",实际上就是来解释这种个人和集体之间的关系。对于你们这一代,我想每一个个体都是不一样的。我的一个朋友在澳大利亚做了一个研究,他研究中国不同年代人的历史感,或者关于历史叙述的感觉。我不知道他的研究有多科学,但他就得出这样一个结论:"80后"这一代反而对国耻的感受最强烈,"90后"这一代就衰退了。再往以前推,像我们这一代,又有不同。教育是社会化的过程,所以对个体肯定是有影响的,但是每一个年代,我们不能说所有的"80后"都是这样的,所有的"90后"全是这样的,但它确实是有这样的影响在。

提问："愤青"这个词正好是 2000 年后即在"80 后"成长时期出现的，现在"愤青"这个词出现的频率就比以前低很多。

汪铮：我现在有很多学生是从中国过去的，大家都知道，现在到美国留学的学生非常多。跟他们接触，我觉得他们对历史的问题会淡然很多，因为我觉得他们是完全不同的一代。当然，肯定不可避免地会受到国家记忆塑造的影响，比如说谈到日本时的基本态度，在学校里讨论问题的时候，他们也是不用发动就会起来为中国辩护，其他国家的学生不会这么做的。但是跟他们接触，我就觉得以后的变化也是会持续下去的。因为时代不一样了。

提问：汪老师，我有一个小问题，也是和我自己的耳闻有关。大家在国内的时候，在涉及领土主权问题的时候，大家都会很无感；但原本偏右的一些知识分子一旦到了国外，往往在某种情境下会表现得更爱国。如果说他的记忆在国内是被塑造的话，在国外是怎么被唤起的？

汪铮：我的书里讲到了很多记忆的唤起问题。记忆在很多时候是存在于我们的脑海深处的，平时并不去想它；但特定事件的发生会唤起它。我这本书里讲到的主要是一些特定的事件，比如中国和外国，尤其是和历史上曾经给我们造成伤痛的国家之间发生新的冲突的时候，当我们的国民又受到伤害的时候，这种时候，历史的记忆很容易被唤起。但我想讲的是，历史记忆是认识中国人的一把钥匙，并不是说所有的中国人个体都有这样的记忆，但是它有一个强烈的集体的共性存在，所以我在这本书里讲了一个看法，不知道大家同不同意——实际上我是引用了一位作家的一句话：历史是中国人的宗教。在其他国家，宗教有着很大影响，中国偏巧是宗教影响不太大的地方，但是历史对中国人的影响极其大。换句话说，他的意思是，中国人的历史情结特别深。所以，大家会有一个特别强烈的历史意识。世界上很少有几个国家会像中国这样，我们一想起中国就会想起夏、商、周、秦、西汉、东汉，我们认为历史是延续的，历史没有中断过。我们学历史都知道"崖山之后，再无中国"之类的话，但是在我们理解中历史始终是延续的，我们只是历史的继承者。这样一种民族情感和历史情感是非常重的，这种情感在某种程度上影响了今天。

就像今天的南海问题，我们认为历史没有终结，我们是历史的继承者，我们继承了九段线。但我们没有讲到另外一个继承，就是对 20 世纪 80 年代初《海洋法公约》的继承，它也是一种历史遗产。在我的研究里头，我的看法就是，在《海洋法公约》谈判的时候我们对国际法的看法和做法，实际上比起《南京条约》、《北京条约》的时候并没有进步。那个时候，我看了当时的代表团团长、后来的联合国副秘书长凌青的回忆录，这是中国恢复联合国席位后首次参加的国际多边谈判，当时的指导思想就是反霸、支持第三世界。但是第三世界的想法是什么呢？ 美国、苏联老占他们的便宜,他们希望专属经济区越大越好:越大对我越好,要不美国老到我这采油,我受不了。中国当时说:我们支持第三世界。所以我们就签订了这样的东西,但实际上这是比较无知的行为。中国虽然一直是海洋大国,我们有一千八百公里的海岸线,但是你看看地图就知道了,我们是被一些群岛国家环绕的。从韩国到日本到马来西亚,整个是被环绕的,我们是有海无洋。200海里你自己一算,你把自己圈进去了。对于中国,最符合今天利益的就是50海里、12海里、15海里。

主持人语

曾经有个杂志组了一期稿子,让我谈谈海洋的问题。我说中国是一个海洋国,当时编辑看了我的文章很纠结,中国怎么是一个海洋国家呢? 那已经是2001年了,我们还没有这个意识。意识到我们是海洋国那是21世纪以后的事情了,20世纪还没有这个自觉。再次感谢汪教授精彩的报告。

(该演讲由南京大学历史学院硕士生谢任整理)

个案之谜

时间开始了——陈独秀与中共早期革命

王奇生（北京大学）

主持人语：各位老师，各位同学，今天我们非常荣幸地请来了北京大学历史系的王奇生教授给我们做一场学术报告，题目叫作"时间开始了——陈独秀与中共早期革命"，这场讲座是南京大学学衡跨学科研究中心成立后的第二场讲座。对王奇生教授不用多做介绍了，这三个字就是一张名片，他早年做中国留学生史，后来转向国民党史，现在研究中共革命史，不管在哪一个领域，他的著作都是如今绕不开的经典。王老师也是我自己的"革命引路人"，把我带到中国革命的研究领域，所以至今我对王老师非常感激。下面我们用热烈的掌声欢迎王奇生老师讲座！

各位老师、同学，早上好！俗话说："天不怕，地不怕，就怕湖南人讲普通话。"这次讲座的题目，后半部分是我取的（按，指"陈独秀与中共早期革命"），前半部分是孙江取的（按，指"时间开始了"）。后半部分由我负责任，前半部分到时候由孙江负责任。这个标题有深意在其中，我会留在后面来解释为什么叫"时间开始了"。

最近几年来，尤其是最近五六年来，中共党史、中共革命史特别受到关注。我们知道，长期以来，中共党史、中共革命史是由马列系统的一支专门的队伍在研究，历史学界几乎很少介入，只有极个别学者在做这方面的研究。基本上来讲，历史学界很少有人去研究中共党史和中共革命史。两大系统间互不来往，也就是说，我们研究的民国史及我们研究的中国近现代史，和中共党史学科、马列系列下面的中共党史学科基本上是两个学派，这个局面好像维持了很长一段时间。

但最近几年来有所改变，就是历史学界越来越重视中共党史和中共革命史的研究，这是一个方面。还有一个方面是，最近的五六年来，除了历史学者以外，几乎所有的文科学界，像社会科学、人文科学，政治学、法学、社会学甚至文学、哲学等，几乎所有的学科都会有学者，有的还是非常顶尖的学者，转向中共革命研究。这个现象在北京可能更加明显，我最近几年来几乎每一年都会被邀请参加关于中共革命的学术研讨会。主持召开这些会议的，很多是其他学科的学者。那么为什么会这样？我觉得这里面当然会有现实的关怀，是因为现实的思潮——左派和右派两个极端的对立等等。可能这个里面情况很复杂。

大的趋势是什么呢？基本上来讲，在过去，我们研究中共的革命，我们的视点是站在 1949

年,而现在研究中共革命的视点下移到了1976年。这样一个视点的下移,随之而来的是问题意识的转变。之前的问题意识是什么呢?是中共"革命"为什么会成功。那现在的问题意识是什么呢?是中共"革命"为什么会失败。问题意识的转变,其实会影响研究者对资料的阅读。当你想看到中共革命为什么会成功的时候,你会有意无意去寻找中共"革命"过程中那些正面的、积极性的因素;而当你想看到中共革命为什么会失败的时候,你会有意无意去寻找"革命"过程中那些负面性的东西。这是一个大的趋势。

那么,从中共革命本身来讲,现在还有一个其他的相关因素是所谓中国当代史研究的崛起。而什么是中国当代史,其实这里面叫法不一样,我们有的会叫共和国史。最近有一批研究中国当代史的学者,他们在极力建构当代史这个学科,上海好几个刊物为了这个学科的建构在展开笔谈。他们去年也邀请我写一篇小文章,但是我给他们泼了一盆冷水。我说最好是不要建构一个中国当代史。我们近代以来总共就一百多年,现在的局面基本是一百多年划分为三段,划分为晚清、民国、共和国。其实这样的学科划分,个人觉得不是一件好事情。20多年前,当时"民国史"这个概念刚刚出来,民国史这个学科当时刚刚建立的时候,大家觉得这个学科的建立应该是个好事情,现在来看,可能未必是一件好事。其实,你在建构一个学科之后,你会特别强调这个学科的边界。过于强调这个学科的边界,其实是有问题的,因为你会有意无意陷进自己的思考空间。这也是为什么孙江创办的"新学衡研究机构"要强调跨学科研究,对于这点我是非常赞成的。

所以如果我们要建构一个中国当代史,那么首先要考虑的就是中国当代史这个学科的边界在哪里——从什么时候开始?当然从1949年开始应该没什么问题。但是我们要知道,在中共革命的历史上,1949年的转折意义究竟有多大。中共以前一直在强调,1949年以前是旧社会、旧中国,1949年以后是新社会、新中国。从中共自身来讲,当然这个讲法没问题,它要建构这个新政权的合法性。但从中共执政的合法性来讲,1949年的历史转折意义有那么大吗?其实我想,大家也可能知道,在1949年之前,中共既是革命党同时也是执政党,要知道在很大的地域里面,它已经是执政党了。在华北根据地,再往前推到江西时期,它执政的时间也不短了,空间也很大了。1949年以后,它是执政党,但同时它还是革命党。所以基本来讲,我觉得1949年在中共历史上没有那么大的转折意义。恰恰是我们现在很多的学者过于强调当代史的边界,他们从1949年下手研究中共革命的时候,其实是有问题的,而且问题还不小。其实开始的时候,本人研究的兴趣也是想从1949年下手研究中共的,研究毛泽东时代后期的中共革命。但后来发现问题很大,所以就往前做。往前做的话,开始是做到延安时期,因为延安时期确实和1949年以后关系非常密切。但后来发现还是不行,所以只好继续往前做,做到江西时期,之后做到上海时期,也就是我们所讲的"陈独秀时期"。

长期以来我们的官方史学对于1927年以前的"陈独秀时期"的态度,我给它取了一个名字,叫"失败史观"。什么叫"失败史观"? 就是长期以来我们的官方史学,因为1927年的大革命失败了,而过于低估了陈独秀时期。长期以来我们的问题意识是什么呢? 是革命为什么会失败,革命失败的责任由谁来承担,反复在讨论这两个问题。其实如果我们换个角度,可能许多问题都要重新进行思考,甚至可以说中共早期的历史可能要重写。比如说,中共一大是中共成立的标志吗? 意味着中共的成立吗? 我们都知道,一个政党要召开代表大会,第一次全国代表大会,如果它没有成立的话怎么可能来召开第一次代表大会呢? 它的代表怎么产生的呢? 它必须要先成立党,先要有党的地方组织,再由党的地方组织推选代表来建党、召开一大,不可能找一帮完全无关的人在一起召开一大、宣布党的成立。于是我们的官方党史在一大召开之前,专门有一章讲述工人阶级的发展壮大,我觉得这也可以理解。

这样来建构中共党史,最早在1927年前后瞿秋白、蔡和森这一代已经开始这么写了。这么写的理由是共产党是无产阶级政党,所以共产党建立之前要有无产阶级的基础,要有工人阶级的壮大。而为了要证明工人阶级在中国已经很壮大,那就要说明民族资本主义在中国已经发展得很不错了,所以我们会写第一次世界大战欧洲列强无暇东顾,为中国的民族资本主义发展提供了一个黄金时期。但是如果我们仔细去看史料,这个黄金时期可能是个神话。一战的时候,欧洲列强确实暂时无暇东顾,确实把这个市场在很大程度上给空出来了。但是我们要知道,第一,这个市场空出来了之后,邻近我们的日本乘虚而入,我们要注意到这个问题。另外一个问题是什么呢? 除了日本填补了这个空出来的市场之外,更重要的是中国自己的民族企业没有办法填补这个空出来的市场,最大问题是民族资本自己没有最基本的工业机器基础,毫无基础,必须从外国进口。但这个时候,恰恰是因为一战,东西方的交通已经断了,断了以后,一些基本的机器,甚至是一些简要的机器都进不来,所以这个时候没有办法,即使有钱,也不能把自己的民族企业建立起来。所以,在这个时期,只有棉纺织企业有所发展,因为棉纺织企业有一定的基础。而且棉纺织企业真正有所发展不是一战期间,而是一战以后,大概是1919—1922年前后。所以我们现在所看的官方党史里面所引用的所谓资本主义的黄金时代,它所引用和作为根据的,基本是棉纺织企业,但那个是很有限的。所以,所谓的中国民族资本主义黄金时期,所谓的工人阶级发展壮大,我们绝对不能估计太高。

还有一点我们要知道,中共是共产国际的支部,共产国际是1919年成立的。要知道,各国共产党都是共产国际成立以后派人去帮它们成立的,所以各国共产党成立的时间基本都在1919—1924年前后,当然还有一些国家更晚一些。那就是说,各国的共产党成立,与本国的工人阶级没有必然关系。那么过去我们批判陈独秀,讲他对大革命失败负有责任,当然现在学界都认为这个责任不应该由陈独秀来承担,而是应该由共产国际来承担,因为这个时期的一切都要听从莫斯科的指令,从路线、方针、政策到财政,到人事,基本是由莫斯科一手来掌握,中共的自主空间其实很有限。尽管如此,如果我们将中共历史和其他各国共产党的历史比较一下的话,还是有差别的。我们都知道,共产党的革命真正成功的不是很多,我所讲的是真正靠自己革命成功的并不是很多,中共革命的成功,在国际共运史上可能不是普遍性的,恰恰是另类。其实在中共早期,这个局面就已经形成了,也是说,我们大大低估了"陈独秀时期"在中共历史上的重要性。实际上在1926年的时候,共产国际好几次都表扬中共,说与其他各国共产党相比,你们干得非常好,干得非常不错。

我们过去批判陈独秀的时候,其中之一就是批判他的家长制作风。我们如果放在与国际共运比较的角度来看,恰恰是陈独秀的家长制作风,成就了中共早期的崛起。为什么这么说? 因为很多国家的共产党在成立后不久,就陷入派系的纷争里面。恰恰是中共,在陈独秀时期没有。即使是后来,派系对于中共也不是一个大问题。到了延安时期,毛泽东讲要承认山头,要照顾山头,可见山头已经出现了,但是在陈独秀时期是没有山头的,当时其他国家的共产党却是派系纷争很厉害。可以说,各国共产党在早期之所以没有成气候,一个很大的原因是内部的派系纷争。而派系纷争一个很大的原因,在我个人看起来,恰恰是因为他们没有一个德高望重的党魁,而中共恰恰是找到了陈独秀这样一个具有崇高威望的人做领袖。

我们要知道,干革命一般是年轻人干的事情,很少会有中年人愿意干革命,所以当莫斯科在各国寻找代理人的时候,基本上都是找了一帮小年轻。找了这一帮小年轻后,问题就来了——究竟谁来做党魁? 谁来做领袖? 谁做党魁也不能服众,谁又都想做党魁,大家都是在一个层级上,这就是问题所在。大家都想做党魁的时候,派系就产生了,派系斗争就产生了,所以很多的共产党在早期就没办法维持下去了。

而中共呢,恰恰是莫斯科派人过来以后找到陈独秀做党魁。这不能说莫斯科英明,为什么它没有在其他国家找到一个"陈独秀",而在中国找到一个"陈独秀"呢? 也是因为恰恰中国有陈独秀。我们知道,陈独秀天生就是一个革命家,他的个性真的天生就是一个革命家。"五四"的时候,亲自上街去散发传单。要知道当时他的身份不仅仅是北大教授,还是北大文科学长,文科学长相当于我们今天的副校长,他的地位,是全国文化界的知名领袖,他其实犯不着亲自去散发传单。另外他还有一句话特别提及他自己的个性,他说:"我会说极正确的话,也会说极错误的话,但是我绝对不会说那些不痛不痒的话。"这是很能体现他的个性的,可以说他是一个天生的革命家。所以说莫斯科能够找到陈独秀,也是因为历史的机缘巧合,中国有这样一个人。

当然这里面还有其他一些因素。像胡适，他就认为关键的关键是 1919 年 3 月 26 号那天晚上。胡适大概在 1929 年前后，借阅他的北大同事汤尔和的日记来看——那个年代的日记可以互相借阅。他看到汤尔和在 1919 年 3 月 26 号那天晚上的日记，后来他给汤尔和写了一封长信批评他们，甚至是痛骂他们，说他们那天晚上改变了历史的走向。他为什么这么说？他说你们那天晚上开会，你们绑架了蔡元培，非要把陈独秀这个文科学长给拉下来，你们这样做的理由就是陈独秀嫖娼，要把陈独秀的文科学长撤掉。就是因为你们把陈独秀撤掉了，陈独秀一生气离开北京去了上海，在上海被一帮激进的小年轻包围，受到他们的影响。胡适说如果陈独秀不离开，绝对不可能走上建立中共的道路。胡适这样说不是开玩笑的，他是认真地讨论这个问题，他认为就是那天晚上改变了历史。当然我们讲历史的复杂性，很难说是由某一个单一的因素来决定的。

过去我们讲到这个时期，我们在指责陈独秀右倾机会主义的时候，还有一个很大的问题，就是土地问题，因为没有主动地解决农民的土地问题，他没有把土地问题提上议程，所以导致农民没有跟党走，所以党的革命就没有成功。这明显是由后来"农村包围城市"倒推出来的。我们姑且不说这个责任不应该由陈独秀来担，其实我们今天倒过来看，土地革命对于中共革命到底有多大的重要性呢？我们要知道 1927 年大革命失败的时候，中共已经有将近六万的党员，确切的数字是 5.8 万党员，3.7 万共青团员，960 万农会会员，390 万工会会员，还有 15 万童子团，当然我们推测这个数字应该有水分，但是无论如何，几百万农民起来了，这大致不差，至少在湖南、湖北、广东、江西这几个南方省，960 万农民被发动起来了。但是农民问题还没有提上日程，那么就是说，农民被发动起来好像和土地问题关系不大。

我们知道，有个人叫沈玄庐，即沈定一，这个人是 1920 年和陈独秀在上海建党的重要分子，他以个人的力量在他的家乡浙江萧山发动农民。两三个月的时间，在周边的一两个县就把十多万的人发动起来了，这时候党还没有介入。另外一个中共党员彭湃在他的广东老家海陆丰，也是在几个月的时间内，在周边几个县发动了十几万农民，党同样没介入。这就是说，以个人的力量，无论是沈定一还是彭湃，都能够在短时间内发动 10 多万农民起来。而过去我们总是强调农民是"一袋马铃薯"，中共高深的革命意识形态要跟底层的农民结合是非常困难的，所以发动农民是非常非常困难的事情。现在看来，发动农民好像没有那么难，过去的农民好像没有党的领导也起义了。

在土改问题上，其实中共的土改在我的印象里面，恰恰是在中共已经控制的地区，甚至在它已经稳稳控制的地区它才搞土改，那些半控制地区和那些完全没有控制的地区，它绝对不敢搞土改。而对农民的发动，对农民的动员来讲，正应该是在那些没有控制的地区，更需要把农民动员起来,更应该把土改推行起来以吸引农民。但其实恰恰中共是在已经控制的地区才搞土改。那这里面,土改与动员之间到底是什么样的关系?我觉得,这是中共建立政权后要维持它的统治,要证明它的合法性的需要,而不完全是为了动员的需要。当然我们也知道,土改地区的农民后来当兵确实也很积极。所以这里面,土改问题和动员农民之间的关系,我们可能要重新进行探讨。

我们知道,1925年五卅运动时,中共还很弱小,中共在上海的力量更小,但是五卅运动轰轰烈烈,这点我们的教科书上讲了很多。五卅运动的规模应该来讲大大超过了五四运动,只是后来五四运动与新文化运动结合在一起,所以我们的历史上更强调五四运动。但是从运动规模上来讲,五卅运动要远远大于五四运动。但是五卅运动这么大的规模是怎么动员起来的?在五卅运动结束之后,中共内部的自我总结报告上写了这样一句话,它说:"没想到革命这么容易啊!"这是它当时的感慨。那么我们讲到中共早期的动员,这里面可能很多问题都要重新探讨。

实际上我们讲五卅运动的时候,没有考虑过一二十万工人大罢工长达一个多月,他们是靠什么为生,靠什么维持生活的。如果罢工一两天应该没问题,但是一二十万工人罢工个把月,工人的生活靠什么来维持,这不是一个简单的问题。其实五卅运动之所以能维持那么长时间,有那么大的规模,一个很大的因素是海内外的捐款,正是这些捐款维持了罢工工人的生活。那么这笔捐款有多少钱呢?300万大洋!三百万大洋是个什么概念?当时北京中央政府一年的财政支出是590多万。因为有这么多钱,所以才能维持那么长的时间,那么大的规模。后来中共宣布五卅运动结束的时候,恰恰是因为没有钱了。

长期以来我们的革命史都不谈钱,因为革命太神圣了,一谈钱就俗了。但是对革命来讲,钱太重要了。当时有人动员胡适,说胡适你的影响力这么大,不在陈独秀之下,陈独秀建了个政党,你也可以建立一个自己的政党。当时胡适真的动心了,但是四五天以后胡适说自己反复考虑后觉得不能建立,为什么不能建立呢?因为没钱。我们知道,另外一个差不多和中共同时,即1923年建立的中国青年党,也是由一批五四青年成立的。但是中国青年党最后只能办一个杂志——《醒狮》周报,这是为什么?就是因为没钱。所以假如没有莫斯科的财政支持,陈独秀估计就只能办一个《向导》杂志。我们讲孙中山当年领导辛亥革命的时候,作为党魁,他的首要任务就是筹款。筹到一笔钱就买一批枪支暴动一次,再筹钱再买枪再暴动,失败了再来,基本上干的是这个事情。后来中共内部也讲,因为五卅得了一个五卅病。为什么得五卅病呢?就是这个300万大洋害的,因为后来没钱的话工人就不罢工了。

其实这里面关键的还不是工人,而是工头。长期以来我们官方的历史里面谈工人运动,基本上不谈工头。其实工头在中共工人运动史上起到了非常大的作用,这个作用当然有正面的,有负面的。中共一开始搞革命的时候,搞城市工人运动的时候,在它的设想里面,当然要发动工人起来,要打倒资本家,但是很快发现,其实在资本家和工人之间有一个非常关键的群体,就是工头。那个年代的工人,基本上就是我们后来讲的农民工。工头在这里面,在资本家和工人之间上下其手。资本家要招工,必须依赖工头;农民要进城打工,也要跟着工头走,由工头介绍工作。所以工人被完全控制在工头手上,一切都要听从工头的,如果不听的话,就得回老家。资本家其实也恨工头,因为工头在这里面可以绑架、要挟他。这里面有很多的名堂,甚至可以写一本书来讨论工头。但是资本家也没有办法,他不可能直接去农村招工,所以工头在工人和资本家之间作用非常大。

中共在开始的时候,把工头划为资本家的"走狗",说要把它和资本家一样打倒。但是在深入第一线后发现,工人完全掌握在工头手上,如果想撇开工头直接找工人,基本上是找不到的。工头不点头,工人根本不敢跟党接近。所以后来没办法,中共后来只好从工头下手,先跟工头拜把子,这又到了孙江研究的范围中来了。因为那个时候,工头都是有帮会的,所以那个时候李立三跟帮会领袖熟,因为帮会领袖基本上都是工头——大工头、小工头。五卅的时候,300万大洋实际上除了一部分给了工人做生活费之外,还有很大一部分进了工头的腰包。为什么会这样?也就是因为工人掌握在工头手上,中共并没有真正接近第一线的工人,中共发给工人的生活费实际上只能发到工头手上。中共问工头手下有多少人,工头手上可能只有100人,但工头会说手下有150人,所以中共就按150人的生活费发给他。比如说一天给工人的补贴是两毛钱,工头还会扣掉一部分。所以一场五卅运动下来,工头发了大财。所以五卅运动之后,工头的革命积极性特别高,老是鼓动中共再罢一次工,这样就可以再发一次财。但是中共已经没钱了,五卅当时是因为有社会各界的捐款。所以中共后来很痛恨,说原来还认为这些人真的想罢工,其实只是想钱。因为这样,中共后来说,五卅运动之所以能搞起来是因为死了一个工人,看来以后想搞工人罢工只能死人,不死人罢工罢不起来,闹不大,所以这是早期中共工运最大的一个困境。

那第二个困境是什么呢?留美学者裴宜理(Elizabeth J. Perry)教授研究中共早期革命,最近写了一本关于南方大罢工的书在香港出版了。在这本书中,她说中共早期的革命其实还有另外一个革命传统,那就是非暴力传统。有意思的是,她在研究南方大罢工的时候恰恰没有引用1936年刘少奇写给张闻天的一封很长的信,那封信中所提的内容恰恰与裴宜理的观点是相悖的。裴宜理认为早期南方工人是和平性的、非暴力的,但是刘少奇在1936年的那封信里面特别强调,他说:我领导南方工人罢工,这十几年里面,从湖南到江西、广东、福建,又到江西,这么多年最让我苦恼的一个问题,最让我困惑的一个问题是,工人一旦被运动起来后就会失控,就会不听党的话,这个问题一直没有解决。我也问了来中国的美国工人运动领袖,我问他们你们在美国的工人运动里面有没有遇见过这种情况,他们说没有。我也问了一些欧洲的工人领袖,问他们在欧洲的工人运动中有没有遇见过这个问题,他们也说没有。但为什么,中国的工人运动一旦运动起来就失控,一旦运动起来工人就不听话了,他们就会越来越激进,要控制他们在一个适当的轨道里面,这个时候已经控制不了了。

以前台湾学者吕芳上在研究学生运动的时候,他的书名叫"从学生运动到运动学生",我们也套用这个模式,说中共的运动也是"从群众运动到运动群众",其实中共的运动应该倒过来,是"从运动群众到群众运动",这是什么意思呢? 就是开始的时候中共把群众运动起来,等群众被运动起来后,就变成了群众运动了,变成群众不听党的话了,开始自己运动了。我们讲中共几十年来,最擅长的是搞群众运动,但其实每一场运动到最后都没有解决刘少奇的难题。群众运动必须放手,只有放手才能运动起来,但是一放手,最后就要失控,一失控就要纠偏,所以基本上成了这样一个模式——放手→失控→纠偏,始终是这样一个过程。如果纠偏纠早了,运动就不能达到高潮,所以前期必须放手,不放手发动不起来,但是一放手后就会失控了。所以一直没有解决这个问题。

那么我们看中共早期的农民运动,其实也不像官方所说的那样。中共确实从它的意识形态出发,它要搞阶级斗争,它要发动农民起来斗地主,但是后来很快就发现这个其实是不大可能的。比如说广东,中共最早在广东搞农运,当时它打着国民党的旗号。广东一个最大的特点是什么呢? 是宗族势力特别发达,宗族观念特别强,这个传统有几百年了。如果我们去看科大卫(David Faure)的《皇帝和祖宗》这本书,我们就会知道,明清以来,宗族在所谓的珠三角地区特别的发达,宗族观念、宗族行为特别的厉害,有的宗族之间械斗已经有几十年、几百年的传统,两大宗族之间的械斗可以斗上几百年。那么在宗族里面并没有单纯的地主和单纯的农民,地主和农民是混在一块的。中共如何把农民从宗族里面分化出来,把农民和地主划分开来,让他们互相斗起来? 这是一个难题。后来在广东发现,一些小的宗族,一些力量比较弱的宗族,会主动和党靠近,为什么? 后来中共发现了其实他们是想利用党——所以党想利用他们的时候,他们也想利用党——他们想利用党的力量来对付力量比他们强的宗族。所以后来中共没有办法,只好调整,因势利导,让整个宗族全部加入农会,加入农会以后,他们就马上对付敌对的宗族。这样的做法后来一直延续到国共分裂以后,20世纪20年代末30年代初广东的革命其实还是这个样子——一个宗族、一个村庄全部加入共产党,那么他的敌对宗族、敌对村庄就全部加入国民党,基本上是这个形态。

在河南——这又到了孙江教授的研究范围——河南的农民运动基本上是红枪会运动,因为当时河南的红枪会实在是太厉害了，当时农村基本上是红枪会的天下。中共要下去搞运动，没有办法避开红枪会，所以中共自己也承认，说在河南的运动基本上是红枪会运动，也就是说把红枪会的领袖发展入党，发展进农会做领袖，这样就把他们手下的农民转为农会会员。

在湖南情况就不一样，在我的老家湖南，过去我们看毛泽东的《湖南农民运动考察报告》是《毛选》里面的版本，应该要看毛泽东最早发表的那个版本。那个版本里面有一个表，是"湖南各县农会会员社会成分构成表"。如果我们仔细看这个统计就会发现，如果某个县的小学教师加入农会的越多，那个县的农民运动就越轰轰烈烈。毛泽东考察的五个县，恰恰是小学教师加入农会的人数最多，像衡阳，一个县加入农会的小学教师大概有 1500 以上。当时的一个小学，基本上只有一个教师，所以 1500 就意味着有 1000 多所小学。当年中共在建党、发动农运的时候，非常注重小学教师。毛泽东自己在湖南一师毕业后也做过小学教师，而且还是教历史的，所以他非常了解小学教师。在《湖南农民运动考察报告》里面，毛泽东说湖南运动起来以后做了十件大事，其中第一件就是打倒土豪劣绅，但是我们要知道他不是打倒一般的地主，是指打倒土豪劣绅。所谓的土豪劣绅，是指那些掌握了势力、掌握了资源的人，比方说掌握了公地、掌握了民团，这些人才会被称为土豪劣绅，所以一般的地主、一般的土财主并不在打倒之列。其实，打倒几个土豪劣绅对于一般农民来说得不到好处，得到好处的是什么人呢？是小学老师。讲到底，是一个权势的竞争。这批小学教师来到省城接受新式教育，然后回到乡下，乡下的势力已经掌握在旧士绅手上，这个时候恰好中共想利用他们，他们也想利用中共来打倒他们的竞争对手。所以打倒土豪劣绅，一切权利归农会，其实一切权利是归于他们，他们才是农会的真正领袖。当时中共的势力只能到达县一级，县以下的乡一级、村一级都是那帮小学教师在掌控。这样一帮小学老师掌控农会，我们看《毛选》的时候很多问题都能得到解释，比如说阻止粮食外运等等，其实这些都跟小学教师的切身利益有关系，而不是真正给农民带来利益。当然这里面还会涉及很多很多的问题。

过去我们讲国共之间的关系，实际上与过去历史也有很大的差别，直到现在海峡两岸还在联共、容共问题上意见不一。两岸学界在很多问题上都统一了，比方说十几年前我在和台湾方面来往的时候，我们这边叫"解放战争"，他们叫"剿匪戡乱"，两边很难达成一致，后来两边都各自放弃，取一个名字叫"国共内战"，这样两边都接受了。但是有些问题我们过去就达成一致，比方说"北伐战争"，过去我们从来就没有怀疑过有没有立场，其实这里面是有立场的，只是因为国共两党、海峡两岸的声音是一致的，所以没有人去怀疑它。"北伐战争"这种说法，明显是站在南方革命党的立场上，当时北方的称呼是"南征"，你"北伐"，我就"南征"，都认为自己是站在正义的一方。那我们看当时中立性的报纸把这场战争叫作什么呢？叫作"南北战争"，我觉得这个称呼就像我们现在叫的"国共内战"一样,现在研究民国史的学者已经没有人再叫"解放战争"了,当然我知道党史学界还是叫"解放战争",但是我们民国史学界已经不叫"解放战争"了,而"北伐战争"却一直这样叫,就是因为两岸的声音是一致的。

同样还有比如说是叫"联共"还是叫"容共"。我们这边是叫"联共","联俄联共,扶助农工";他们那边是叫"联俄容共"。我觉得无论是"联共"还是"容共",都很难概括这一时期的国共关系。因为这时期的国共关系有一个非常迅速的变化过程,这个变化是什么呢?刚开始的时候确实是"容共",但是一年多以后,慢慢中共就开始反客为主了,也就是说中共刚开始的时候力量很弱小,加入到国民党里面,孙中山也在,孙中山说加入进来就听我的。很快,中共在国民党内实力就成长起来,我们要知道,孙中山那个时候太自信,把国民党的中央组织部长都让中共党员谭平山来当。孙中山死了之后,汪精卫做了国民政府主席,他自己兼任中宣部部长,他又不知怎么把这个位置让毛泽东代理,只是现在有的史料我们看不到,难以推测为什么他会把这么一个职务交给毛泽东代理。

我们要知道组织部、宣传部是党里面的要害部门,这些位置都让中共来做,尤其是组织部,党管干部啊,太厉害了。所以说,国民党地方组织就很快被中共,用当时的话叫"包办",就这样国民党只控制了中央,地方组织全都让中共包办了。那包办以后怎么搞呢?原来是中共党员加入国民党,后来倒过来,中共就说,先让你们想加入国民党的都加入国民党,在国民党里面选,挑选那些优秀的,再让他们加入共青团,再让共青团里面优秀的加入共产党,这样层层选拔。所以当时共产党里有一句话:国民党是共青团的预备学校,共青团是共产党的预备学校。当时陈独秀可以给国民党省一级的、县一级的直接下指示,这样组织全控制在中共手上。所以后来国民党发现,这哪儿是国民党"容共"啊,这完全是共产党"容国"啊。到上海三次工人武装起义之前、"四一二"政变之前,中共力量在上海扩展到什么程度呢?在街头摆地摊公开征集共产党员,已经是公开化了。"四一二"政变之后、"七一五"政变之前,它还是很自信,认为革命马上就要成功,我们马上要打到北京了,要建立革命的首都了,所以我们应该首先规划一下,讨论一下革命的首都应该怎么建,当时在讨论这个问题。

所以说后来,即使我们认为大革命失败了,其实当时中共内部并不认为革命失败了,他们只是觉得革命遇到了低潮,当时就是太自信了,所以1927年反复地暴动,认为暴动一两次革命就很可能会成功,根本没想到革命还有20多年才成功。

其实,暴动是世界革命的通用模式,革命基本就是暴动型的,后来毛泽东建立的根据地模式,其实是中共被迫的行为,不得已而为之的。革命基本上就是暴动的,十月革命是这样,武昌起义也是这样,其他的革命基本都是暴动型的。在一个很短时间里,要么成功,要么失败,成功了就是革命,失败了就不好说了。所以这一时期,很多方面其实我们已经看得出来,中共早期就展示了它的本事了。我从国民党史转到共产党史,越研究中共党史,越觉得中共太厉害了,国民党根本不是它的对手。可以说到目前为止,世界的政党里面,可能没有一个能量超过中共的。

那么过去我们说1927年革命失败了,既然共产党这么厉害,革命怎么会失败?现在我们有一条看得很清楚,既不是陈独秀的家长式作风,也不是土地问题没有解决,关键是中共没有掌控武力,武力掌控在国民党手里,群众运动再浩大也经不住武力镇压。所以我讲1927年的革命失败,失败就在于没有掌控武力,但这个过程之中,应该讲也有来自莫斯科的指示的作用,因为当时莫斯科跟中共反复强调,一定要把党先建好,党建好以后发动群众运动,群众运动发动好以后等待革命时机成熟,革命时机一成熟一暴动,革命就成功了,这是它的一个革命路径,所以让中共现在不要发展武装。

孙中山的国民党也是共产国际的一个联合对象,它也对孙中山说你不要一开始就过于重视军事,批评孙中山是片面地重视军事,说你还是应该先把党建好,你不能党还没建好就先建军,这样军队是很容易失控的。但孙中山没有完全听它的,孙中山一面建党,一面建军,后来莫斯科也只好调整政策,帮他建军。而且共产国际认为国共两党都掌握在自己手上,都听它的,所以也没想到让国民党建军,不让共产党建军会产生什么样的后果。它也没想那么多,因为太自信,国共两党都是听它的。再说了,它要是让共产党建军,建立革命武装,那必须得由它掏钱,我估计它也舍不得。所以说在它的革命路径里面就没想过让中共建立革命武装,在它的革命经验里面也不认为有建立革命武装的必要性。所以说,莫斯科在中共早期就是这样给予指示的,就是让它搞党的建设,搞群众运动。但是今天我们再去看1927年的情况,中共的失败确实在于它没有掌控武力,或者说失败于它先党后军的路径,这是莫斯科为它设计的。

但是,我们如果站在1949年来看,国共的败与胜,恰恰可能是先党后军这样一个路径为中共赢得了胜利。中共早期把重心放在建党上、群众运动上,到1927年以后才慢慢建立军队,这个时候军队始终掌控在党手里,党指挥枪。而国民党呢?党和军同时建立,孙中山死后,由蒋介石做革命接班人,蒋介石作为一个革命军人,他过分地,或者说只重视军队建设,在蒋的意识里面,人类社会最有效率的不是党的组织,而是军队。他认为军队是这样一个自上而下的有效的指挥系统,他说他的理想是把这个系统推广到社会,也就是说整个社会都要按军队组织起来。所以说后来的保甲制度就是这样一种理想的投射。十户一甲,十甲一保,联保连坐,这就是一个军队的体制,他认为这样一个体制中国古代就有,这恰恰是符合他自己的理想的。所以说,蒋介石长期以来把重心放在军队这一块的建设上,而把党丢掉了,不当成一回事,很长时间里面他把党交给二陈兄弟,使党成为一个派系。后来倒过来说,不是一个党—政—军、党指挥枪的格局,而是枪指挥党。

中共恰恰相反，是党指挥枪，它不仅没有派系的威胁，也没有军队政变的威胁。我们知道很多第三世界的国家动不动就发生军事政变，而中共，至少到目前是看不到。张国焘当年要分裂的时候，他也是孤身寡人，一个人离开，他不可能把军队带走，林彪走的时候也不可能把军队带走，他的"四大金刚"其实也不可能跟他走，所以说中共是真正做到了党指挥枪的。这对中共后来的成功很重要。

当然群众运动同样很重要。国民党一直没有搞群众运动。1927年以前，是中共代它搞群众运动。1927年以后，蒋介石说这个群众运动啊，他也知道很重要，但搞不过中共啊，所以他说我们干脆不搞啦。可见，中共的群众运动不能小看，还有政工制度等等，都非常厉害。蒋介石在抗战时期痛心疾首，说国军跟鬼子打仗，是本土作战，但是国军所到之处，老百姓早就跑空了。但鬼子打进来以后，鬼子可以掏点钱，雇佣一些中国农民为他做后勤，这就是没有群众运动，没有党的领导所致。

国共内战，蒋介石对中共的了解极其不够，一直到1948年。所以说重庆谈判，根本谈不拢。他对中共的实力根本不了解，他对中共的这一套体制是完全无知的。他算来算去只算中共的正规军有多少，中共的武器装备怎么样，所以说他太自信了，根本没把中共放在眼里。但是中共不是一个简单的军队，在军队系统里面，它有人民武装体制。所谓人民武装体制是一个宝塔型的、多层级的。它上面是顶端，是正规军，第二层是地方武装，第三层是民兵游击队。你不要小看这样一个体制，国军的正规军没有这样一个层级体制。

我们要知道，国军无论是抗战时期还是国共内战时期，他最大问题是什么？征兵。开始的时候中共的征兵也成问题，老百姓都不想当兵，但是后来中国共产党的这个问题解决了，而国民党始终没能解决。国民党抗战时期就抓壮丁，比方说在贵州抓了一千壮丁送到广西前线时剩下不到10％了，90％是在路上跑了或死了。即使上了前线逃亡率也极高，逃的比死的还要多。但是看当时前线将领的报告里面没有逃跑的记录，他把跑的人数都算在死的人数里面去了。那共军呢？老百姓不是不想当兵吗？我先让你当民兵，保卫家乡总可以吧。你当民兵还不需要我掏钱养你，你自己掏钱养自己。经过了一两年的民兵训练，接受了党的思想政治教育，以后你的思想也通了，军事也有所训练了，条件适合的时候把你调成地方武装。地方武装也不需要完全由中共财政支付，地方也支付一部分。到一定时候再把地方武装上升到正规军，层层选拔。这个实在是太厉害了。淮海战役，国军是80万，共军是60万，这是正规军。但是国军的80万就是80万，共军的60万之外还有多少呢？我给大家念个数字，还动员了民工543万做后勤，所以后来国民党失败了都不知道败在哪里。

最后，应同学们的要求，我再讲点其他的内容。下面我稍微讲一下现在当代史研究最受关注的一块。当代史研究可能与在座的学生比如政治学的学生也有关系，这块几乎是所有学界都会投入的一块。大概五六年前的时候，中共的档案一直是不开放的，当然名义上是开放的。不开放的话我们怎么研究当代史？后来我们发现省一级档案馆其实大有可为，因为中共的文件都会下达到省一级档案馆，所以当时我们看到省一级档案馆里的资料真是兴奋不已，没想到中央档案馆不能看的，我们却能在省一级档案馆看到，所以大家都拼命去省一级档案馆看档案。之前因为刚开始没有规定，省档案馆也不知道怎么办，所以只好让大家查资料。但是中央下文件规定凡是涉及政治、政治运动的档案都不开放，所以从去年开始，省一级档案馆这些资料也不对外开放——当然名义上还是开放的，有些经济、文化、教育这方面的"边角料"还是可以查阅的。那么怎么办？研究当代史的学者只好转移阵地，转移到县一级档案馆。我们知道，一个学科的建设，学术研究是自上而下的，没想到现在是倒过来的，是自下而上的。但是我很担心这种局面能不能维持很长时间，也许以后又会有所改变。所以大家如果现在开始做这方面的论文，一定要抓紧时间赶紧利用县一级档案馆。其实县一级档案馆资料同样很丰富，只是你的问题、你的视角可能要调整，你可能要更偏重于社会史、地方社会史、社会经济史、农村社会史、土改、人民公社等等，这个倒也符合西方的史学新潮。这也是我个人的一些小经验。

主持人语

王老师给我们做了非常精彩的报告。大家知道，20 世纪的历史学有所谓的史料派、史观派，我觉得王奇生老师是史料派肯定没错，如傅斯年先生说的那样，"上穷碧落下黄泉，动手动脚找东西"，不管研究什么领域，都会把这个领域的资料看得差不多了再做研究。但我更要强调，王老师也是"史识派"，套用米尔斯的话说，有历史学的想象力，将历史学的想象力和解读材料的功夫结合在一起。今天讲座的两个方面我特别受启发。一个是"授人以鱼"，告诉大家中共革命演变的逻辑，1949 年前后不是截然分开的，要了解当下的中国，还要往前追溯到陈独秀时期，其间历史的延续性非常值得关注。最后王老师多讲的十分钟，是"授人以渔"，告诉大家如何在现实环境中去做自己的研究。接下来将时间开放给大家。

提问互动

提问：您对《新青年》特别有研究，我有几个疑问，大家都认为它以思想启蒙为主，后来转为传播马克思主义，这期间的转变是什么原因？您如何评价？是救亡压倒启蒙还是其他原因？

王奇生：陈独秀是如何从一个民族主义者转向马克思主义者，这从文本中很难看到，因为时间非常短暂,要从文本考察思想脉络的变化是很难的。至于救亡压倒启蒙是李泽厚先生的看法,我有一点不赞同,其实启蒙本身也是救亡,近代以来的知识分子最焦虑的事情是亡国,他们一切的思考都是为了救亡,都被救亡压倒了。

提问:您如何看待国民党从一开始很注重领袖个人威望的建设和威权主义的色彩,到后面逐渐放弃党组织的建设?

王奇生:简单地说,早期孙中山是靠自己的威望,到晚年他党魁的地位完全稳固。1914年中华革命党成立时特别强调要服从党魁,这恰恰是因为当时党魁地位还未完全建立。其间的过程非常复杂,但今天时间有限,我无法展开叙述了。

(该演讲由南京大学历史学院硕士生程善善整理)

中国史上的无名外国战士

——音吉，Lindley(呤唎)，鹿地亘

菊池秀明(日本国际基督教大学)

主持人语: 今天下午我们很荣幸地邀请到了日本国际基督教大学的菊池教授给我们来讲这样一个题目——中国史上的三个无名外国战士,也许大家听说过其中的一两个,但对详细的内容都不甚了解。菊池教授是太平天国研究领域非常有影响力的专家,20世纪80年代他曾在广西生活过三年多的时间,亲自走访调查,之后每年都会抽空去广西走访,在座各位同学对广西的了解可能都不如菊池教授。今天菊池教授带来的这个题目视野更开阔,让我们热烈欢迎!

大家下午好! 今天能有与大家交流的机会,我非常高兴。首先给大家介绍的是一个叫音吉的漂流民。他没有姓,因为封建时代的日本,只有贵族、武士等统治阶级才有姓。音吉出生于尾张国,现在的名古屋附近。1832年他13岁时第一次踏上航海之路,中途就遇到了海难。

16世纪以前,日本人常到东南亚进行贸易,也有人作为倭寇,给中国、朝鲜的沿海地区带来了很大的灾难。这是因为他们有先进的航海技术。不过17世纪德川政府禁止出国,不允许建造大型船只。结果音吉乘坐的船并不适合外海的航行,碰到了大浪就很容易触礁。可以说音吉是日本锁国政策的牺牲者之一。

音吉的船漂流在太平洋,一年两个月后才漂到了美国西海岸。正好他的船原来是运大米的,粮食是足够的。不过因为缺少蔬菜和淡水,很多同伴死于败血症。到达美国的就只有音吉等三人。他们到美国后被英国人收留,经由伦敦被送到了澳门。英国人希望以送他们回日本为借口,和幕府进行让它开国的交涉。

1837年,音吉坐美国船"莫里逊"号驶向了江户,不过到东京湾的入口就受到了炮击。当时日本政府的命令是,只要发现外国船就要击退。"莫里逊"号又去了九州的鹿儿岛,在这里也被拒绝登陆,不得不返回澳门。这样音吉成了被日本国抛弃的国民,开始了第二次漂流。

失去了回国希望的音吉,于1853年开始在上海生活。他应该说是最早在上海居住的日本人。他在一家名为宝顺洋行的英国商社里担任仓库管理员,和马来女子结婚,住在九江路附近。他照顾被送到上海的日本漂流民的生活。

由音吉保护的日本人中,有一个名叫文太的漂流民。文太回日本后,把从音吉那里听到的

中国信息报告给政府。当时太平天国建都南京，开始北伐。据文太说：太平天国深得人心，而清朝政府腐败无能，最后的胜利将会是太平天国的。这就是最初传到日本的关于太平天国的消息。那么，为什么音吉会对太平天国做出这么高的评价呢？

音吉认为，太平天国是一个"复兴明朝的运动"。人民支持太平天国的原因是他们重新启用了明朝的制度，今后的战局也必定是"明人获胜"。事实上音吉对太平天国的理解，受到了一出戏的影响。这出戏叫《国姓爷合战》，戏剧的主人公是在台湾进行反清活动的郑成功。因为郑成功的母亲是日本人，郑成功在日本作为一名忠义之士相当受欢迎。所以我们可以想象，音吉听到太平天国的时候，就把它与郑成功的故事相重合，自然而然地对太平天国抱有好感。

另一方面，音吉与德国传教士郭士立（K. F. Gutzlaff，1803—1851）有交流。郭士立在中国，帮助缔结江宁（南京）条约，将圣经译成中文，因此而知名。他曾将圣经翻译成日文。音吉在澳门就住在郭士立那里，1836 年他帮助郭士立出版了《约翰之福音》。《约翰之福音》在《圣经》中是哲学性较强、最难理解的一部分。对没有受过高等教育的音吉来说，把它译成日文是一个相当困难的工作。加上当时日本禁止基督教的传播，迫害基督教信徒，音吉也非常害怕，经郭士立说服后才参加了翻译的工作。通过这一珍贵的经验，音吉消除了对基督教的偏见。

太平天国时期，曾国藩等读书人普遍对太平天国的基督教成分抱有反感。到了 19 世纪 60 年代，具有儒学知识背景的日本武士也开始仇恨太平天国。音吉就没有受到这种偏见的影响，主要原因是他没有受过儒学教育，且有机会跟欧洲传教士交流。

当时在上海的欧洲人，出现了寄希望于受基督教影响的太平天国的风潮。甚至英国议会将太平天国称为"中国的市民战争（Chinese Civil War）"，对此进行了中立的评价。欧洲人对太平天国的理解和期待通过音吉传到了日本。这是一个很有意思的事情。

1854 年音吉回到了阔别 23 年的日本。这一年英国和日本之间缔结和平条约，他作为英方的翻译，来到了长崎。政府官员听说音吉的事情后，劝他回国。可是音吉说"我不能抛弃我的妻子和孩子"，指着英国国旗一语不发。他作为一个国际人士，超越了自己是否是日本国籍或属于日本地域的想法。

然而，音吉并没有忘记对故乡的热爱。

1862 年音吉离开上海，搬到他夫人的故乡新加坡。他离开上海的原因是什么呢？1860 年缔结《北京条约》后，英国开始支持清朝，编成常胜军对太平军进行镇压。他曾经工作过的宝顺洋行，也在鸦片贸易中获得暴利。英国的这些国家政策让音吉十分失望。

音吉到新加坡时，还会见了日本派遣来的政府代表团一行，代表团的成员中有庆应义塾大学的创立者福泽谕吉。由于日本当时严格的身份等级制度，对出身于平民百姓的音吉来说，会见这些武士使节团不是一件愉快的事情。事实上,福泽对音吉的态度也很冷淡。那么,为什么音吉还是坚持会见了使节团呢? 在会面中,音吉向不了解国际形势的日本使节团提供了各种各样的情报。他强调今后"世界必定战乱不断",特别是要"提防英国"。当时英国镇压印度的叛乱,把它作为殖民地。英国人又与法国人争夺在日本的权益。如果 1868 年在日本发生的内战没有很快结束,日本也会沦为英国的殖民地。音吉虽然是个弃民,被国家所抛弃,他也超越国家,选择了作为国际人士的独立人生,但是在自己的祖国面临危机的时候,他出于对祖国同胞的热爱挺身而出。这可以说是一种超越了国家范畴的民族主义。

接下来,我要介绍的是英国人 A.F. Lindley(吟唎)。他于 1859 年来到中国,与太平天国忠王李秀成有深厚的关系,回国后出版了《太平天国亲历记》。吟唎原来是英国海军的军官,他也曾经相信太平天国是"渴血的破坏者"的说法。但是他来到中国后,"发现太平军的军规十分严整"。他又受到了李秀成的欢迎,与太平天国的主张产生了共鸣,参与了打着基督教旗号来推翻清朝的行动。他帮助太平军扩充军备,1863 年把在上海夺得的常胜军的战船送给了李秀成。

据吟唎说,太平天国的人们是"聪敏的,直率的,英武的","表现了自由人的庄严不屈的风度"。今天我们不可否认,他过度地强调了太平天国的基督教成分。可是他抛弃了当时在上海的大多数欧洲人的偏见,根据自己的亲眼所见建立了他自己的太平天国论,这种"实事求是"的态度应该说是可贵的。

近年来,在国内、海外都有强调太平天国的破坏性的议论,此类议论的目的是打破从前历史学界的禁忌。但是另一方面,我觉得,这是中国社会历来对太平天国偏见的又一次表现。这里面包含有城市居民对出身于边境农村的太平军将士的歧视成分。在这一点上,我们也许应该学习吟唎的见识和态度。

在吟唎的思想和行动上,更为重要的是,他对自己的祖国英国进行了严厉批判。他批判英国帮助清朝镇压太平天国的目的是想获得赔款,还批判戈登率领的常胜军对太平军将士的屠杀行为。他说:

> 每当我想到自己的国家是怎样对待这些人的时候,我几乎耻于做一个英国人。热爱自己祖国的英国人全都不满于这种对外政策,并对自己国家的前途感到悲观。只要一瞥古代史和近代史上几个大国的命运,就可以发现我们的危险。目前我国正处于这些国家的伟大全盛期的地位,渴望自我扩张是许多国家衰亡的原因,我们不断地看到那些贪得无厌的侵略帝国的富饶殖民地的人民摆脱或推翻了他们以前的压迫者的桎梏。如果我们为自己和子孙打算,改变我们的政策,采取正义的、非侵略的政策,那么就可以避免那些历代相继衰

　　　　　　　　　　　　　　　　　　　　　　　　　学衡名家讲演录

亡下去的国家的毁灭命运。

在当时的英国，吟唎的知名度远远不及戈登(C. G. Gordon，1833—1885)。他回国后出版了一些著作，但没有引起人家的注意，于 1872 年病逝，终年 32 岁。

但是，吟唎提出英国采取"非侵略(Non-aggression)"政策的主张，对于了解 20 世纪亚非殖民地争取独立历史的我们来说，是十分正确的。对于曾经侵略过朝鲜和中国的日本来说，也有启发性的意义。

20 世纪 20 年代的日本，担任《东洋经济新报》主笔的石桥湛山提出了"小日本主义"，主张日本应该放弃台湾、朝鲜等殖民地。1957 年石桥曾任日本首相，1959 年退位后他访问了当时还没有恢复邦交的中国，与当时的周恩来总理共同发表联合声明，呼吁"中日两国人民应该联手，同创远东和世界和平"。

石桥在"小日本主义"中主张，经营殖民地既花销成本，又会带来军国主义、专制主义、国家主义等，弊害很多，对日本没有任何好处。此外，他认为"不论对哪个民族来说，沦为其他民族的附属国都不是一件愉快的事情"，并指出当时朝鲜在三一独立运动中提出的民族自决是符合世界潮流的。此外他还大力提倡日本在重视产业主义、自由主义以及个人主义的同时，应该放弃日本在中国，包括满洲和青岛在内的殖民地的所有权益，与中国进行通商和外交。

下面我介绍的是他在 1921 年发表的文章：

> 我国所有的祸根就在于被禁锢在"小欲望"中，也就是没有大志……如果当今的政府和国民们拥有放弃全部的觉悟，那必定会给我们带来有利的局面。比如，放弃满洲，放弃山东，放弃我们施加于支那的所有压迫。给予朝鲜、台湾以自由。这将会带来什么好处？这样做无论对于英国还是美国，一定都将陷于苦境。因为，如果在列强中，只有我们日本采取自由主义的话，他们就无法保持他们在世界上所自诩的道义地位。
>
> 那么这个时候世界上的弱小国家们都会一致低头向我国致以信任。印度、埃及、波斯、海地，这些列强领属地，都会一齐起来要求像台湾、朝鲜一样的独立和自由。事实上这正可以让我国从九层地底一跃到九天之上，而英美等国将会落入相反的位置。

在这段文章中，石桥批判了当时日本政府只顾小利而失去了世界上特别是第三世界国家的信赖。如果日本返还在中国夺得的利权，或者承认朝鲜和台湾的独立，就可以在当时被帝国主义支配的世界上，依据自由主义的精神构筑起一个新的国际秩序。放长眼光来看，这将会给日本带来最有利的结果。

这样看来,吟唎和石桥的思想具有很多共同点,事实也是一脉相承的。石桥的想法受到了19世纪末在英国出现的"小英国主义"的影响。当时英国的殖民地经营已经陷入了赤字的局面,这种思想就是反省这一现实,并批判欲望膨胀的国家政策而产生的。可以说,吟唎的主张在几十年后才得到了认可。

无论是吟唎还是石桥,他们最可贵的地方是,都对正处于高峰期的国家政策进行了正面的批判。吟唎没有像其他住在上海的英国人那样,追随镇压太平天国的国家政策。石桥也是同样,在一战后大多数日本人为"日本成为世界五大强国之一"而感到高兴的时候,他却发现这种错误的风潮会带来的危险。

石桥早在1915年日本提出"二十一条"的时候就表示:"我对当局政府以及国民对于外交的态度和行为深感忧虑"。他指出"赤裸裸的领土侵略政策"即当时日本强硬的国家政策,以及"草率的举国一致论"也就是国民们狭隘的国家主义,将导致与全世界为敌的恶果,"留下帝国的百年祸根",为日本政府和国民敲响了警钟。吟唎和石桥都没有随波逐流,保持自己的独立思考,他们的行为正告诉了我们,拒绝狭隘的国家主义的重要性。也许他们的主张在当时听起来近乎空想,然而却在今天还保持着超越时空的光芒。

我想介绍的最后一位,也是一个和中国史密不可分的日本人。他叫鹿地亘,抗日战争时期他在桂林创立了日本人反战同盟,以日本俘虏为中心进行了反战的活动。说起来我也觉得有点惭愧,因为1986年我到桂林留学以前对他毫无所知。后来我到南宁进行调查,回南宁的时候总是经过昆仑关,这个昆仑关就是鹿地亘第一次进行反战活动的地方。

鹿地亘出生于九州岛,他在东京帝国大学读书的时候参加过无产阶级文学运动。因为在日本国内遭到强烈的思想压制,1936年鹿地亘亡命上海,通过内山书店老板内山完造的介绍,在鲁迅的指导下学习中国文学。据他自己说,在鲁迅的葬礼上他还帮助内山完造为鲁迅抬棺。

1938年3月,鹿地亘来到武汉,在周恩来、郭沫若等人的推荐下,在国民政府内开始从一个"独立的日本人的立场"对日本俘虏进行教育和宣传。当时,日军认为被俘虏是一件可耻的事情,很多人被俘虏后出于强烈的恐惧而进行抵抗。此外,几乎所有的日本兵在走向战场时都有"为什么中国人要那么顽固地进行抵抗"的想法。鹿地亘耐心地说服他们以"被侵略者的立场"来考虑问题,培养了很多反战士兵。

1939年12月创立了反战同盟后,鹿地亘南下到北部湾,希望碰到在那里登陆的日军。他们到达昆仑关后紧握麦克风,向第五师团的士兵们大声控诉这场战争毫无意义,为此白白牺牲性命,承受痛苦的只有家人。当时,三名反战士兵倒在了日军的子弹下,其中一位是出身台湾的少数民族士兵陈松泉,日本名字叫松元速夫。

回到重庆后,鹿地亘于1940年7月成立了日本人反战同盟总部,9月开始在各地扩展反战活动。他们所发射的"语言子弹"发挥了很大的作用,"士兵们都在侧耳倾听,大家为这些'子弹'所打动,消沉,对战争失去了希望"。有时候反战士兵和前线的士兵之间还会展开讨论。

1940年12月,在湖北宜昌战线上就发生了这样一次对话。反战士兵们对着日军阵地喊话后,对方开始回应。反战士兵问:"你们知道为什么会有这场战争吗?"前线的士兵回答:"是蒋介石发起的战争。"反战士兵们马上回应:"你错了!我们来告诉为什么!"对方几乎没有表示抗拒和敌意。"你们不想放弃打仗回家吗?""当然想回家啦!""那么我们一起来想办法怎么回家吧,昨天我们提出的和平条件你们知道吗?""我们完全清楚了!"

鹿地亘等人除了向不了解国际形势的前线士兵传达国际形势外,还将对他们来说最迫切的要求总结成了八项《日军士兵的要求》,提出了废止检阅私人信件、改善伤兵待遇、禁止对完成兵役的士兵进行再募集等要求。此外,鹿地还呼吁"士兵们团结起来,要求马上停战回国","帮助中华民族进行抗战,打倒我们共同的敌人日本帝国主义",要求军内和日本国内进行体制改革。这些行为在当时的日本都属于对国家的背叛,会被贴上"卖国贼"的标签被肃清。但他没有畏惧被孤立和迫害,一直坚持了自己的信念。

然而,重庆国民政府并不喜欢马克思主义者鹿地亘的反战活动。1941年1月发生皖南事变,导致国共关系恶化,鹿地被认为是"亲共派"而遭到批判。3月,因为发生了反战士兵逃跑事件,国民党发出了解散反战同盟的命令。1941年英国政府请重庆国民政府派出反战同盟帮助工作,次年鹿地亘准备出发去印度时,却遭到国民党的阻拦,结果没有走成。

鹿地亘并没有为权力的压迫所屈服。1944年美军战略情报局(OSS)请求鹿地亘协助发行日语报纸,因为其中列有"忠实于美国政府"一条,他拒绝签署合作条约。1946年,鹿地亘回到了日本。1951年他被GHQ(驻日盟军总司令部)的情报机关(Canon Unit)拘捕,强迫他成为美国的特务。这时参与救助活动,亲自登上众议院法务委员会证言台作证的,就是曾经把他介绍给鲁迅的内山完造。大家都知道,1932年为了躲避上海事变的危险,鲁迅曾经躲在内山的家里。这是内山再一次向被国家强权所压制的友人伸出救援之手。

今天我在这里给大家介绍了音吉、吟唎和鹿地亘等几位和中国近代史密切关联的不著名的外国战士。他们都离开了自己的祖国,走上了和中国密切相关的人生道路,而他们之间的共同点是都保持了自己的个性。他们自己掌握自己的命运,不拘泥于国籍和狭隘的民族主义,选择了作为一个国际人的人生。但他们都没有忘记对于祖国和同胞的深厚的爱,他们强烈地批判私欲膨胀的国家政策,同情弱者,勇于对处于危难中的朋友伸出援助之手。面对国家的压制和迫害,他们不屈不挠。

他们具有坚定的信念,通过亲眼观察到的事实,不断地提炼自己的见识,培养了对事物进行批判性思考(critical thinking)的能力。正是因为这样,他们也具有不被当时社会上流行的偏见、蛊惑以及被操纵的舆论所摆布的独立精神。在这里我想进一步说,可以说他们都是具有叛逆色彩的人,因为他们言论看起来十分叛逆,在当时绝对不是大多数人的声音。可是我认为他们留下的足迹具有先见之明,给我们指明了今后的道路。

内山完造在他的回忆录中写下了鲁迅在生前说过的一句话:"世上本没有路,走的人多了,也便成了路。"我认为这句话既是今天给大家介绍的几位人士的写照,也是我们在思考中日两国关系之未来的时候十分重要的一句话。也许这些先人所开辟的道路因为种种偏见和狭隘的国家主义而被埋没在荒野里,但我觉得,现在的中日两国关系,应该抛弃过去一些陈旧的观念,用冷静的眼光来观察对方,经过批判性的思考之后,建立一种对等的双赢关系。看来,现在正是要考验中日两国社会包容度大小的时候了。

主持人语

菊池教授给我们讲了三个人物的故事,有的大家可能只是略有耳闻,三个人物的具体经历牵涉到了国家、民族、文化以及东方、西方等各个方面。反观今日的处境,虽与百年之前有很大的变化,但仔细想来,许多基本问题都有很强的关联性,这也是值得我们思考的。

提问互动

提问:这几个人在当时属于特别的例子,他们虽然不是一个时代的人物,却有共通的色彩,您认为出现这样的情况是由于什么原因? 是巧合性,还是他们真正具有国际主义精神?

菊池秀明:我提到的吟唎和石桥,他们是有很明确的联系的,但可能这条线不是那么清晰。鹿地亘和吟唎的直接联系很难找到,但他们的做法超越了自己的局限性,突破了自己所处环境的限制,这样的做法是共通的。

提问:您提到的音吉、吟唎,他们都会考虑到本国的利益,他们是真的关心中国人,或者被压迫国家的利益吗? 如果他们看到了太平天国在中国的所作所为及其真实意图,他们还会同情和帮助这些人吗?

菊池秀明:虽然音吉、吟唎对他国产生了一些同情之感,但他们的观点往往还是为了自己的祖国,他们也有自身所处环境所带来的局限,这是很多人都具有的,他们这样做超越了自己身份的局限性。但若要说是纯粹为了中国着想,两者之间还是有一定距离的。

虚假宣传的真实效果——近代上海的医药广告揭秘

张仲民（复旦大学）

主持人语：我们今天很高兴请到了复旦大学非常优秀的青年史学家，张仲民老师。同学们看到我们微信上的海报了，对张老师也比较了解，我就不多介绍了。今天的题目非常有意思。当然题目有意思是一方面，更应该学一学张老师的研究方法，看看他的研究角度，怎么找资料，怎么来分析。好，下面我们热烈欢迎张老师。

谢谢李恭忠老师！李老师过奖了，我觉得来南大是一个很好的机会，也是很让我受宠若惊地享受到"爱屋及乌"的那个"乌"，乌鸦的好处太多了。孙江老师邀请我来是出于爱屋及乌的心理，刚才李老师也是这样一种心理，所以让我占了很多的便宜，也让我很惶恐。但是不管怎么样，还是要讲的。我其实是不太适合讲课，也不是太会讲课的。这么多人让我很紧张啊，但还是要赶鸭子上架。

我讲的是我这些年一直在做的研究，就是关于近代的假药和假药广告的研究。但是这个东西可能会带来几个问题，假药有什么好做，假药广告有什么好做呢？我自己也有这种疑问，如果大家换个角度来想，我们现在也还每时每刻感受到这个假药的影响，这种乱七八糟的食品的危害，你就知道这个问题不是那么小的问题，也不是不重要的问题，其实它是一个意义很重大的问题。我从网上找了一些图片，大家可能都会有这样的感受。这些虚假的广告，特别是虚假医药的广告，补药、补品的广告，在广播电视、报纸杂志、网络空间里都是。特别是你半夜看电视，各种地方台、省台的，各种乱七八糟的神药广告。这种类似的虚假东西的广告，其实到处都有。可能大家觉得，这有什么稀奇啊，你也不会上当。但是，你要换个角度，你不会上当不代表别人就不会上当，没有人上当他就不会继续卖。他为什么能长期做广告，这就说明很多人在上当，但为什么会上当，其实这是蛮值得考虑和追究的。

现实生活里，我相信大家对于广告，不能说百分之百地相信或者不相信，反正绝大多数的同学、同仁会对广告至少是疑信参半吧。但其实我们去研究过去，包括研究过去的广告的时候，我们的研究者，可能也包括在座的一些同学或者老师，就会对过去的资料产生一种相信的感觉。不光是对广告，是对过去资料里所说的东西都容易轻信。放在现实生活里，你对于《人民日报》所说的，CCTV所说的，你不会都相信的。但如果你做研究，看过去的《中央日报》，或者过去的

《大公报》，你就会觉得他们说的是真的。其实道理是一样的，都存在这个问题。对于广告来讲，尤其如此。关于近代医药广告的研究成果非常多，各方面的内容都有涉及，从经济史的角度，从社会史的角度，还有从医疗史的角度，当然还有从新闻史、传播史的角度，研究成果真的是汗牛充栋。

最近兴起的一种新的研究，是关注制作广告使用的语言，还有它的跨国性，这是全球化方面的课题。这些研究成果都很好，至少给我们提供了许多启发。但是他们的问题也蛮多的，主要是哪些问题呢？就是说在做医药广告研究的时候，因为没有充分地发掘资料，所以很多的研究会理论先行，这样就会出现很多问题。最典型的是，这个药品经常做广告，你就说它的影响很大，特别是喜欢研究上海的学者，认为常做广告的商品对上海的消费者影响怎么怎么大。现实生活里大家不会这么认为，但是在做对过去的研究时，大家都容易这么认为。

判断是否影响大，你必须从消费者的角度，从社会的角度，或者说从读者的角度来考虑，看哪些人在读这个广告，哪些人在消费这个广告或者在接触这个商品，怎么消费这个商品，为什么会消费这个商品。还有一个更重要的，消费这个商品对读者、消费者自身的意义。大家知道阅读史研究有一个理论，就是阅读与反应的问题，不能只关注一方面的，还要关注另外一方面的受众的反应。同样的，对于医药广告，有些过去的研究基本不重视，就是这些医药广告是怎么被制造出来的，还有这个广告的读者都有哪些人，为什么去读这些广告，去消费这些广告没有人关心。另外具体来讲，就是这些药品或者类似的商品，它们的消费者具体是怎么回应的。当时的人，包括精英，像资本家和专业人士，也包括一般的社会大众，他们怎么来回应这个医药广告，就是所谓的社会史层面的东西。这些问题，其实是过去的研究基本没有关注的。

我主要是想以造假——医药广告的造假，来讨论这些问题。主要考察药商的报刊广告是怎么被生产出来的，他们针对的是哪些诉求，这些诉求有什么特色，这种广告是如何兴起的，还有名人广告——我们现在也有很多——如达官显贵的这种广告，又是怎么生产出来的。当时广告的主要载体是报刊，那么这些报刊同医药广告有怎样一种共谋的关系。还有就是刚才讲的，时人对于这些报刊、广告的回应情况如何，以及很重要的，医药广告对于消费者的实际效果何在，就是所谓的虚假宣传与真实效果的辩证关系问题。我就希望从这些角度来讨论，对过去的研究做一个补充，做一个纠正吧。

首先，讲制造广告的问题，医药广告是怎么制造出来的。近代西医或者西药进入中国之后，一开始其实是不太流行、不受欢迎的，包括在洋化的上海地区。但是后来慢慢地就显示出它的威力，它所谓的科学的威力、卫生的威力，所以就慢慢受到中国老百姓的欢迎，特别是比较有钱的人的欢迎，他们能买得起嘛。所以后来西药洛阳纸贵，很多人都觉得可以去买，因为它的效果比较好。为什么他们愿意去买呢？现在大家也更愿意去买药，不愿意去看医生，因为买药很方便，也不用去排队挂号，直接有什么症状就去吃什么药。那时候的人们也这么想，就是买药很方便。而且，那时候西医大部分都是洋人，光吃药不用同洋人打交道，也不用怀着心里的担忧，所以西药在当时上海市场上就开始流行了，很多人都愿意去买。有人买就有生意，所以就引起很多人的注意，就开始自己制作西药。以前都是从外国进口，但这个时候一些中国的药商也开始自己做。

但不管是这些外国在华的药商卖西药，还是中国的药商卖西药，他们都要靠广告宣传，没有广告就没有生意。因为西医、西药非常流行，但只是在一部分人之中流行。想赚更多的钱，肯定要让更多的人来消费，更多的人来买，所以他们就要靠大量的广告宣传。当时有一个学者，现在可能比较有名，叫丁福保，他把这概括成"告白生业"，告白就是广告嘛，这个行业基本是靠广告来支撑的。当时有很多人这样讲，后来也有很多人讲，医药之销量全靠广告之传播。特别是那些卖假药的，想欺骗病人，想卖出他的药品，想要病人来寻医问药，都要靠广告。而且，他们的成本也主要花在广告上面，最大的支出就是广告费，制药的成本是非常低的。我这里没有详细列出来，但是文章里有具体谈到，当时一些很畅销的药，比如有一种叫艾罗补脑汁的，它的成本就很低。一块钱的成本里，大概只有两毛钱是制药成本，其他大部分都是广告费，还有一些公关费，基本上都是这样。这些药的成本很低，但是效果怎么样呢？有人说，中国人造的西药效果都不好，外国人在华造的西药，或者从外国运来的西药效果都好。其实不尽然，当时在中国卖的，不管是西人制造的，还是中国人制造的，效果都不好，都在疗效上存在很多问题。但是，他们基本上都能够吸引到很多的消费者。为什么会这样子？这就跟他们做广告的技术有关。

所以上海的这些药商，不光是华人，还有西人，就挖空心思做广告，写广告词，找了许多专门混迹于上海十里洋场的无赖文人帮忙。这些人科举考试考不上，到上海去替报纸写写文章，替药商写写广告，或者各种行骗、吹牛、写小说、卖书等等。很多人混不下去就被药房雇佣专门给他写广告。但这种"人才"是有限的，尤其写得好的人是很有限的。所以不同的药商雇佣的有时候是同样的人，所以他们做的广告词在叙述和行文上，很多是相仿的，不过是内容变一下，有的是卖这个药，有的是卖那个药。所以大概晚清开始，上海药商的那些广告词，甚至医生的广告，基本上都是同一批人在做、在写，有很大的相似性。

另外，上海药商很聪明，很狡猾，他们为了突出药品的效果，还特别需要做一些恢复健康的患者的证明信、表扬信，就像我们现在去医院也经常会看到那种"妙手回春"的匾额或者感谢信。那时候也搞这一套，而且搞得很厉害。但是有时候没有那么多患者吃你的药康复，没有人送那些东西啊，所以药商、医生怎么办呢，就伪造，也是让这些流氓文人替他伪造，伪造康复的消费者的感谢信，当时所谓的保证书。他们费尽心机地制造各种各样鸣谢的保证书，这些保证书来自全国各地，来自上海的还少一点，全国各地的都有，甚至有来自台湾的——那个时候台湾已经割让给日本了。而且这些保证书里很多是有名人署名的，包括知识界的名人：学者、文人墨客、写小说的，还有一些达官贵人、地方督抚之类。在报纸上连篇累牍地刊登，来显示他的药品效果很好，这个医生的医术很好，吸引了很多的消费者，让很多有病的人都康复了，所以怎么样受欢迎，等等。就是制造一种假象，但是这里面有些是真的，有些是假的。除了一些大人物、名人之外，也有一些小人物的保证信，来自安徽的，来自台北的，哪里都有。也都是说吃了这个药，疗效多好，多么舒服。

仔细看这些修辞性的叙述，很多都是差不多的：有朋友送我这个药，我一直有这个病，一直都没有康复；朋友送了我这个药，开始吃的时候我不相信，后来吃着吃着发现效果很好，后来又继续吃；现在觉得病真的已经康复了；我得到这个实惠不能就我自己知道，我要公之于世，所以我要给这个药来写感谢信，来表扬你。基本上叙述的逻辑就是这样，文字有差别，但逻辑没有什么大的变化。

为了进一步增强这种保证书的可靠性和逼真度，药商还耍了另外的花招，像五洲大药房就声称这些谢函不是我伪造的啊，真的是别人寄过来的啊，这些寄信的原件我都保存着，随时欢迎你来查阅云云。像席裕麒，晚清苏州洞庭东山著名的奸商，他更聪明，他说，因为表扬我这个药的保证书太多太多了，如果都登上来要花很多广告费，我花不起，就像以前很流行的广告："某某广告做得好，不如某某冰箱好"。他这个药就是这个意思，我广告做得好，不如我药的效果好，大家不要光看广告，要看实际的效果，其实还是一种变相的广告。大家可以看这段原文，其实那个药都是假的，都是吗啡做成的。

这些药基本上都是假药，或者没什么效果，包括刚才我们讲那个西药，其实有些材料他能在中国内地卖，在香港卖，基本都是没多大效果的，回头我们还会讲到。这些药基本都是用吗啡什么的做成的，没有什么实际作用，但是都被吹得神乎其神，百病可医。一般来讲，一个药治一种病，他是什么都可以治，有病治病，无病补身，万用灵丹啊。但是呢，他们只在广告里讲得天花乱坠，至于这个药到底由哪些成分构成，配置的过程是什么样子，怎么被制造出来的，服用以后有没有副作用，他们都不说，现在这些信息药商都得提供。那个时候药商讲的都是什么呢？独家秘方，或者是风行日本或者欧美，已经风行了，效果很灵验，用途很广泛。我记得其中有一种药说，说英国人那么厉害，就是因为吃了那个药，现在中国人不行，要吃那个药就好了。

我举两个广告给大家看，华益大药房的"卫生补元汁"就这样说，"此汁乃本药房独得之秘方，由七国卒业文凭医学生所授，经东瀛国手"等等，他就给你讲这些很花哨的东西，到最后也没有告诉你原料、制造过程、有没有副作用等，就是拿这些噱头来哄你。这个"自来血"号称是德国的，其实是假冒的，他也讲"本药房自欧洲分设上海，已经十七年了"，就是从欧洲运过来的原料，他也没有讲什么原料。说是"上等原料"，什么上等原料呢，其实是上等吗啡。所以，药材、化学器具，什么都全，建厂以后，几乎各界欢迎，都是这样子说的。仔细看，叙述的风格都类似，不讲成分，不讲有没有副作用，不讲怎么制造，都是讲来自外国。

当然一些中药也有这种毛病，好讲独到秘方、宫廷秘方之类，其实它们的修辞策略也差不多。这种模式的广告宣传当时有很多，像这些药，特别是那些西药，自来血、金鸡纳霜、红血轮、韦廉士补丸、仁丹、补脑汁等等。这些药打着西方的幌子谎称是来自外国，美国、德国、日本、英国什么的，你从广告里、说明里根本看不出它的成分和制造过程。所以，消费者根据广告去服用他们的药，那就很危险。对这些广告有意见的人有，但是很少，大部分人对这些情况完全不了解，所以他们也没办法分辨真假。现在你去买药也没办法化验，只有极个别化学系的或者实验室的，他能够化验，一般的根本不可能。所以那个时候人吃药看病基本上都是靠广告，靠药商来吹牛，这样很多人都会上当受骗。

当时晚清著名小说家陆士谔就说过这种现象，他说在上海太容易发财了，你只要做药商，卖西药就能够发财。只要起个响亮的名字，药品吃不死人就好。但是药一定要甜，不要苦，意思就是用糖水嘛。晚清时的上海这种药房非常多，而且大部分西药房都是冒充来自欧美、日本的，对于很多顾客来讲，他缺乏分辨力，就很容易上当。这就给药商造假提供了广阔的空间。而且吃不死人，没什么关系，这些药主要都是由吗啡构成，再由糖水勾兑，吃了就会感觉很舒服，如果你原来可能精神不振，用吗啡这种毒品来刺激你，你吃了就会觉得它很有效，长期吃就有依赖了。有些药没什么依赖，但也没有什么好的疗效。

这种造假的文化，其实大概从19世纪80年代就开始了，在90年代开始慢慢茁壮成长，蔚为大观，到20世纪初年极为昌盛。这种情况一直延续到1949年，长达50多年。这种药商的造假文化，影响很恶劣，跨度也很长。对于近代中国来说，虽然我们只是在讲上海，但当时上海是全国的龙头老大，各方面都从上海发源，都受上海的影响，所以讲上海，其实也是在讲近代中国，假药那时候对全国的影响都非常大。

这种造假的情况在1880年代前的上海也都有，不过那个时候手段比较低劣，只是让一些病人、顾客简单地称赞医生医术很高明，药品很好。也会刊登一些官员或者名流的匾额，但是都很简单，不像后来那么复杂，影响这么大。在这些造假的先驱里有两个人"贡献"很大，一个是孙镜湖，一个是黄楚九。关于孙镜湖，刚好11月底跟恭忠老师一起在北京开会，我专门写了一篇文章，讲孙镜湖怎么成为造假的先行者、始作俑者，上海广告造假，医药广告造假的花招他是怎么活用的。比他更高明的就是比他年轻的绍兴人——余姚那时候属绍兴，现在属宁波——黄楚九。要弄清楚这个问题，我们首先还是要讲讲孙镜湖，因为他是一个先驱，而且是最重要的一个人物。

在我看来，医药广告造假的手段很多，但是最有影响，或者说最让人印象深刻的，就是借用很多名人、文人来吹嘘他的药品。孙镜湖造的最著名的药品有两个，一个是燕窝糖精，一个是富强戒烟丸。这种广告在他之前也有使用，不过最成功的应用是在燕窝糖精上。他在给燕窝糖精做广告的过程中，利用了大量文人来给他的药品拍马屁。他首先请的一个比较著名的文人就是沈毓桂，就是上海流氓文人圈里一个比较有名的买办文人沈毓桂，懂西学，是洋买办出身，不过他是个无行文人。孙镜湖找到沈毓桂的时候，沈毓桂已经90岁了，所以他就替孙写了广告词，吹嘘燕窝糖精。因为时间关系，我就不给大家看原文了，其实原文写得很好。燕窝糖精是1896年预备生产，1897年才推出来。但是沈毓桂讲他年纪这么大，身体这么好，就是因为吃了燕窝糖精，这都是吹牛，完全是在给燕窝糖精拍马屁，实际上那时候燕窝糖精刚刚问世。因为他把燕窝糖精吹嘘得很得力，孙镜湖就把这当作一个重点广告到处推广，后来还把这个广告和其他名人广告夹杂在一起，作为燕窝糖精受到欢迎的一个重要证据。所以这个燕窝糖精广告是当时很有名的一个广告。

除了沈毓桂，当时的学界领袖俞樾也被孙镜湖利用，利用了好几次。俞樾我们以前觉得是章太炎的老师，汉学领袖，学术水平很高，人也很好。但我现在通过很多别的材料看，他这个人，其实是很不堪的。汪康年等人说俞樾他有钱有势，买了很多穷困潦倒的读书人、学者的成果，比如戴望，他们成果出版不了，死掉了，没钱安葬，他就买下他们的成果，变成自己的，《古书疑义举例》就是买戴望这些人的。他自己又非常喜欢攀附权贵，所以他在文集里攀附权贵，说受曾国藩欢迎之类，自我吹嘘。他特别喜欢攀附彭刚直，在文集里提了二十多次。所以其实这个人很势利，人品很不好。你看他和孙镜湖的关系，我觉得汪康年对他的批评是对的，当然还有许多别的例子可以举。1894年，孙镜湖的药房刚成立的时候，他就给送了一个匾额，叫"存心救世"，到之后燕窝糖精发卖时，俞樾又写谀文，替孙镜湖的燕窝糖精拍马屁，讲的内容跟沈毓桂有很多类似的地方。他后来参加燕窝糖精的征文，用我们现在流行的网络用语讲，老先生是"拼了"。而且他不光自己参加，还让自己的学生也参加。他写了一篇马屁文，保证书，里面都有显示，大家可以简单地看一下。

许多资深的老"教授"们，年轻的、新兴的文人们都很积极。像当时流行上海的一张小报的主笔，周病鸳，安徽人，编了《同文沪报》的《消闲录》，这张报纸在19世纪末的上海很有销量，很流行，他也给孙镜湖写的拍马屁文章，更肉麻，更有想象力。其实这些人都应该去宣传部干事，去国民党的宣传部,或者中华民国的宣传部,可惜了。吴趼人是一个更有名的小说家,他那个时候还很年轻,也替燕窝糖精写过马屁文,写得很有文采。类似这样的人很多,大小文人,报纸主笔,孙镜湖网罗了很多人,当然还有医生、官员,这些都是他做广告的一种花招。

孙镜湖还请了一个外国人,林乐知(Young John Allen,1836—1907),是个传教士,替他称颂燕窝糖精,这个广告也被他重点推介,把它作为防伪标志,每个燕窝糖精的包装里都有这样一个广告,证明洋大人很欣赏燕窝糖精。上海人很崇洋,现在崇洋,那时候更崇洋,发洋财、吃洋饭,都是靠这个,所以很受大家欢迎。这是林乐知的原文,我开始怀疑是伪造,后来发现不是伪造,因为他是燕窝糖精的股东,股东替自己的药吹牛,可以赚钱,很正常,不是伪造。这类文人拍马屁的话非常非常多,给燕窝糖精打了很好的广告,所以燕窝糖精很畅销。其他的官员、商人,上海滩有名的,都给它做过广告,有些是真的,有些是假的,但就在报纸上不断地刊登,《申报》、《新闻报》、《中外日报》,当时的几个大报,差不多每期都有,而且是同期很多个报纸都有。这就让人很震惊。

孙镜湖还发动了一个很有创意的活动,就是征文比赛。那个时候上海滩的无聊文人喜欢为妓女选花魁,弄作文比赛。孙镜湖就学,不知是不是李伯元出的主意,也围绕燕窝糖精征文。在报纸上,让大家围绕燕窝糖精书写文章,各种乱七八糟的文人都投稿,还分别等第,在报纸上刊登,你是第一等,他是第二等,这些文人好名,又无聊,又无赖,所以很多人在投稿,其实他根本就没有见过燕窝糖精,也没有吃过,凭空想象燕窝糖精有多好,怎么怎么样。这就有了很多精彩的文章,他把这些文章汇成一本书,就是《燕窝糖精谱》,后来发现这不够啊,又编了一本《增广燕窝糖精谱》,把这作为销售燕窝糖精的赠品。燕窝糖精很贵,大盒四元,小盒两元,当然不是现在的人民币四块钱,我们知道大洋的币值其实从晚清到1930年代都没有什么大的变化,所以毛泽东在北大拿八块大洋也能生活,你想想四块大洋,其实已经相当于毛泽东半个月的工资,那其实是非常贵的。可见这种广告方式是非常有效的。前面说了,这个征文活动连俞樾都参加了,但他不是最高的,是超等十五名之一,其实很多名流都参加了的。而且,你得了奖他还送你一个小礼品,主要都是乱七八糟的卡片、书帖,等等。

在这些常有的广告手法之外,当然还有其他的。比如,说有造假者,这药品其实明明没有人造假,但是他说我这药品有人造假,要认准我的"正品",这些乱七八糟的手法都有。我这里讲的主要是文人谀药。燕窝糖精流行后,别人看你赚钱这么容易,就会模仿、山寨,所以孙镜湖赚钱很容易,但也遇到了挑战,就是山寨多。群体效应,旧上海有人是很在行的,你出了一个流行的东西,马上就有许多人出假货来模仿,其他上海奸商就纷纷效仿,这种情况很多,这里就不多讲了。所以,许多材料都有讲到这个燕窝糖精和孙镜湖的影响。

在孙镜湖的追随者和模仿者中，黄楚九是最厉害的一个，比孙镜湖还厉害。他在广告手法上不光采用孙镜湖的那些，孙镜湖用过的他都用，但比孙镜湖还高明。最高明的一点，我觉得是广告叙述的政治化，就是他把他的广告、药品同政治、种族、国家结合起来，说他的药品对于种族、国家多有意义。他有个广告，说这两年觉得中国比过去好了，为什么比过去好，就是因为吃了我这个药；为什么前两年不好，就是因为没吃我这个药；欧美人为什么那么强大、那么聪明，就是因为喝了我这个补脑汁的原因。现在的竞争最关键的就是人类的竞争，人类的竞争最关键的就是脑的竞争；脑是一身之主，脑越聪明，人就越强壮，人越强壮，种族就越强壮，就是跟西方人、白人比，也不会吃亏。他就是这样的一个逻辑。后来这个逻辑就被很多人模仿，有人说，肺好，一切都好；还有人说，血好，一切就好。都是这样的一种逻辑。后来还出了一种清醒丸，说人清醒就能怎么样。都是些乱七八糟的药，都是从黄楚九这里来的，而黄楚九就是从孙镜湖这里来的，都是无中生有。

其实孙镜湖的燕窝糖精里面根本就没有燕窝，就是拿糖精兑的，别的研究里也都有提到，都是假的，完全是假的，就靠卖广告，所谓广告生业，骗了很多人，骗了很多钱。但是后来就完蛋了，因为很多人去模仿，去竞争。但是黄楚九比他更厉害，销量更大，影响更大。而且他还有新花样，让一些文人写写白话小说，再点出他的艾罗补脑汁怎么怎么样。一看这小说很吸引人，其实讲的就是卖药的家常故事。还用许多西方术语，孙镜湖也用，不过用的仅仅是机器、化学、卫生这几个名词，黄楚九用的就多了，用的是西方最新的词，什么 X 光，什么飞艇，什么新的化学元素等等，都有。而且孙镜湖用来写保证书的人都是一些中国人，普通人，都没有地址。黄楚九用的案例都有地址，在英国某某街某某号，上海哪个街，安徽哪个地方，都有。同时还画一些像，甚至还提供一些照片，他就很聪明。另外，孙镜湖的那个燕窝糖精基本都是针对男性消费的，而黄楚九这边，虽然主要也针对男性，但他也不忘女性。他讲女性身体弱，月经不调，白带增多，都可以用这个艾罗补脑汁。他会讲一些故事，譬如某某女学生身体不舒服，怎么也治不好，日本医生治不好，找中医也治不好；后来她哥哥在报纸上看到艾罗补脑汁，买了，她一吃就好了。所以他花招更多。模仿黄楚九的人也很多。所以这些人聪明，真的很聪明，干坏事尤其聪明，做起恶来很厉害。像席裕麒造的鸦片戒烟药，号称是日本的，其实是冒充，跟日本根本就没什么关系。五洲大药房的人造自来血也是这样，也跟黄楚九有关，五洲大药房就是黄楚九投资的。

另外很关键的是，外商的药房在上海滩原来是领先的，在医药界卖得好，但是他们做广告做不过中国商人。医药广告造假在 19 世纪末是全世界一个共同的问题，德国、美国、英国，都有这个问题，也都很严重。但是把广告做得这么好，把花招用得这么多的，外国人还是比不上孙镜湖、黄楚九。所以这些韦廉士也好，兜安氏也好（东亚公司书药局是日本的，兜安氏是美国的，韦廉士是英国或者加拿大的），它们都在这里卖，它们的广告都是学中国，学黄楚九他们。有些人认为是外国广告影响了中国，然后再异化，就是修改本国的广告。其实"老外"哪懂在中国应该怎么弄，所以基本上都是在模仿中国，因为他们的药也都是假药。其实这些药商也有创新，他用一些外国人，特别是有外国女人照片、署名的一些保证书，加上外文，而且把外国药商总部的气派大楼的照片贴出来，把在全世界的分店的图片都做出来，中国人哪里能辨别。那些假冒外商的药房，都是这种方式。你看这一个孙镜湖，一个黄楚九，影响非常大。

这些药，安神补脑汁、燕窝糖精、人造自来血、亚支乃戒烟丸，包括仁丹、韦廉士等等，很多都是畅销中国几十年的。特别是安神补脑汁，1904 年推出，一直销到 1966 年"文化大革命"。现在它换了名字，当然后来配方变了，广告也变了。20 世纪 50 年代初，五洲大药房的人造自来血也是这个样子。以前中共从国统区偷运的药品中都有人造自来血。像兜安氏，一直卖到 20 世纪 30 年代。韦廉士一直到抗战爆发以后才完蛋。这些药都是晚清进入中国的，至少卖了 30 年。仁丹更不用说了，一直卖到 80 年代，李老师不知道有没有印象，仁丹现在还有嘛，不过已经变成国产的了。它的影响非常大。这些都是从假药发展出来，后来变成所谓的真药的。当然也有一些短命的，像爱理士红衣补丸，其他还有一些假药也很快就消亡了，但有一些影响是非常大的。

这些药的保证书，到后来女人、小孩的照片都放上去了，这是原来黄楚九和孙镜湖所没有做到的。再后来，一些名人，孙中山啊，黎元洪啊，章太炎啊，梅兰芳啊，都用上去了。梅兰芳做的是韦廉士红色补丸，这个夸张得厉害，英国的药商最喜欢造假，它是真正的西药，但是根本就没有这个作用。西药不讲万应灵丹的，欧洲的西药一开始也讲万应灵丹，后来他们自己规范起来，一个药只讲一种功效。韦廉士在中国模仿中国药商，什么都治，百病可医，万用灵丹，有病治病，无病补身。他造假保证书，这些名人广告，不说全部，很多都是造假的，后来许多人都识破了这造假的技术。而且这些广告基本上都是一帮流氓文人做出来的，不管花样再多，都是捏造出来的。一些内行的人讲，不要相信他。但是有人会问，我们看到的那些著名的保证书，孙中山、章太炎啊，都是造假吗？那么多人他敢造假吗？他造假不会被追究吗？的确，孙中山的，章太炎的，肯定不是造的假，是真的。但是我们讲，不是所有的都是真的，大多数都是假的，特别是那些达官贵人的，那些名人的。而且这些造假，最关键是上海人习以为常，根本就无所谓。孙镜湖早年开药房的时候喜欢造假，像阮元送给他的匾额，曾国藩、左宗棠、刘坤一都给他送过，王韬也送——当然王韬可能是真送了。他从 19 世纪 90 年代起开药房，曾国藩、刘坤一、左宗棠，特别是左宗棠和曾国藩，他们早就死掉了，阮元 1849 年就死了，怎么可能送给他呢？这都是借他们的名造的假啊。

这种借名造假手段,最常用的就是移花接木。比如说,这个药在上海很受欢迎,说上海某某人吃了给我写了感谢信,而上海那时候 100 万人,你查不出来。说河南某某人吃了,写了信,你也查不出来。比较低端的,一般小人物,都是这种方式,比如安徽谁谁谁吃了,安庆谁谁谁吃了,有的是写省,有的是写城市,有的是写地方。只有极个别的写那种熟悉的小地方,那都是他买通的人。保证书里很少有上海的,大部分是外地的,上海人也有,是他买通的。为什么外地的人多,上海人少呢?刚刚讲了,上海人见得多了,都不相信了,久经假药的考验,都成了忠诚的反假斗士了,所以他们就不太上当。造假广告骗的主要是外地人,新到上海的人,和趋新消费者。外地人一到上海看到这花花世界,什么乱七八糟的都有,如补肾的药,那时一夫多妻制,男性地位高,而这些药都会暗示一些补肾的效果,所以这些人都喜欢买这些药。而且借名造假的时候,普通人他借的多,因容易借名,某某张三,某某李四,不容易查得出来。若名人借的话,就容易被查出来,所以用普通人来移花接木要普遍得多。

你们看这个广告,我很喜欢引用,很煽情的一个广告:上海中华大药房自一发行安神补脑汁,疗效异常,一时风行中国二十二行省——那个时候中国有二十二行省——凡脑筋不强者无不视为秘宝。无论老少男妇,春夏秋冬,服之皆有奇效。你看他怎么讲,中国前数年军界学界景象何等萎靡不振,自经安神补脑汁输入之后,服此者人人知爱国,人人知保种,你看这药效果有多大。所以呢,智慧日长,思想日新,都是靠他这个药的功劳。长期下去,中国人要强国强种,必须要服这个药。所以我经常服,我比你们都聪明。我现在登报声明,四万万人都速服用强脑。你看这笔名,顾雄亚,一看就是笔名造假,雄视亚洲。虽然你可能会说这个人是假的,但是怎么知道他是假的,查不出来。这是普通的借名造假。

那些有原文笔迹、签名和真人照片的,大家可能怀疑他不是假的,但是那也是造的假。为什么是造的假?陆士谔就讲到他这些签名、这些照片是怎么来的,他说的比我讲的好,大家可以看一下这则材料,照片、信封都是真的,但是照片的姓名并不是登报这些人的,信封也不是寄给他们的,等等。这是陆士谔《新上海》小说里讲的,大家可能会怀疑小说的可靠性,但是我们认为他说的基本可靠。当时报纸上的评论也讲过,药房的告白是怎么来的,上海的某某药房(我怀疑他说的就是五洲大药房)制造之药,五花八门,千奇百怪,包括告白、杂记、外地之信函,神妙无双。各种各样的文字都很花哨,但是都很类似。看起来似乎实有其人实有其事,其实不是这样子,都是由某学堂、某署衙来把地址姓名刻上去,都是欺骗消费者。五洲大药房的竞争对手——普惠药房,是卖补血药的,刚刚我们讲它号称来自德国,跟五洲大药房是竞争对手,它就挖苦五洲的保证书造假手段很拙劣,让消费者不要上当。为什么说拙劣呢,因为所有保证书的手法和笔法,都出自一人之手,就像我刚才说的,就那几个文人,给很多药房写,当然是相似的。《中外日报》

上的评论也讲告白生业，借名造假，也揭发这个造假情况，不过它讲的是医生。西医也有这样的案例，医生自己找朋友写一个匾额，敲锣打鼓地送过来，然后就可以唬人了。后来，民国时期著名的西医范守渊就讲，医生要做名医，其实和要卖名药一样，都是要做宣传工作，现在我们的说法是要炒作，不炒作药就卖不出去，当医生的也没人找你看病。

这种移花接木的把戏，席裕麒用得很高明，他很坏，很狠，卖假戒烟药，有一次做广告就拿当过日本首相的大隈重信举例，把他放在广告上面。表面上看是大隈给他做代言，但是仔细一看内容，他说大隈重信说中国这些年要革新，怎么样才能革新呢，革新就要戒烟，而我这个药是用来戒烟的。他就这样拿大隈来给自己做广告，很典型的移花接木。这种方式后来很多药商都在用，一个卖春药的商人就用李济琛的名字卖春药。他先说桂系军阀李济琛政争失败后，幽居在南京汤山，对记者发表谈话，"有子万事足，无官一身轻"。药商怎么来用这个话呢？说"幽居汤山李济琛氏"怎么样，很有悬念，好像被幽禁的大官僚发表讲话一样，"上书虽寥寥数行，蓄意简略，然使伯道读之，不免引为憾事。足证子嗣之……"云云。李根本就不是讲后代的问题，但药商就是想以此表明，这个春药你吃了可以生孩子，这也是一种移花接木。

当然这移花接木有的时候会弄巧成拙。晚清时有一个药房，专卖春药的，造假，都是上海人在吃，他把地址列出来给别人看，别人一看，报纸上这个人其实没有吃过啊，于是造假马上就被揭露了，因为这造假太低劣了，有其人无其事。你必须无其事无其人，你就随便编一个哪个人哪个地方，根本查不到，而他编个上海人，又都有地址，所以别人很容易就查出来都是假的。

类似的情况还见于普惠药房和五洲大药房关于补血药的竞争：普惠药房自己弄了一个名字造假诋毁五洲大药房，说有个消费者买了你这个药，老婆流产了，所以大家不要吃这个药。这其实是编造的，很可能就没有那个人。那么五洲大药房是怎么回应他的呢？他就做辩诬广告，说某某某，南京总督衙门的这个官员，从来就没到过上海，也从来没有吃过我这个药，他妻子也没有怀孕，你怎么歪曲我呢？这就叫以假对假。这是一种很高明的回应方式，普惠药房很难回应，他说这是假的，没有这个人，那自己不就露馅了嘛，这就是弄巧成拙。黄楚九也犯过这种错误，他也弄巧成拙过。他在20年代发明了一种新药，百龄机，养生用的，说吃这个药可以长生不老，他真的是吹长生不老。他就找了个白发老翁的照片放在报纸上，随便从哪里照相馆找的，结果被这老翁看到了，就告他，说我根本没吃你这个药，我活这么久，跟你的药也没关系啊，黄楚九不得不道歉。韦廉士药房，就是那个英商，曾经伪造黑龙江某小地方一个医生张国华的保证书，张国华看到了，说我没有给你开过啊。

这是我们说的借名造假，当然有的也不是借名造假，有的确实是本人写的，如刚才讲的孙中山、梅兰芳、章太炎，但这是另外一回事。我引用的那个材料讲的是一些神经过敏，其实没有病，受到广告的暗示觉得自己有病的情况。现在也是这样，有些广告都是胡说八道，根本就不用理他，但是有人看了之后就去买药治病。当时是看报吃药，现在是看网络信息吃药。什么卫生知识，什么医疗常识，公交车里经常会播放这些东西，其实很多都是骗人的，都是为了误导你。一误导，你就有心理暗示，我最近不太舒服，肾出问题了；我最近不太舒服，脑子出问题了，其实根本就没有问题。没问题吃这个药当然会好了，你就去写一个感谢信，这很正常。还有一种其实是无药可医了，吃了这药，心理安慰，突然感觉好了，或者说瞎猫碰上死老鼠，无意中治好的，这两种情况都存在。那些真的保证书里，这两种情况的很多。只有很少的一部分人，的确是他写的。这种人大部分是像孙中山，为什么去写，是因为他流亡日本的时候，这药房出资接济过他。患难哥们儿，替你做个广告当然是很应该的嘛，等价交换，投之以桃，报之以李。所以像孙中山这种个案，真的是他写的。但这并不代表医药广告借名造假不具有普遍性，造假确实是普遍存在的。就算真是本人写的，其实也是一种借名造假，药的效果没有这么好，拉名人做广告存心为获得利益，误导读者，误导消费者，这也是一种借名造假。这借名造假在近代上海比比皆是，害人害己，非常普遍，所以当时的人就很讨厌这些事情，特别是这些名人的不自重。

这种造假不仅存在于医疗广告中，而且是各界普遍存在的事情，比如说章太炎的名气很大，有人去世了，弄了一副对联登在报纸上，说是大学者章太炎所送，很有面子啊，可后来章太炎说，我没有送过，这也是一种借名造假。包括很多署名啊，电文啊，启事啊，看起来很多人参与其中，其实大都不知情，都是被人借用的。所以当时有人评论借名造假，说"吾国有一通病，每好借用他人之名号"，也不告诉本人。最关键的是这些人当时知道了既不追究，也不纠正，这是很有意思的。最有名的就是李鸿章，在甲午战争之前他声势最盛的时候，他家乡的人开当铺都要托他李中堂的名。开店的时候，都有李鸿章的赠匾，李鸿章知道了这事情也不管，一笑置之，大概觉得自己力量大，应该照顾照顾老乡。马相伯，晚清上海比较喜欢出风头的一个文人，经常被人用来造假。有一次他的镇江老乡用他的名号来参股，后来银行破产，因为马相伯是股东，就让他赔钱。当时马相伯是复旦公学的校长，复旦公学的人对这事很不满，马相伯就说，没有啊，我根本不知道这个事情啊。其实我后来看资料发现他是知道的，是故意这样讲的。当然有的人是比较爱惜羽毛的，像张元济就是，他一看有人借他的名字名造假，他就马上登报声明，说这和我没关系。他经常在报纸上登各种声明，张元济是比较爱惜羽毛的，当然这种人比较少。

造假这么严重，这么普遍，当时的人怎么应对呢？当时很多人讲这个问题，假药广告非常地流行，但是大家也都明了，特别是上海人，基本上不会上当，上当的主要是一些外地人。另外呢，这假药也骗不了内行人。所以清末有人指出，越文明，造假的程度就越高，特别是药店的告白，广告越做越奇怪。"有登报言其……有声明言……假冒……"不懂的人看到，觉得这个药卖得真好，其实这是他造的假。还有人认为中国的医药市场造假现象太严重了，政府要出台一些措施来管制，读者呢不要轻易看报吃药，随便购买这些成药，不要迷信广告。但是没有用。这些主张都很好，但在当时政治不上轨道，政局混乱的情况下，根本采取不了同期美国、德国、日本的做法，就是对医药立法，但当时根本做不到。美国是1900年立法，出台"食品药品法案"，德国大概是统一之后，日本更晚，是1920年之后。中国来不及、管不了这个事情，所以当时的滑头药商造假就大行其道，大骗其钱。

另外，就算你揭发造假，在当时的政治环境下，也未必有好结果。我找了一个例子，就是席裕麒发明的亚支乃戒烟药，打着日本牌子，号称是戒烟良药，号称没有吗啡，其实里面主要的成分就是吗啡，买通日本人做自己的保护人，声称这个公司是日本公司，药品来自日本。他当时很多的广告模仿黄楚九，他这个药是1905年推出来的，完全在模仿黄楚九和孙镜湖。两江总督还专门给他颁发了一个保护告示，表明他有靠山。但是，还是有人去"整"他，说你这个药造假，并且由官员出面，化验说这个药完全是吗啡，江苏巡抚、上海地方官说要严惩席裕麒。席裕麒很厉害，他花钱贿赂江苏巡抚派来调查的人，花钱证明化验结果显示不是吗啡。同时又找日本领事帮助，说我是你们日本的公司啊，同时报纸上继续刊登广告，刊登各地地方官给的保护告示。所以呢，这药尽管最初被化验出是含有吗啡的，但是因为采取了这一系列的手段，并且在日本领事的袒护之下，根本就没事，而去告发的人，要求惩处他的人，反而被关起来了。当时有的人很不满，《神州日报》上专门刊登了一篇评论，挖苦席裕麒，不点名。陆士谔在他的小说里专门带了一笔，说这些药商不要惹，惹了也没用。这些药商就是托洋牌为护符，最好就是不要买他的药。在证据确凿的情况下，席裕麒都没有受到惩罚，就因为他托名洋商，如果他是华商的话，早就完蛋了。

刚刚我们讲的孙镜湖，他最后完蛋就是因为没有找洋牌保护，他卖的富强戒烟丸是1901年开始卖的，比席裕麒早，后来被化验出含有吗啡，他的店就被关掉了。席裕麒被化验出来就没事，因为他有外商保护。所以在这个租界和外国人的保护下，上海药商的造假是更加肆无忌惮，各种药里都混入吗啡，以前是戒烟药，后来是各种药，因为混入吗啡，就有一种即时的效果，吃下去马上就感觉很好，就算被揭发了，也没关系，受不了多严厉的惩处。当时《新闻报》上有一幅漫画，讲现在做生意，吃饭靠自己，但是没办法，必须要找洋人做护符。画里人挑着一副担子，上面美国、日本、英国国旗都有，托洋牌保护。那租界难道不管吗？租界号称查禁春药广告，但是这类广告依然满天飞，他也不管。说要管，最多只是告发，多数时候走个形式，其他就根本不管，基本是袖手旁观。假药更不管，因为假药大多是托名外国人，一些外国药商在中国也卖假药。最关键的是消费假药的都是中国人，外国人是不买的，所以租界工部局就睁一只眼闭一只眼。对于政府来讲，它更管不了，因为是在租界。有一些内行人想揭发，也没有用，影响很小，而且很多人根本就不想揭发，无形之中起到了助纣为虐的作用。

最关键的是报刊自己，对报刊主办人来讲，尤其是商业报刊，更不愿管。好一点的报纸，像《中外日报》《神州日报》，有一点良心的，边登这些药商的广告，边骂他们。这算好一点的，因为不登广告，报纸就没有广告费，不能正常运作，其他的根本就是沆瀣一气。特别是《申报》和《新闻报》，它们基本都靠广告费，《新闻报》做得最过分，在1895年左右，就连续发表文章、社论，称颂药商的某个药品多好，有两篇是称赞大隆公司的燕窝糖精。就好像要是《人民日报》替哪个商品连做几天这样的广告，商品肯定大卖。《新闻报》是当时上海最有影响的报纸，却经常这样搞，晚清这样搞，民国也这样搞。它后来就成了广告报，主要是替药商推销，这种情况非常严重。这种报刊都依赖这些广告费，尽管有识之士号召不要刊登，但是他们根本就做不到，最好的就是一边骂一边登，绝大多数连骂都不骂。民国以后，当时有些懂西医的范守渊等人，写文章骂这些广告，但是看他们自己出的书，前后这类广告却登得非常多，这是很有意思的一个悖论。原因是什么呢？就是因为广告费很多，这个对于报刊来讲不可或缺，没有广告费你就没有办法经营，所以不能因虚假夸大而拒绝它。从药商的立场来讲，都希望报刊为自己说话，而不是替人民说话，所以有的药商就收买报刊。最典型的就是黄楚九，他自己办报，先是收买那个写《海上繁华梦》的孙玉声，后来甚至把《时事报》直接给盘下来，整天做广告，替自己吹嘘，他是一个极端的例子。你《神州日报》《中外日报》经常骂我，现在我自己办报做广告。这样他就骂他的竞争对手。刚才我讲亚支乃戒烟药被查，黄楚九他也卖戒烟药——天然戒烟丸。在亚支乃被查的时候，他就幸灾乐祸，每一期都发表报道，揭露亚支乃，你要是不了解，会觉得这个报纸在主持正义，其实他这是竞争对手之间拆台。但这些详细的报道，也为我们认识这个案件提供了资料。现在我去了解这个案件，是通过《时事报》上的报道。很详细，连着几天，每天的报道都是这样的。

报刊的主办者，甚至主笔，和药商合流，租界、政府和药商合流，这样大造其假，造成一个什么样的结果呢？最有趣的一个结果，就是这么多造假的被揭发出来，造假这么明显、这么拙劣，但是呢，很多消费者还是不断地去买他们的药，找这些医生看病。所以不管骗术如何低劣，不管如何被人揭发造假、作伪，还有愿者上钩。就像当时时论所讲，他觉得很奇怪，"吾尝见卖假药、伪物种种广告矣，自识者观之"，内行人看到不值一笑，然而上当者比比皆是，这是为什么呢？很多人不解。

关键是这些假药，通过常年的源源不断的广告，很快成了国货名牌。原来这些药打的招牌都是来自国外，20世纪头10年间国货运动开始兴起，它们又都改成了本国药，成了国货名牌，像艾罗补脑汁、人造自来血这些，都成了国货名牌。在20世纪10年代的上海，是国货而且是名牌,这是很奇怪的一个事情。这对无知民众的影响是非常大的,伤害是不堪设想的。为什么会是这个样子? 当时有人认为,广告做得好,基本上都是胡扯,这些都是毒药,但毒药还是有人吃,有人继续置若罔闻。刚才所讲的富强戒烟丸掺了吗啡,被查禁之后,事情公开了,大家都知道,但还是有很多人去买药。为什么去买? 其实就是为了吸毒。这类材料我也找到很多。假药已经被查禁了,却不受影响。所以当时有人就很奇怪就说,假药是人人所知,却是人人要买,戳破了它的谎言,仍然去买这个药。究竟是什么原因呢? 他找不到原因就说"这便是外国人所说的魔力,便是中国人所说的本领",这是自我安慰的一个解释。其实这个解释很"鸵鸟",不合适,我自己后来有分析,这里时间有限没办法讲。

假药为什么会这么流行,为什么很多人揭发却屡教不改? 因为它广告做得好,这就是虚假宣传的真实社会效果问题。你最需要什么,你的身体需要什么,这个时代需要什么,广告把这些都融入医药广告之中。而且时人崇拜来自外国的,西方的东西,真正影响中国的,又是传统的滋补观念,传统的滋补文化,他把古今中外结合在一起,用大杂烩很巧妙地建构了顾客新的身体需要。以前中医哪里有讲补脑,是黄楚九这个药商搞出来的,让人觉得大家都需要补脑。其实假药的影响,对比我们的补脑观念可以看到,一直到现在,大家都觉得补脑是常识,说明这种影响之大,这就是所谓的真实效果。还有,那时候大家一般认为"心是一身之主",慢慢地"脑是一身之主"就流行起来了。有关脑的新名词怎么流行的? 就跟假药广告有关,它到处讲,"脑是一身之主,被脑神经环绕",和脑有关的新名词就这么慢慢普及。在医学里面,智力啊,脑筋啊,新名词也是依托这种手段传播而来。现在新名词研究很流行,做概念史的同学、老师很多,其实研究得比较多的还是在精英层面,而在通俗的物质层面、社会层面可以看看广告,医药广告里面的新名词非常多,对新名词的流行有重要影响。它不是在精英层面的传播,精英层面的影响往往不及这些药商,因为它更大众,辐射力更大,持续时间长,报纸广告多,足以影响全国。精英论述很少,影响很有限,而且只在精英之间流传。把精英的论述通俗化、物质化,它造成的影响就更大。所谓的"真实效果",新名词的流行,跟药商密不可分。卫生、补脑、东亚病夫,为什么大家都接受这个东西,跟药商有关,药商整天讲,吃了这个药,你就不是东亚病夫了;我们现在需要吃药、吃补药,强健身体,强健种族。很切合当时的社会需要,老百姓的需要,达官贵人的需要,那么多名人、普通人,现身说法,这就很能蛊惑消费者,就让那些不懂的、赶时髦的、愚昧的消费者很容易上当。尽管这些药品是虚假宣传,对人的身体,其实没有什么真实疗效,甚至有副作用,但是它起到一种心理上的影响,还有在社会层面的影响。这是真实的,确实可见的,而且是影响巨大的。

所以说,虚假宣传带来真实效果。为什么假药有重要意义? 不能从具体的疗效、使用价值上来关注假药，它起到一种社会的作用，非常长远。它从符号意义上来讲，对我们的身体观有影响，对新名词的流行，对政治文化、消费文化的影响，是无界的，是超过政治、超过政府、超过精英的。对药商来讲，固然他们是为了卖药赚钱，但是呢，做广告的意义已经超过了卖药本身。广告的有效性，不能说能实现就有意义，不能实现就没有意义，它提供给读者一种希望，一种愿景，对身体新的认识和看法，更重要的是心理安慰，以及可能的解决之道等等，我觉得这些都是很重要的。这些虽然是虚的层面的东西，但比实的东西更有价值，影响更大。对消费者来说，寻求的绝对不是纯粹的医疗行为本身，还包括这个药品是什么样子，药品同我自己、同当下的社会、同西方有什么关系，消费之后对我有什么影响。有些药，你消费后就是新国民了，就不是东亚病夫了，就聪明了，这都是有一些期待在里面的，所以这些药品让某些人比较着迷。进而影响他们的实际消费行为，不光影响观念，如卫生的生活，注意补脑，注意补血，注意强身健体等等，新的身体观、消费观就形成了。像黄楚九那种政治化的宣传，还引起后来讲的消费文化的泛政治化，宣传文化的泛政治化，什么都要讲政治，其实都是由来已久。

虚假广告流行还跟另外一种情况有关。假药流行是一个全球化的现象，专业医疗服务的能力有限，现在也是这样，很多病治不了，对患绝症的人来讲，你提供一个假药，给他一种希望，一种期待，也是好的，总有一些人期待这种万应灵丹，期待一些奇效的药，期待奇迹出现，不光中国人这样，欧美人也是这个样子。所以通过很多健康的案例，也会对他们有吸引力，这种万一的希望，心理作用很厉害。

最后做一个简单的结语。这些医药假药如此虚构故事，不可靠，如此不真实，我们使用这些资料时就需要警惕，很多研究者不警惕，就相信广告出现的影响力大，西方的药品好，西方药品的广告多，西方药品在中国受到欢迎，都是很幼稚的。对广告人来讲，其实是很低端的。更过分的一些人，包括一些外国学者，用广告中的保证书来证明药品的效果。广告中读者的反应、保证书，这是他期待的一种理想效果，并不代表实际情况就是那样，也不代表真正的价值和实际消费者的回应。所以我们在研究这些问题、使用这些广告文类的时候，一定要警惕，广告文类是这样，其他的材料也是这样。公开的表达和实际的商品功效之间有落差，在研究的时候要注意实际读者反应，找别的资料，不能用药商自己的资料。实际读者反应的材料，大家可能觉得不好找，其实有很多，刚才我用的小说里的材料就很多，时人的日记、文集、报刊的报道都很多。例如日记，有些人他吃什么药，消费什么，从哪里买到这些药，广告等等，日记里都有记录。但是研究者往往不去找资料，用理论来构建消费文化，诸如意识形态、女性主义、消费主义之类。

另一方面要意识到，广告中的叙述和表达，本身虽然是一种虚假宣传，但也是一种再诠释，经过媒介扩散之后，又获得另外一种生命力和影响。在这个意义上，它虽然是假的，我们也不能仅以假的去看待它,去解构它,它的价值还是很大的。它是一个假材料,但你知道它怎么造假、为什么造假,再结合其他材料,就可以更好地去研究这些问题。还可以讨论类似思想史的问题,知识史的问题,特别是观念的普及、新名词的流行等问题,可以讨论精英的论述怎么被大众化,怎么经由物质的途径被物质化,并进一步大众化和日常生活化,影响到更多的人。还有大众怎么具体回应这些新观念,包括药品和药品广告,怎么形成这些新名词、新概念的。虽然是假药的广告,但很多问题是相通的。所以,由此可以看出,近代中国的商业文化、消费文化,更大意义上说是政治文化,怎么被建构起来的,怎么被炒作起来的,在其中媒体和商人所起到的重要作用。

说到底,还是讲一个生活的常识,太阳底下没有新鲜事。所谓的虚假广告,所谓的真实效果,其实大家都应该感同身受。我们不过是拿一个近代的问题,来重新讲述一遍。我的报告就到这里,谢谢大家。

提问互动

提问:我有一个问题,被宣传的药品的质量会和广告载体有联系吗?比如说,您刚才讲的,基本上是大众性的报纸,我之前看到同济大学医学院的刊物,德国和中国人同时办的同济医学院,它上面也有关于德国药品的广告,这个药品宣传跟广告载体有关系吗?比如说偏重学术性的刊物,会不会跟这种大众报刊上讲的不一样?

张仲民:这问题很好。你讲的德国的《同济医刊》其实是比较晚出版的,好像是 20 世纪 20 年代之后的,它广告比较少,而且比较专业,因为那时候正品是来自德国的,没有采取虚假宣传。它为什么没有虚假宣传呢,因为要遵守德国本国的法律,那时候德国的法律已经禁止这样宣传了,所以在中国就没有这样做。而且那时候,德国在中国的药品主要是拜耳之类的,很早就进入中国,它是正宗的,比较可靠,一直没有采取这种方式。我们讲那些西方在华药商,并不是所有的都用虚假广告,但有一些它本身是假的东西,就会采用虚假广告了。德国的比较少,但跟载体关系不是很大,因为它在别的地方登广告也是这样的,当时报纸上对所有的广告是来者不拒的。所以,我觉得跟载体是没有太大关系的。

提问:您说当时欧美国家和中国一样,都有很多假药广告,那么它们在宣传形式上有没有互通的地方、相互借鉴的地方呢?

张仲民:这也是个好问题。以前我自己写了一个研究报告,投稿的时候,审查人就质疑,这个中国药房的广告方式应该是从西方来的。他用的是外国一个医学史家的研究,这个质疑很好。后来我就看西方历史上的研究,发现他们也存在万应灵丹,什么都可以治,这是一个共同的地方。还有一种方式是讲药品来自遥远的地方,比如,19世纪美国的药,说自己来自遥远的中国。中国19世纪末20世纪初的广告,讲来自西藏、非洲乞力马扎罗山之类,很神秘。这是共性吧。但在广告的技巧方面,因为我没有看洋人的广告是什么样的,但它肯定没有中国的广告花样多,特别是政治化的叙述,还有文人谀药,参与征文,这些都是欧美的药商、日本的药商所没有的。后来这些药商在中国,采用的是中国的广告方式。后来我就回应审稿人,说这些共同的东西不能讲是受到西方的影响,因为中国古人也讲万应灵丹,什么病都可以治的。明清时代的医生也喜欢让名人给自己的医书写序、赠送匾额,这跟欧美没关系。可能有关系的是,用这种新名词,或者西来的科学技术,但关键的那些广告创意是中国人自己开发出来的。所谓的全球化是造假的全球化,而广告技术是中国人自己的发明。是它影响到日本,影响到美国、欧洲在华的药商,这其实是蛮有意思的。具有全球视野、要做跨国史的人可以了解一下,外国广告对中国的影响,其实至少在晚清是不太大的,固然有影响,但最关键的部分,我觉得是中国人的原创。

提问:我觉得中医、中药很多都是起着安慰剂的作用,通过一些比较悬的学说,比如说一些案例来告诉你一些效果,很像是假药广告的方法。所以我想假药广告是不是跟中医的医疗理念有关系。

张仲民:对对对,是这样。你说得对,但也不能完全这样看。从西方科学的角度来讲,中医是伪科学,中药是不可信的。但是,中医是一种地方性知识,不能用西医的标准、科学的标准来衡量它。中医有没有效果,中药有没有效果,我觉得不能笼统地说有效果或没有效果。我们换个角度来看,中医肯定是采用了补药这种方式,滋补文化肯定和中医有关。后来做广告的这种手段,很多是从滋补文化中发展起来的。这毫无疑问。但是,我看到另外一些材料说,当时真正好的中医、中药是不做广告的。也有一些小的、传统的中药铺确实是不做广告的。但做广告的也很多,做的大部分是西药或是中西结合的,结果做成了不管是中药还是西药,它都采取虚假的方式宣传。但不能从中推断中医就没有效果。其实,不管中药还是假药,为什么那么多人买,关键就是至少心理上能有安慰,能有解脱的作用,提得起精神的作用。从这个角度来讲,你说是假药,其实也不一定合适。它没有实际的疗效,但对心理有效果,有很多病得以治好,其实就是心理上获得了治愈效果。包括绝症,吃了"神药",你真的心理改善了,心情愉快了。其实这药没什么效果,但你病就好了,所以要更全面地看。

提问:广告的内容会不会和当时的流行疾病有关,比如说,当时血吸虫病或是肺炎比较流行,这个方面的药品广告是不是就会多一些?

张仲民：其实这个问题，以前也有学者分析，一段时间，某一种药品的广告多就证明当时在流行这些病。是有这个情况和这个可能。比如说，中国过去得肺炎的人，一直都很多。所以，关于肺病的药就很多。但是，说血吸虫多么严重，各地要防治血吸虫，是后来被我们宣传出来的。其实在 1949 年以前，血吸虫病并没有那么严重。后来为什么会这么严重呢，是因为媒体宣传，这是作为治国的一个伟大成绩而出现的。那时候的痧症比较多，所以防痧、治痧的药就比较多，但这不是太严重的病。真正关系最大的还是一个问题，男女都一样，就是肾，补肾壮阳、滋阴补肾的问题，一直都比较多。这是最核心的。其实和病有没有流行，关系不太大。这个情况其实反映了中国传统滋补文化的核心要求，以前我在"中央研究院"近代史所演讲的时候，内容有点类似，讲到艾罗补脑汁对晚清身体观建构的影响时，有位老师就提出一个问题，说这些药都和壮阳有关，那么是不是近代中国社会的男人都有问题，以才会有这些药的出现呢？当然这是很有趣的问题，但我无法回答。

我觉得，说哪种病流行，很多时候都是政治病，神经衰弱就是政治病。现代人神经衰弱多，其实就是压力引起的，根本没有问题。在 20 世纪 50 年代，神经衰弱的人特别多，为什么？政治压力大，整天检讨干吗的。以前民国时候也有，但很少，顾颉刚、宋教仁他们都有神经衰弱，很多都是自我压力大。很多是环境病，并不是真的有。某种药的流行，表明社会在这个方面问题很严重，确实会有这种对应的关系。但很多时候也不一定是对应关系，很多是药商故意制造出来的。没有人需要补脑，吃什么补脑药，你能增长几分智慧，哪里能测出来，哪里能看出来，对不对？是商人要赚钱，要炒作这个概念，给弄出来的。包括补血，中医里讲补血，现在西医的观念里觉得补血不一定那么合理，并不特别强调这个东西。很多时候是商人要赚钱，卖什么，就炒作出一些相关东西来骗人。他赚到钱的时候，就影响到了你的身体观。我们要补脑、要补血、要补肺，类似的这些新观念都有了。

提问：您刚才说，这种广告可能比精英文本更会影响我们观念的塑造、知识的塑造。那我的问题是，广告它的发行量、它的影响范围有多大？它当时真实的读者群体是哪些？还有一个识字率的问题，报纸主要是大城市的，全国范围内的影响到底有多大？刚才老师说，这些广告可能主要不是做给上海人看，主要是给外地人看，那它是通过怎样的形式来传播的呢，因为它的发行地就是上海呀。

张仲民：这是一个很好的问题，也是很难回答的问题。其实这是阅读史研究经常碰到的问题，我自己也处理过。因为现在没有资料可以真正描绘出，每一个报刊的精确发行量或者读者群，《申报》大概某一时期的发行量是有了，但有多少可靠性，我们且不管，就算有这个发行量，其实也不能表明影响到底有多大。从阅读史的角度来讲,不能以读者数量、报纸发行量的多少、书的印数的多少,来衡量它的影响。一个简单的例子,这本书,十个普通人看了,和一个毛泽东看了,那影响能一样吗,是不是?这些报纸的影响、报纸广告的影响确实是在大城市,或者中心城市的一些人,以及距大城市比较近的或者沿江地区。很多内地、西部、山区一开始没有受到什么影响,但是慢慢发展,这些地区也受到辐射影响。譬如补脑,一家人只有我看到,但我会跟家人、周围的人讲,这种辐射不能以读者和发行量的多少来衡量,其实也没有办法衡量。做阅读史、知识史、观念传播史,走量化的路是走不通的。

提问:所以还是可以认为,知识的构建,对于精英的关注还是有必要的。他们的影响是会传递到下面去的,如果从下往上做的话,可能反而是不太可靠、不可信的。

张仲民:我觉得不一定要区分从上或从下的模式,我关注的是,这种精英的理念、精英的论述,怎么经由商业的途径和物质的途径而大众化、日常生活化。这种日常生活化,当然不是普及到每一个地区的每一个人,普及到一部分普通人、一部分平常人就够了。但是到现在,它的确影响到我们每一个人了。它是一个长期的过程,我们不需要当时普及到每一个人。在这个途径中,我关注消费者、读者的反应,他们可能是精英,也可能不那么精英,也可能是一般民众。我们不可能对每一个反应都做出研究,真正有反应、有材料的才能做出研究,来象征这些效果,象征一个回应的程度,做研究只能做到这个样子。

这个医疗广告的研究,说是医疗史,其实应该是一个阅读史、思想史、传播史的问题,一个知识再生产的问题。在近代中国,一些新的知识,补脑啊,补血啊,做广告啊之类的知识,它本身怎么样成为一种新知识,被合法化,又怎么样被接受,怎么再异化,最后怎么被大家视为理所应当,这里面就是一个知识再生产的问题,一个新的知识如何获得合法化的问题。也跟我们这里孙江老师、李恭忠老师做的概念史、关键词研究类似,不过他们关注的问题可能更精英一些,我是更下里巴人一点。

提问:我之前看过您关于补脑汁的研究,您刚才说想象消费者阅读了广告后,对于脑是人体中心的概念会慢慢地接受,乃至会跟其他亲朋好友去讲,但是,有没有一些史料来证明这些呢,还是说,更多的是靠想象?因为我们可以看到精英关于"脑"的论述,也可以看到商业广告中关于"脑"的论述,也可以看到后来大众关于"脑"的论述,但是中间的一个跨越是怎样完成的,我还是有一些疑问。

张仲民:对,你这个问题很好。我也觉得其实很少有材料来表明,大众之间是怎么来传播这种脑的知识的。但普通大众消费补脑汁的资料是有的,比如有人说他读了广告,曹聚仁做过一个评论,说以前大家总认为心是一身之主,但是看了黄楚九的艾罗补脑汁广告之后,一般人认识到脑才是一身之主。曹聚仁是精英,但他其实是站在大众的立场上来发言的,这样一个材料也可以作为一个证明。还有一点呢,就是关于这些资料,其实你看到那个教科书里,一些生理学、卫生学的教科书里,都会普及脑是一身之主的知识。我们刚才讲的,过于强调这个药品的作用或广告的作用,其实对其他文类的作用重视不够,我应该补充一下。教科书里面,它也会讲脑。当一般的读者,消费这个补脑汁的时候,如果他还有别的知识基础的时候,我想这个材料,的确会向周围宣传。可能是一种想象,但一般的读者慢慢会认识到,你去看这个小学生作文,报纸刊登的小学生的范文,它会讲到脑是一身之主。你说这些东西是哪里来的呢?教科书来的,家人灌输来的,广告来的,这些因素都有。刚才讲得太多的是广告的影响,其实应该是多元的影响。在这个意义上,你的质疑是对的,应该补充一下,更全面一点。

提问:您前面说到,那些写广告的人,今天来说,就是文案作者和网络时代的段子手啊,有没有在当时形成一个产业?因为感觉这种报纸上的产业,持续了很久,从晚清一直到民国,所以这个群体值得关注,从晚清到民国,是不是同样的一批人,他们的知识结构,在社会中所处的位置等,这方面有没有足够的资料可以展开研究呢?

张仲民:你的问题也很好,越来越深入了。这个问题是很有意思的,原来我想深入研究,这些文人本来应该留有资料的,但是呢,替人写广告是不名誉的职业,所以,我看到的资料,关于文人的身份往往语焉不详。但是现在我们可以分析出来,大概是那些在上海滩混饭吃的文人,一般人不讲自己干过的事情,但现在你通过谀药文字的那些人,沈毓桂、孙毓生、吴趼人等等,可以找出一些,但这个群体的其他人呢,他们怎么样写,其实没有多少资料,所以讲到这个文人圈,也是笼统意义上的。最具体的就是胡适讲某某秀才为某某药房顾问,包天笑他们讲的都是宏观的,没有讲到底是哪些文人。如果有别的资料,我肯定要把他们都找出来。我是很注意这个问题的,但没有找到。这职业不名誉,而且他们很多人,都是把它当作一个暂时的谋生手段而已,不会讲出来的,所以我看晚清民国很多人物日记,私密性资料里都没有提到一个暂时的谋生。

提问:老师,您刚才讲了很多关于虚假广告的事情。那么关于真实的广告,又如何从您刚才说的这么多广告中识别呢?哪一些是真实的广告,哪一些是虚假的广告?有一些真药,您刚才说它也可能做广告,那个真药广告和假药广告有什么不同呢?真药和假药之间会有怎样的关系?

张仲民：谢谢你的问题，但是不太好回答。我讲虚假宣传，其实不是虚假广告，对当时的广告，不能用真实与否的标准来判断。刚才讲怎么识别，我觉得对一般人来讲是没有办法来识别的。我研究这个好几年了，看一下就大概知道哪些是假的。但是这个标准呢，没有办法告诉你。我们讲虚假宣传的真实效果，但不能以虚假和真实作为评判的标准。没有什么虚假广告与真实广告之分，都是一种真实广告，因为它都是在那里存在的。这个药品，不管是真的药，还是假的药，都在做广告，都在影响人。虚假宣传，一般人认为不会有效果，但它导致一些真实的效果，而且效果还很大，所以怎么评判真药与假药，很复杂。这个要看你的研究经验，熟悉后你一看就知道。其实在这个课题里，研究的重要性，根本不是去区别哪些是真的、哪些是假的商品，这个不重要，因为对我们研究这个问题来讲，关键在于，所谓假药，或者就号称是真药那些东西，它的广告是怎么出炉的、怎么宣传的、有什么效果。

提问：您刚才讲到，这个药有日本的、有德国的，那么在宣传广告中有没有对日本文化、德国文化的介绍，这对宣传有没有什么作用呢？

张仲民：它讲这个药来自德国、英国还有日本，他其实在暗示你，他有一个预设，就是来自外国的好。中国人都崇洋嘛。它会讲药品来自德国的什么原料，日本的什么技术，它不会讲日本文化多优越。

提问：广告词里有没有涉及同一产品，在日本、英国、德国的宣传情况？

张仲民：没有，大部分都没有，日本商人在中国卖的日月水这些商品，在日本卖是非法的，只有在中国卖。很多药，号称德国、日本的，其实很多是假的。真的那些药品，拜耳药厂的药品，其实没有这样宣传的。在德国，我们没有看过它们的广告，它根本没有办法这样宣传。在中国没有这样宣传，在德国更不可能这样宣传，它自己对国外经商都有法律制约的，不敢这样讲。到后来德国、日本、美国，在 19 世纪末、20 世纪初，他们先后出台这样的法律，日本比较晚，德国也比较晚，它不敢这样宣传。所以在中国的广告里，它讲日本、德国，那是预设日本、德国、英国的比中国的好，但它不会讲好在哪里，它觉得这是一种常识。读者、消费者一看就知道，来自德国的效果怎么样，来自美国的质量好。好比今天，来自美国的苹果、黑莓手机，市场认可度就高于中国的华为、小米，这是不需要向顾客说明的，是一种预设，一种潜台词。

提问：这个药从生产到销售应该有一个渠道，有没有史料来研究这方面的内容？比如说，在药店里销售，它的销售记录会不会对这样的研究有一定的佐证？比如说，这个药说它很火，但到底有多火？

张仲民：有，这个主要是靠档案资料，但主要是民国的。我去上海档案馆查过，上海五州大药房、中草药房的资料，它都有。20 世纪 30 年代在东南亚、在中国哪个地方的销量、生产量是多少，卖价是多少，利润是多少，也都有。但都是 30 年代以后的，20 年代的就很少，晚清都没有。关于晚清，我们知道它有一个销售网，在全国哪些地方设的哪些分店，有的是在别的药店代售，在商店、杂货店、报馆代售，这些资料都有。但是卖多少没有记录，都是它自己讲的，不太可信。后来的资料有，货物卖多少，在哪里卖，都有档案资料，我做艾罗补脑汁都查过。到 50 年代、60 年代都有，公私合营后的情况都有。我们南京大学原来有一个学生，好像也研究中华大药房、五洲大药房、人造自来血，做得也比较好，但是只做了民国，之前、之后都没做。

主持人语

今天讲座的重点是什么呢？是广告？还是虚假广告？如果从这个"假"字出发，可不可以挖掘出问题来做？跟着知识、阅读、身体走了，如果从社会来看的话，会有新的启发，我们是做社会史的。刚才张老师聊了很多有趣的话题，请孙中山这些人来做宣传、做广告，这种虚假宣传，或者半真半假的宣传，从反面来看的话，他是不是要用某种方式，来建构现代关系？这是不是一个社会史的话题？我想张老师想谈的就是这个话题。最后，再请大家以热烈掌声感谢张老师。

（该演讲由南京大学历史学院硕士生于佳灵、间泽整理）

当代研究

圣人与民众：论当代中国的民间儒家复兴

毕游塞（Sébastien Billioud，法国巴黎第七大学）

主持人语：毕游塞教授既研究过牟宗三，也研究过一贯道，他对于我们中国文化的研究是上下打通的。今天，毕教授给我们带来了一个新的题目，就是"圣人与民众：当代中国的民间儒家复兴"，这个题目来自毕教授的一本新著，叫 The Sage and the People，今天我们就来先听为快。大家热烈欢迎！

谢谢大家！我今天要介绍的就是这本新书——The Sage and the People：The Confucian Revival in China，[1]中译为《圣人与民众——论当代中国的民间儒家复兴》，这是我们长期以来做的一个田野调查（field research）。这本书的另一个作者是杜瑞乐（Joel Thoraval），我们一道在法国巴黎大学做田野调查、研究和写书。之所以写这本书，我想先介绍做儒家复兴这个研究项目的缘起。

一、项目缘起

众所周知，20 世纪，儒家在传统中有了一个褪色的过程，但是 20 世纪以后，就是从系统、制度中衰退以后，儒家在很大程度上转变成了一种"哲学"或可以说"哲学化"的儒家（儒家传统的"哲学化"现象），最明显的例子就是——你们可能都知道——新儒家，台湾的新儒家，如牟宗三、唐君毅、徐复观等人，或者是之前在大陆的熊十力、梁漱溟等。他们基本上已经不学传统的儒家了，因为这个系统已经不存在了，就是从儒家成了大学老师，传统的儒家基本上变成了讲课，变成了大学的老师。儒家本来是包括很多东西在内的，教育啊，政治啊，修心啊，很多方面。之后，因为时间的变化，变成了一个更偏于思想的东西。这有什么影响呢？这个影响很重要，就是美国的一些历史学家，如余英时，就说儒家在中国变成了一个"游魂"。"游魂"的意思是什么？就是它已经没有"身体"了。这个"身体"本来是什么？是传统的书院，是各种机构。现在制度与机构已经完全分开了，儒家在中国变成了一种"游魂"。在 20 世纪 50 年代的美国，另外一个很有

---

[1]　Sébastien Billioud & Joel Thoraval, The Sage and the People：The Confucian Revival in China, Oxford：Oxford University Press, 2015.

名的历史学家，叫 Levenson（列文森），他说儒家已经不是一个活跃的东西，只是一个博物馆里的儒家。博物馆的儒家，我们去看它过去怎样怎样，但是对于我们，就是近现代人来说已经没有什么重要性了。之后，就是因为历史方面的明显原因，大家都知道，政治方面的原因，改革开放之前，儒家没有什么位置。

我们之所以开始研究这个项目，是我们觉得儒家是这么的重要，这么长期的传统，未来在中国肯定会有一定的位置的，不可能有这么长时间的传统会没有什么位置。与此同时，还有一些新的情况。一个就是中国人的历史意识的变化，有了新的时间参照，这也是比较重要的事情。改革开放之后，儒家重新又变成一个有潜质的、有意思的东西了。当然，这也会影响中国人对儒家传统的理解和判断。另外一个社会方面的现象就是，目前社会的很多方面出了问题，特别是极端个人主义等等，引发了一种反应，例如宗教复兴，还有很多人现在想做义工，儒家复兴也与这种社会情况有一定关系。

我们是在 2004 年开始做这个田野调查的，因为原来研究儒家的人，大多是历史系或者哲学系的人，主要是看文献、看资料，而很少去做田野，去看社会当中所发生的事情。我是思想史与人类学专业出身的，而人类学就是去看社会当中所发生的各种各样的现象。我们的项目是2004 年开始的，我们的出发点是：何谓"儒家在民间"？这引起了另一个问题，"民间"的意思是什么？"民间"实际上有两个意义，一个是政治方面的意义，民间相当于非政府，我在民间搞的活动就是非政府的活动，我不是属于政府的。另一个是社会方面的意义，民间相当于普通人，就是非精英。非精英和非政府，尽管这两个方面有密切的关系，但不是完全一样的，是两个不同的东西。简单说就是，1. 行政方面的意义：民间＝非政府；2. 社会方面的意义：民间＝普通人＝非精英。

二、本书介绍

我们是这么考虑这本书的，我们本来就是西方人，但是觉得人类学家研究中国所发生的事情，不应该仅凭借西方的范畴来考虑。什么是西方的范畴呢？比如说教育、宗教、政治，但是我们在做调查时碰到的不一定是这样一些范畴，所以我们选择了三个中国本土的范畴，来安排这本书的目录。第一个是"教化"，教化实际上是介于教育与修养之间的东西；第二个是"安身立命"，安身立命不直接相当于宗教，当然与宗教也有密切的关系，实际上立命在很多方面是一个修养或修心的过程，是介于修养与宗教之间的；第三我们要谈政治，但不是从政治这么一个简单的范畴开始，我们谈的是一个在中国特别重要的范畴，就是"礼教"，宗教与政治。概括地讲，就是利用本土的概念与范畴，回顾、反思和分析一些现象，包括三个层面：1. 教化（教育与修养）；

2. 安身立命（修养与宗教）；3. 礼教（宗教与政治）。

（一）教化

在这个书的第一部分，我们谈了三个东西。我们采用历史学的角度，把历史学和人类学结合起来，就是说现在所发生的现象，需要从历史的角度来探讨和分析。第一是回顾并反思20世纪的儒家教育，由于时间关系，不多说了；第二是儒家教育的新制度化和新发展，就是说儒家的教育或教化，在今天的中国是什么意思，与制度有什么关系；第三是所谓"反智识主义"（anti-intellectualism），这个反智识主义，我们后面会从身体、儿童、民间三个切入点来探讨。

先说儒家教育的新制度化和新发展。儒家教育的新制度化，实际上在很大程度上跟这个教育机制内的批判有关系，所以，这本书里面我们谈了很多不同的新制度化的可能性。有的时候，儒家活动家会利用西方的制度，又对西方学科与范畴的限制进行批判。比如说大学会自己办一些国学班或者国学院，比如中国人民大学的国学院，这是与制度有比较正式的密切关系的一个现象。但有时也不是这样，而是面对社会推动儒家传统，比如说一些儒家活动家会用大学和学术机构向社会传播他们的想法。但"社会"的意思是什么呢？就是学生们之外的一些其他人，比如北京大学一个很有名的例子是，所谓中国文化书院开了很多国学班，但实际上参加的是那些在公司工作的人、工程师、军人等等，与普通学生没有什么关系。

另一种制度化的方式是创设新的教育机构，尤其是少儿读经运动与传统私塾、书院的复兴。在很多地方，有些儒家活动家重新开办一些类似于传统私塾或者书院之类推动传统教育的机构。私塾和书院的复兴是现在比较明显的一个情况。这本书里面，我们谈到很多的个案，现在我没有时间来单独论述这些个案。这本书是通过田野调查写出来的，我们做了一些研究，有在普通学校里的读经班，有在佛教寺庙（例如光孝寺）里面开办的读经班，还有在小区里的读经班（还有小区读经班协会）。这三类读经班有一些共同的特点：1. 强调读经的益处，据父母和活动家说，可以增强对语言与文化的敏感，加强儿童的记忆力与专注力，学习为人之道；2. 活动家、义工发挥了主要作用，不计报酬；3. 和政府之间没有紧张关系。读经班到处都有，是很普遍的一个现象。

有一个例子，是在广东东莞给特别小的小朋友们开的一个读经班，他们从早到晚都在那里读经，这算是比较小的一个班。还有一些规模蛮大的学校，有时候他们会开一些私塾或书院，和义务教育机构平行，有时会代替义务教育。这个书里面也有好几个个案，就是给大家看私塾什么样。我们做了四个个案研究，分别是北京四海孔子书院、深圳的私塾、山西的两个私塾。以后的目标是研究这些代替义务教育的读书机构的情况。这是一个例子，是北京郊区的一个新私塾，北京四海孔子书院，儒商开办的，属于一个培训学校，共有170多个孩子。你看它像不像是

214

一个传统的私塾？实际上那边的学费还是挺贵的，三万块钱一年。从早到晚，小朋友们都在读经。这个现象我们分析得比较仔细，拍了一些照片，春天的时候在那边照的。这是太原的，这个是山西农村的，这个是深圳的，大家可以看看照片。这四个个案，每个私塾都与政治、法律、社会环境有不同的紧张关系，有一些是完全没有问题的，与主流社会是相配合的，但也有一些与这个主流社会、主流价值，行政方面保持一定的距离。

儒家教育的新制度化不仅限于小朋友，也有成人教育的，书里面我们也研究了好几个不同的个案。比如有一个在北京，叫一耽学堂的，他们做很多的教育活动、慈善活动。还有一个组织叫平和书院，这个我就不多谈了。

我们也研究公司与政府机构的情况。现在越来越多的公司、企业家，他们在公司里面推动儒家文化、儒家经典的读经活动。在政府机构，包括党校，也有为中国文化开的课，原来都是没有的，现在有很多人在推动这个。怎么说呢，我不敢说他们是"信儒"，但是他们很喜欢这个儒家价值，所以会推动与此相关的课程，很受欢迎，是党校里面很多人喜欢上的课。这种形式的教育，例如广东教育集团、上海电子公司、党校等个案，我们在书里面都有介绍。

再讲当代"反智识主义"或者说"反理论"的问题，有身体养成、儿童、民间三个切入点。

我之前说到20世纪的儒家跟哲学有密切的关系，在很大程度上，儒家变成了一个知识分子的问题，一个哲学的问题。而现在出现了"反理论"或"反智识主义"的倾向。我们在做田野调查时发现很多读经方式，很多人读经不是要努力理解其中的含义，而是把读经当作一种修养，所以有不同的读经方法，比如说慢速朗读，通过音乐掌握节奏、控制呼吸、齐声诵读等等。通过各种各样的方式来读经，达到经人合一（incorporation of the text）的一个目标。就是说，不把经典当作一个知识方面的东西，而是当作生活方面的、可以帮助自己修行的一个东西。这就是我们谈的经人合一，把经放到自己的身体里面，通过呼吸、通过节奏等等。

有时候我们也发现另外一种现象，就是读经与治病的关系，有一些组织在推广用道德、用儒家经典来治病的经验。让我们回顾一下民国，民国的时候有一个很有名的例子，就是一个叫万国道德会的组织，是当时特别有力量的一个宗教团体或者道德团体。当时一个生病的农民，叫王凤仪，就通过道德来治自己的病。

这种"反理论"在感情方面也很重要，在很多小团体、小组织里面都强调感情的重要性。比如说，现在很多佛教性团体在推动儒家经典，像净空法师，他是主动地推崇《弟子规》，很多佛教徒或者与净空法师在一起的人，在读《弟子规》或者儒家经典的时候会有很强的感情，有的时候大家都会哭，有的时候会有一些经验的分享，等等。这也是一个比较有意思的现象。书里面我们也强调音乐的重要性，做田野调查，在私塾或其他组织里面，到处都能看到很多人在推崇这个传统音乐。当然,音乐和礼仪在历史中有密切的关系,这个在今天还是能看出来的。所以说,"反理论"和这个 body 是有关系的。

反智识主义的第二个方面就是儿童的塑造与转化,就是说儿童的教化。不知道大家是否知道王财贵的理论,他是台湾人,在大陆的影响特别大,到处都能碰到他的名字。他在推广一个读经的方式,根本意思就是说小朋友们在读经的过程中不需要明白自己所读的东西,最关键的就是读、再读、继续读,就是诵读,长大之后自然会明白这个意思所在。他的影响很大,现在很多大陆的小朋友都是这样做的。我们就把他的方法解释了一下。请大家看这个图片,这里展示了前面四个个案经典教育的不同点:

北京四海孔子书院:研读经典为主,但并不限于经典(耕种、书院、礼仪)。

山西个案 1(农村):以养正气、创新教育制度为目的;儿童的平衡、"全面教育"(不限于经典,包括体能、耕种、书法等);民国经验的重要性。

山西个案 2:对义务教育的猛烈批评;经典的"神奇的能力"(包括数学);对经典的"信仰";音乐。

深圳个案:社会=污染;对经典绝对神奇的信仰;目标,(1)保护儿童;(2)为国家复兴生产"圣人",出自私塾的孩子=能力无限的孩子,拥有无穷未来。

他们的共同点:培养人才,而不是简单地传播知识(对义务教育的强烈批判);方法以经典为中心。

反智识主义的第三个方面是对精英的怀疑。很多和儒家有关系的活动,在社会当中是以"民间"儒家之名来做的,很多儒家的"信仰者"都具有相当普通的家庭背景,很多是农村、工人等家庭出身,但实际上他们的力量很重要。他们读的不是学术方面的东西,很多人注意到,儒家文化是通过比如说读南怀瑾或者王凤仪来发现的。

还有一个重要现象,即所谓"草根学者"的重要性。草根学者是谁呢?他们不是大学教授,而是在小地方、小城市发展,可能是小学老师或者是有一点文化的人,他们重新发现儒家经典文化的重要性,对向社会推广这些经典具有很重要的作用。

学术界特别是 2000 年的时候,对"民间文化"一直都抱着一个很暧昧的态度。你们都知道于丹现象,她在北京谈《论语》的一个电视节目,影响很大,而且出版了很多书。之后,有很多博士和精英都在批判她,说"这个人一点儒家文化都不懂,有什么资格谈儒家?"由此能感觉到精英和草根之间巨大的鸿沟。于丹这个人当然是一个教授,但是她向社会草根宣讲的是一些她自己觉得有意思的儒家经典，不是知识分子的。但知识分子的反应很有意思，他们严厉地批判，认为她说的不对劲，没有责任感。这体现了精英和民间之间的鸿沟，尽管后来有一些变化。

还有一个方面值得注意，乡村对很多活动家来说，变成了一个想象中的乡村。理想化的乡村是一个保留传统文化的地方，这个地方是不是真的存在？这是另外一个问题了。但是在很多的想象、很多的叙述中，乡村扮演了一个很重要的角色。

以上是我们说的第一个部分。

（二）安身立命

第二个部分，已经不是教化、不是教育了，是谈"安身立命"的问题。这本书"安身立命"部分介绍了一个很简单的个案。我们做田野调查的时候去过深圳，去了一个很大的餐厅，餐厅有很多古院，老板是一个完全信儒的人，我们很感兴趣，他怎么把餐厅（可能有五十多个人在餐厅工作）当成了一个推动儒家的基地。实际上就是介绍他的个人经验，怎么开始考虑皈依儒家。"皈依"这个词一般情况下是用来谈，比如佛教，皈依佛教，不会用来谈儒家，但是如果某个人完全改变了自己对世界的看法、自己的生活习惯，如果他以孔子之名来做这个事情，我们也可以用"皈依"这个词来描述这个现象。在变成或者皈依的过程中，我们发现佛教一直非常重要，换句话说，很多人"信儒"或者对儒教有一种宗教的信仰，一开始就是通过佛教来发现儒家的重要性的。之所以这么说，是以这个田野调查为依据的，我们看了很多人，每次都发现儒家一直与佛教有密切的关系。这个个案也让我们反思一个东西，就是新道统的重建与发明。道统，实际上是一种师徒关系，比如说深圳的这个人，他自己觉得他的老师就是王财贵，王财贵的老师是台湾的牟宗三，牟宗三的老师是熊十力，熊十力的老师是王阳明，他们重新创造了这个传统的道统。传统道统的发明是特别有意思的，这也引起了另外一个问题——新的师徒关系，因为很长时间，儒家变成了一个哲学方面的问题，变成了一个老师和学生之间的问题，这个新的师徒关系是特别重要的。

讨论了深圳的这个个案之后，我们把精力放在了"安身立命"问题的理论化上，这就和另外一个问题结合起来，即西方的范畴。宗教、哲学、科学等，我们知道都是西方的范畴，中国本来没有相当的经验，我们用不同的词汇、不同的概念表达同样的问题。21世纪有一个很新、很有意思的现象，就是所谓概念与范畴的新的流动性。概念的流动性是什么意思呢？就是说原来有一些概念，哲学、宗教、科学等，是我们都认可的、认为理所当然的，但是实际上都是进口的概念。我们碰到了一些个案，有些礼仪活动，有的人会以宗教的名义来做，"我做的礼仪活动当然是宗教的"；另一些人做同样的礼仪活动，却会说"我们肯定不做宗教活动！宗教是迷信的，我们拒绝迷信！不要这种类似的宗教活动！"这是很有意思的，总有一些现象可以从完全不同的角度来谈。

我们也研究了另一个个案,对我来说特别有意思。我曾经研究过牟宗三的作品,牟宗三是最难理解的哲学家,跟康德、黑格尔、海德格尔这些哲学家有对话,他的书很难读。在田野调查中,我们碰到了什么?碰到一些普通人读牟宗三的作品,不仅如此,他们还把牟宗三的作品当作善书来读,看牟宗三的作品就跟看善书一样。这个是很有意思的,因为这个哲学方面的作品,被当作跟宗教有关系的作品来读了,就是从哲学这个范畴转到了宗教这个范畴。同样一个东西,同样一个 text,从哲学文本变成了一个宗教文本。

我们也看到一些从哲学到科学的现象,现在有一些人把儒家当成一个新的科学来推动,用科学的字眼来谈儒家。普利高津(I.Prigogine),一个很有名的物理学家,提出了"复杂科学",这个我们现在不谈。我想谈的是一些西方的范畴,不论宗教、哲学,还是科学,在当前的这个儒家复兴当中,有一个新的趋势——流动性——曾经当成宗教的东西不一定是宗教,曾经当成哲学的东西不一定是哲学,可以变成宗教,可以变成科学,也可以变成修行的资源,这是一个很奇怪的现象。

在"安身立命"这个部分,我们讨论了对儒家各种可能性的不同构想,以及之间的关系,可以说有四种可能性。一是视儒家为一个普通的、制度化的宗教。当然,在现在的中国,儒家不是一个宗教,有其他宗教,可儒家不算是一个宗教。但是历史上,中国曾经有过孔教运动,你们都听说过陈焕章,康有为的弟子,他就希望把儒教当成类似景教的一个宗教。香港现在也还是这个情况。深圳有一个组织叫孔圣堂,他们是直接跟香港、跟民国的传统相联系的,他们把儒家当成一个宗教,类似于西方基督教的一个宗教。这是第一种可能性,视儒教为普通的、与其他宗教一样的宗教。

第二种可能性是,儒教(Confucian religion)被当成一种新兴宗教或救世团体。民国的时候——民国的历史特别重要,在很多方面与现在有明显的连续性——有一个特别重要的现象,就是所谓的救世团体(redemptive societies)。在民国时候救世团体是最重要的宗教组织,是比较具有综合性的宗教组织,比较有名的有一贯道、万国道德会、道德学社等,今天最有意思的可能是台湾的一贯道。因为在大陆,一贯道是一个不合法的宗教组织,但是在台湾,一贯道是三大宗教之一,是很重要的宗教组织。一贯道怎么说?他们说"我们是以儒为宗的",当然不只是儒家,可以说他们把五教合一了,把儒教、道教、佛教、伊斯兰教(和基督教)都放在一起了,变成了一个内容跟数量都比较丰富的宗教团体。但是他们会说"以儒为宗",所以这也是一种可能性,这个可能性不是在大陆,而是在台湾。

第三种可能性是视儒教为"国教",这个也有很明显的民国历史背景。现在有一些学者在推动这个想法,希望儒家可以变成中国的一个"国教"。但只是一个构思而已。

第四种可能性是视儒家为"公民宗教"(civil religion)。这四种可能性,前两种是具体的,在大陆、香港、台湾等地区存在,后两种,"国教"和"公民宗教",都只是构思而已。"公民宗教"是美国一个很有名的社会学家贝拉(R.Bellah)提出来的,给很多大陆学者带来了灵感,在我们法国也扮演了同样的角色。

（三）礼教

这本书的第三个部分谈宗教与政治之间的关系,谈礼教。我们的田野调查是在曲阜开始的,2007年我们选了一个很有意思的个案,就是曲阜的祭孔活动,它帮助我们重新思考宗教与政治之间的关系。

我们首先做了一个历史的梳理,把祭祀孔子这个活动从历史脉络来考虑,对一百年的历史进行了回顾。作为田野调查的部分内容,我们在曲阜参加了一个学术活动,活动由地方政府和中央政府共同主持,叫"孔子文化节"。有很多学者参加,是让学者推动儒家的一个活动。之后有一个大众节目,再之后还有一个官方祭祀活动和一个民间祭祀活动。

在本书中,我们对这些现象进行了仔细分析,从它们之间的关系来分析。这类学术性活动的目标是普及、传播儒家精神,但它和民间流传不太一样,跟所谓的精英、政治、官方有关系。我们注意到一个很有意思的事情,在一个体育馆里面举办了一场特别大的活动,人特别多(不知道究竟多少人,也许有两万或三万),有一个很大的表演,表演一部分是音乐,一部分是传播传统文化(中国五千年的文明、孔孟思想)。对我们来说很奇怪。另外一个特别有意思的事情,就是在祭孔之前,有一千个学生在孔庙里面读《论语》,之后才是官方的祭孔活动。你们仔细看,这个官方的祭孔活动与过去的祭孔活动有点不一样。例如这里有很多刀舞,是专业的刀舞人士来表演的,在传统中国一般不是这样,这体现了官方的色彩。

但是我们继续观察就发现,在官方这部分之外出现了新的东西,就是民间祭祀活动。这个民间祭祀与官方是完全分开的,是在几天之后。他们不要重复官方的活动,觉得官方的活动不能体现自己的精神追求,是有点距离、不太一样的。在自己的祭祀活动中,他们穿明朝的衣服去孔庙或者孟母庙(在曲阜旁边有一个城市叫邹城,是孟子的老家),祭祀孔子和孟子。他们都是很普通的人,有工人、农民、小商贩等,都是老百姓。这是很有意思的现象,因为祭祀活动在中国有那么长一段时间的断裂,那么明显的断裂,他们怎么知道如何进行这个古老的礼仪活动呢?没有人知道。这需要重新发明,需要去查,去看旧书来明白是怎么一回事。你看这些人都是老百姓,不是精英,这一点非常重要。他们相互比较、相互学习,去了解怎么做这个礼仪。他们重新发明一些文化资源,这是特别有意思的一个现象。而且,从完整的角度来讲,在官方这个层面我没有感觉到宗教精神，没有太多的礼仪，是一个很表面的东西。但是民间就要做这个礼仪，对他们来说是特别有意义、有价值的一个东西，这不是一个表面的纪念，或表面的礼仪，而是一个比较深刻、比较忌讳的纪念，他们与官方的目标是不一样的。这个仪式还有一个祭文并会被烧掉，在中国传统宗教当中，烧祭文给神很重要。

在这之后，我们继续做田野调查，我们参加了一个当地礼乐文化基金会的成立活动。这样一个活动怎么会在寺庙里面搞呢？肯定需要跟地方政府来讨论，得到批准。他们成立一个礼乐文化基金会，里面有很多官方的人参加，官方如果可以控制它，就不会反对。

在这本书的最后，我们重新思考了政治与宗教的关系问题，这是一个比较大也比较重要的题目。我们的出发点是考虑世俗化（secularization）概念的限制。大家都知道，20世纪跟传统宇宙论有一个很深刻的断裂。何为传统宇宙论？在中国传统当中，简单地说（这些都是复杂的问题，我只能说比较表面的），宇宙是一体的，包括神与人、人与祖先等，都是一体的，不是分开的。在这个传统宇宙论下，宇宙有两个极性，两个方面，可以用传统的概念来描述它们——形而上（阳）和形而下（阴）（the visible and the invisible）。这两个方面有持续的互相联系、互动感应，比如说在这个祭祀活动当中，人会与神联系，天、神、祖先他们在人间也会有影响。传统宇宙论最主要的方面是它的连续性，人与神、人与祖先、the visible and the invisible 之间有一个连续性，不是分开的，这个传统宇宙论是一极化的，这一点很重要。为什么很重要呢？这就回到我说过的世俗化或现代性问题。世俗化或现代性意味着相对独立的不同范围，例如宗教独立于政治。就是在世俗化的过程中，宗教属于宗教，政治属于政治，而在以前，宗教和政治是完全结合起来的，是世俗化/现代性的原则把二者分开来了。

世俗化在不同的文化和历史背景下有不同的表现，在法国或在中国是完全不一样的。世俗化在中国意味着什么？中国政治与传统宇宙论有什么样的关系？传统宇宙论中神与人之间的关系，在当代的世俗化社会还保留了什么？本书通过具体的个案分析了这些问题。我们比较了两个不同的个案，就是大陆和台湾的官方祭祀活动，这样可以帮助我们思考政治与宗教怎么结合，思考这个世俗化过程在两个不同的地方是怎么进行的？

大陆的官方祭祀活动我不多谈。现在大陆有一些国祭活动，在2006年之后是跟文化遗产保护有关系的，不止祭祀孔子，还有黄帝、大禹等，有八大祭典，都是国家发起的，可以说都是以文化遗产保护的名义来推动的纪念，包括祭孔活动在内。官方祭祀孔子，跟传统宇宙论没有直接关系，在祭祀活动中看不到人与神之间的关系。如果借用法国社会学家涂尔干（Émile Durkheim, 1858—1917）的理论，可以说中国官方的这种国祭活动是社会的自我崇拜与庆祝。

这类祭祀活动是多元的，包括政治与宗教的方面，也包括经济、旅游、遗产保护等方面。官方之所以会搞这类活动,也有很多跟宗教或政治没有直接关系的经济方面的考虑。如果从政治方面看,这种官方活动可以用 political ceremonial 或者 political commemoration(政治纪念)来描述,我不会用"祭祀"这个词(尽管很多人都在用),因为祭祀应该是跟传统有那么一点儿关系,可我们所看的东西跟传统没有什么关系。孔子是重要的历史人物,我们纪念他,让解放军给他献花,请一些官员来参加,这是一个政治纪念活动。

我们研究了台湾的祭祀活动,发现情况是不同的。2002 年,台湾举行了第一次祭天活动。自袁世凯以来,还没有人在大陆或台湾举行过祭天活动。这个祭天活动,你们当然知道它的意义。谁主持这个祭天活动呢?是一个宗教团体,一贯道。一贯道主持的祭天活动,所有台湾的主要领导人都参加了。我给你们看一些照片,这是难以想象的,我第一次看到这个照片认为是假的,觉得不可能,但实际上是真的。在这个祭典中,儒家仍然具有重要性,马英九参加了这个活动,他在演讲中不断地谈论儒家的重要性。这里有一个明显的宗教性,有明显的传统宇宙论的表现。传统的这个连续性(continuity),是人与神之间、形而上与形而下之间的关系。我们看到在台湾这是政治和宗教两者完全结合起来的一个礼仪活动,这是特别明显的。大陆是 political commemorations,政治纪念;而这里是 religious or politico-religious rituals,宗教或政治宗教仪式。

台湾的自由广场,两万人参加了一贯道主持的祭祀活动,马英九和"立法院"院长,还有吴伯雄等台湾领导人都在。之后他们做了什么?祭天!谁祭天?马英九!有人说这是国民党的活动,跟民进党没有什么关系,其实不是这样,民进党、国民党都搞同样的活动。为什么呢?因为传统宇宙论是大家的,不只是一个党的,这是一种传统的人与神之间的关系。你看马英九他上香,是给谁上呢?是给"天"。站在他后面的是一贯道的领导,还有他们的神——无生老母,无生老母实际上是"道"的意思,是"道"的个人化。一贯道和宋明理学有密切的关系,一贯道的领导和我谈话时问"你对宋明理学有多少理解?"然后向我表明"无生老母"不仅和民间宗教信仰团体有关系,也和"道"、宋明理学所说的"理",有密切的关系。

三、结论:回顾十年来的民间儒家研究

现在做一个结论,就是回顾这十年的民间儒家研究。我们是从 2004 年开始做这个研究的。进入 21 世纪后,民间儒家有一个新的呈现,原来儒家在民间没有这么活跃。早先的民间儒家期求两个东西:连续性与独立性。连续性就是现在与过去(神与人)的连续性,比如说重建师徒关系、道统脉络,重新把自己放在一个历史的脉络中,如深圳的王财贵,牟宗三、熊十力、王阳明等,是重新发明一些道统的脉络,也有一些宗教专家网在发展,特别是搞利益活动。看到老百姓重

新发明各种各样的礼仪，这也是一个很新的现象。从这个方面，他们都努力跟这个国家过去的传统建立一些联系，强调过去和现在的连续性。另外一个特色是追求独立性，很多活动是草根做的，这是草根的能动性。民间机构，如私塾、书院、NGO 等非政府机构的创造都是相对独立于政府机构的，这些重新推动儒家传统的人，他们是比较独立地去推动这些事情的。

10 年的田野调查有一个明显的好处，就是你可以深入考察 2000 年之后的一些项目，有些随着时间推移而失败了，这个我们书中谈了不少；但是与 10 年前相比，有些项目在 2010 年后有新的发展，这是现在值得考虑的现象，从中可见一些组织（官方组织和宗教组织）力量的重要性。10 年之前，官方不太参加，没有太多的兴趣，只在观望，但是现在官方越来越参与其中。有一些组织特别是佛教组织，现在也在传播儒家经典，这个可以有很多方式来解释。我们知道，中国佛教组织原则上没有什么权力来推广自己的信仰，因为有信仰宗教的自由，也有不信仰宗教的自由，这是写在宪法里面的。宗教团体可以在自己的场所布置一些活动，但是场所之外，他们没有权力跟美国或西方宗教团体一样传播自己的宗教，在这里是不允许的。但是推广儒家的好处是什么呢？我是个佛教组织，但是我传播的不是佛经，而是儒家经典呢？这样就没有什么问题了。在中国做得比较好的一个人是净空法师及他的宗教组织，这些组织到处都在发展。

官方的角色越来越重要，在书里面我们谈了一个个案，就是贵阳孔学堂，这是一个传播孔子思想、推动国学发展的基地，但它和共青团有关系，是儒教和官方结合起来的一个现象，这跟我们所谈的民间是不同的。据说在无锡也有类似的活动，现在官方推动儒家复兴是比较明显的。

我们可以回顾一下本来我们所说的"民间"的两个意义，就是非政府和非精英。很多老百姓传播他们的想法，搞一些活动，跟政府没有什么关系，是为了给他们的生活一些价值和意义。但现在很明显的现象是，官方和各路精英（知识的、经济、政治的）纷纷参与儒家复兴运动，期望塑造和教化"文明"、"高素质"的公民。这是一个完全不一样的东西，开始的时候"民间"是非政府、非精英的意思，现在虽然还有这个意思，但是和政府的教化也有越来越密切的关系了。

我要讲的就是这些，谢谢！

主持人语

我们听了毕老师的讲演，是否感觉不像是一个外国学者在分析中国的社会文化现象，而更像一个本土学者在介绍本土的概念？礼教、安身立命、教化等等，都是我们非常熟悉的本土词汇，他用这样一些词汇来揭示我们当前民间儒家复兴的这样一个现象。而且很有意思的是讲了两个阶段，21 世纪的头十年和最近的这五年，前后有一个变化。当然，对于这样一个发生在我们身边，而且还在进行当中、未来还有很多可能的现象，大家应该有很多问题。

提问互动

武黎嵩：我是做儒学研究的，想跟您交流一下我的想法。我觉得在 1949 年以后，中国传统儒学的教育实际上是完全被中断的，也就是说，今天从事所谓民间儒学的人，基本上都是您讲的自学，没有受过完整的、系统的儒学教育。您怎么看待这个问题？它是一个自发的行为，只是一个爱好，并不是以前的传统的重新延续，比如我看到很多民间学者根本就没有受过系统儒学的教育，很多人甚至对儒学的基本内涵都不了解，他们只是借助于儒学这个外衣。

另外一个问题，近 15 年的儒学复兴，它的组织者背后往往有其他的资源在支撑，这些资源主要是基督教和佛教的，它们从宗教这一方面习得一些行为，比如说仪式，比如说分享。分享在儒学里是没有的，主要是来自于基督教、佛教，参与儒学研修的人会被要求分享，这个恐怕是从基督教来的，像这种习得性的宗教行为对中国来讲非常有意思。而且我发现，一些参与分享的人对于儒学的精义基本是不懂的。这是第二个现象。

第三个现象，中国还有一批学者，其中有一位叫蒋庆，不知道您了不了解？还有一位叫秋风，他们是利用儒学在谈自由主义/宪政民主和社会主义之外的第三条道路，认为这样可以实现社会治理，他们是从学理的方面来复兴儒学。我就感觉到，他们像是在借用儒学的某些理念在对抗普世价值或对抗自由主义这种精神。这种情况和您谈的这种民间儒学实际上是两个不同的方向。

最后我想讲一下我的感受。从我个人的研究中，我看到中国历史当中儒学和民间是没有关系的，儒学从一开始就是一个精英化的或者是贵族化的文化传统。儒学在民间的时候主要是春秋战国到汉武帝以前，这个"民间"是"非官方"的意思，并不代表是草根或者说是大众，因为儒学自始至终都是一种精英文化。今天这么一种世俗化的、草根的儒学其实和中国传统儒学关系不大。它更多的像是一种民间精英的自我表述，只是借用一个儒学的外衣来表达自己。这就好比当时秦朝禁书之后有一种说法叫"秦塞斯路，利出一官"，就是国家把所有的话语权、政治权力、经济权力垄断在手里之后，一些人想要表达自己的观点，表达自己的意见，让某个领域成为自己说了算的地方，他就必须要通过一些组织来实现，就在这个时候，儒学就被选择成了这么一个点。而且我想提醒一点，就是您可能会注意到，儒学这 15 年的复兴正好和中国从 20 世纪 90 年代以来（80 年代对传统的批判和反思被中断、新权威主义兴起、民族主义开始爆发），这种潮流融合在一起。我的感觉是，其实儒学复兴还有一个背景，就是在逢迎某些需求，就是今天要求民族主义，要求大国气象，需要有民间的呼应，而今天的很多儒学就是在呼应这个民族主义的潮流。所以总的感受就是，今天民间儒学复兴更多的是一个社会史的问题，它和儒学本身的关系反而不是很大。

毕游塞：好，谢谢！第一，你谈到断裂，一个很明显的断裂就是 1949 年以后，已经没有传统的文化。你说的很对。这里有一个简单的例子，中国大陆发生"文革"的时候，台湾在搞传统文化复兴运动，完全是相反的。而且，尽管很多活动家是从零开始，但大陆和台湾之间的来往还是很多的，像王财贵这样的人就是来自台湾的。佛教组织、净空法师、佛光山等等，特别的重要。所以尽管有断裂，但这个断裂应该是相对的。从台湾或者美国那边回到大陆的人，在境外延续和发展着一个儒家传统。

第二个是分享的问题，这个问题很重要。它可能是来自基督教，这个我不敢说，但在其他的宗教组织，比如说佛教组织里，就是很常见的。还比如说我们看《弟子规》，分享《弟子规》为什么对我的生活重要，这个过程同样是很重要的。一贯道也是一样的，一贯道在很大程度上也会分享，也会谈自己的感情、反应等。这个我可以看出来是跟宗教有关系的，也可能跟其他的因素有关系。而且不应该忘记，如果你看中国的传统，比如说明末清初，有很多地方团体会为了反思自己的行为而聚会，跟其他的人分享，所以我觉得儒家也有这个分享的传统。

第三个是道路问题，我们当然会谈它，特别是谈国教这个问题，但是谈得不多。不是我不知道，而是我已经在其他地方发表了文章或写了书，这是第一。第二，这属于知识精英，不是我们研究的民间儒学。比如说康晓光，他们跟政府有密切的联系，虽说不是官方的，但是跟官方有密切的关系，就是这个意思。你说儒学跟民间没有什么关系，这个我不完全同意。我们可以看一些明显的例子，比如说王阳明之后的王艮。跟王艮在一起的人都是普通人、老百姓，不是士大夫，所以说是有这么一个民间儒学的传统的。再看 19 世纪末，实际上传统的精英和民间有密切的关系，这个有最新的研究，很有意思的研究。你会发现很多精英会参加各种各样跟儒家传统有关的民间活动，比如说扶乩、扶鸾这类活动。这种情况特别多，我们知道民间的儒教传统也不是限制士大夫的。我觉得要把目光放在它的丰富性上，关注不同的现象。

最后是民族主义的问题。民族主义确实很重要，这一点是很明显的。我们也经常有这个感觉，就是儒教的民间活动家，他们也反对基督教，也很希望国家利用他们来对抗基督教的发展，这是比较民族主义的事情。但儒家的现象还是比较多元、比较丰富的，有的人有比较明显的民族主义倾向，有的人却真的无所谓，他们更关心怎么学习、怎么修养等等。所以我觉得民族主义是问题的一部分，而不是整个问题。你说儒家复兴是官方的一种反应，这个我不同意，官方是之后才来的，开始的时候是草根。他们发明创造自己的文化价值，之后才是官方的，官方加入一些有意思的东西，进行了推动，这个是没问题的。你说的对，后来当然是的，但开始的时候不是。你看十年之前的情况就不是这样，10 年、15 年之前谁在搞这个儒学复兴呢？谢谢。

提问：教授您好，我比较好奇的是您作为一个外国人，是怎么看待中国的儒学复兴现象，您预计它以后的发展趋势会是怎么样的？官方越来越插手对民众的教化，您觉得有没有一种对社会的治愈性呢？您从一个外国人的角度来看，对中国这种走向复古的行为有什么样的观点？

毕游塞：谢谢。之后怎么发展是很难预料的。政府在加入，这是很明显的。我是希望儒家能保留自己民间的独立性，政府可以介入，但是我担心一个东西，就是极端的民族主义，这是一个可能的方向。儒家的传统我很赞同，有很多特别有价值的东西在里面。但是如果传统变成一个工具，就会变得糟糕。打个比方，现在印度这个执政党叫 BJP（印度人民党），BJP 是一个以印度传统为主的党，他们排斥伊斯兰教的人，勉强他们吃肉或者不吃什么肉。他们在这个方面很厉害，把宗教当作民族主义的一个工具。我就是希望中国儒家这么珍贵的东西，可以变成一种资源，一种大家来分享的资源，而不是一个工具，一个政治工具。儒学是个关于生命的学问，当然这是个人的看法。如果我们客观地看，这个方向是存在的。但是也有其他的方面。我觉得民间有一个力量，这个非政府的、非精英的东西会继续下去。宗教组织也一样，我觉得现在很多台湾的宗教组织在大陆越来越强，他们推动所有华人共有的一些价值观，你可以说是儒家，但也不一定是儒家。比如说佛教组织，他们推广儒家的价值，但不是以儒家的名义来推广。这种类似的价值观我觉得是会继续发展下去的。

提问：我有一个问题，传统上我们不把儒家当作一种典型宗教来对待，但是如同您所说，最近十年儒家主要是通过一些组织来发展的，包括集会之类的活动，这是否意味着现在的儒家正在向一种典型宗教在发展？

毕游塞：一个典型的宗教，有的是通过组织来发展的，佛教的组织是这样。但是同时，如果你看于丹现象，这么多人都在看电视，看《论语》或其他传统经典，这个跟组织没有什么关系。未来可能会有儒家组织，但是儒家文化不必要，也不需要什么组织。儒家学说是可以通过媒介等手段普及的，所以它不一定要跟宗教团体一样，尽管宗教团体也可以帮助推广儒家的东西。

提问：您刚才放马英九的照片，您说第一次看到这个照片的时候还以为是假的。我想说一下我们这一代人怎么看儒家这种祭天的活动。很多人都认为这是一种倒退，因为我们从小都受到这种教育，比如说鲁迅就说孔教是吃人的礼教。因为儒学并不像科学那样，可以对社会进行直接的推动。但是儒家可以作为一种宗教来规范世俗，中国自古以来是一个没有宗教的国度，儒家正好是这么一套规范世俗的理论。我们现在有兴趣复兴儒家，我对这个是比较感兴趣的，我想问一下老师，您作为一个西方人，怎么看待儒学发展的前景，它能不能作为一种好的价值来影响现代人的生活？

毕游塞：我的目标不是有自己的立场，或是自己的看法。我研究民间儒学，是要理解它，描述它，而不是参加它，这是一个研究的对象而已。我只能说我个人觉得儒学复兴是很有价值的。研究了这么多年，我觉得儒家经典这个资源是有复兴价值的。儒家经典当中，孔子或其他人所说的话对一个西方人的生活也是有价值的。但是同样的，我也很害怕民族主义，害怕工具化。

提问：教授您好，在法国和欧洲其他地方有一些孔子学院。最近习近平主席出访英国，说到孔子学院在欧洲是最多的，他也特别强调了这一点。那么在您看来，在比如说欧洲的这些国家，现在的精英阶层和民间都是怎么看待类似孔子学院这样的机构的？从政治与儒家的互动这个角度来说，您觉得应该有一个什么样的边界，什么样的互动方式才是好的？

毕游塞：说到孔子学院，我们大学也有一个孔子学院，他们组织的活动很多，蛮有意思的。它对中国文化有贡献，也吸引了很多学生，但跟孔子基本上是没有什么关系的，跟儒家也没有什么关系，里面主要是学中文啊，包饺子啊，就是这样的事情。在西方，一些大学特别反对孔子学院，为什么反对孔子学院，因为他们害怕孔子学院，担心它变成中国政府的一个工具，会影响学术自由，这是孔子学院的基本问题。最起码在我们大学，这个问题是没有的，如果这个问题发生的话，我们也会马上把孔子学院管好。我们和孔子学院的合作关系是很顺利的，他们的活动也很好，我没有什么意见。这是我自己的个人经验，其他人在不一样的地方也可能有不一样的经验，我不会大胆地做一个普遍的判断。

提问：刚才您讲到有人是把牟宗三的书当作善书来读，把哲学的东西当作宗教来对待，能不能具体讲讲您是怎么看待这种现象的？

毕游塞：我不知道你以前是否看过善书，善书看起来是比较容易明白、容易理解的，就是讲良心啊，讲怎么虚心啊，就是帮助大家做好人。读牟宗三的东西呢，为了理解它的意义，先要比较好地读康德，比如他的《纯粹理性批判》，还有海德格尔、佛教等等。换句话说，读懂牟宗三是很困难的，如果没有一个很好的知识背景，读起来会很辛苦。我看到一些高中毕业的人把牟宗三的作品全部读完，我很惊讶。牟宗三的作品我都读了，我花了很多很多的时间去读，而且我本来是有哲学背景的，他们高中毕业怎么读，我觉得是难以理解的。看善书是没问题的，把这个当善书来读我觉得是了不起的现象，这给我以启发，让我去思考哲学与宗教之间的连续性。民间成功地把牟宗三这么复杂的哲学家当成一个神明的资源，这是我希望向他们学习的、很有意思的现象。

提问:我想请教教授一个比较现实的问题。我注意到习近平主席到英国访问的时候,他用的是英国传统的礼仪,包括很多的细节,贵族的仪式。联想到我们中国以前也有礼教,也有礼仪的传统,但是现在好像处于一种混乱的状态。我不知道最新的儒家对于我们社会有没有这样构建一套基本的价值体系,包括人与人之间怎么相处,大家都遵循的一种规则,有没有这种可能性?

毕游塞:这要看具体的情况。人际关系怎么相处,这是最基本的。学怎么做人,不是表面地用民族传统来随意附会。我觉得儒教也好,佛教也好,基督教也好,都有自己的精神资源来帮助人做更好的人,提升人际关系。或者说儒家的问题也不是表面的问题,这个人际关系是深刻的,是自我转化、自我学习、自我修养的一个过程。

提问:我想问一个问题,就是您的信息来源渠道是什么?比如说很大型的官方活动会有报道,但是小型的活动就不会,我看一些私塾的活动您也提到了,您是怎么来收集这个信息的?

毕游塞:我们参加田野调查,我们不是凭资源来分析,是去各种地方做田野调查,这本书我不是凭什么报纸、文章来写的,是凭田野调查来写的。中国现在很了不起的地方,互联网、微信等等,从中可以搜集到很多有用的活动信息。利用这些做这个田野调查不难,可以找到各种各样的个案,在网上有那么多的资源,可以发现完全新的做研究的方式,这是特别有意思的事情。

(该演讲由南京大学历史学院博士生徐天娜、刘洪君整理)

初始条件与政治转型模式——兼论中国民主建设的前景

唐亮（日本早稻田大学）

主持人语：今天我们非常荣幸邀请到了早稻田大学政治经济学部的教授，著名的中国政治问题专家唐亮老师来给我们做报告。先给大家简单地做个介绍，唐老师 1979 年考入北京大学国际政治系，然后一直在那攻读硕士和博士，1987 年前往日本庆应大学攻读博士学位。然后在日本的大学任教，目前在早稻田大学政治经济学部担任教授。早大的政治经济学部是日本政治学研究、国际关系研究的重镇。唐老师在日本学术界应该说是研究中国政治的领军人物，所以今天我们非常荣幸请到了他，也非常期待他给我们做的这场报告。下面有请唐老师。

老师们，同学们，下午好！我今天非常感谢南京大学政府管理学院对我的邀请，感谢闾老师。我也很高兴看到在日本的战友，多年未见的孙江老师。南京大学是我们习总书记在去年"五四"讲话中提到的中国最好的五所大学之一，排在第四。我宣传一下早稻田大学的政治经济学部，如果对日本感兴趣的话——我这个人从来没有当过官，早稻田大学我也代表不了，但是我相信早稻田的校长和院长都会认可我的话——欢迎南大的优秀学生报考早稻田大学。

我今天讲的题目是初始条件与政治转型模式，我讲完之后，相信大家一定会对中国民主政治建设的前景抱有一种比较谨慎乐观的态度。为什么我会讲这个题目呢？最近好像我们谈自由比较多，谈民主比较少，但我想我们胡总书记、习总书记都认可民主、自由、人权、公平、正义，不用普世价值这个词，但它们确有普遍的价值，是人类社会历史不可逆转的潮流。所以，我想对国外民主化理论、转型理论进行回顾，然后再去看看中国民主化发展的进程、发展的前途。对西方的民主化理论我想大概地概括一下，就是两个阶段的理论，一个叫 transition，就是转型的理论，这个阶段就是非民主化体制的解体，然后引入民主化的体制，transition 就是指由非民主化的体制到民主化的体制。还有一个时期就是民主化完成了以后，怎么去巩固民主，这个阶段用了 conservation 这个词。

在此我想先批判性地介绍一下西方转型理论里这两个阶段注重了什么，有哪些问题。在政治转型期比较重要的一项是，民主化运动起来了，民主化运动是一种政治博弈，把政治势力分成两大块，一个是体制内的一派，一个是体制外的一派，体制内分成保守派和改革派，体制外分成激进派和温和派。为什么要这样划分呢？如果说保守派和激进派掌握主导权，那么事情就比较难办。为什么难办？因为妥协的余地比较小：保守派要镇压，它要强硬；激进派，就是说民主化进程中的激进派，它很激进，要不顾一切地打破旧体制。但是如果改革派掌握了政府的主导权，如果体制外的温和派掌握了体制外的主导权，他们之间也是有斗争的，但是相对来说，妥协的余地就比较大。能不能平稳地转型，取决于政治博弈，取决于各种政治力量的分布。如果是平稳地转型，可能是体制外的温和派和体制内的改革派掌握了主导权，不然就可能演变成一场你死我活的斗争，就可能会产生比较大的政治动荡。历史也证明了这可能是非常有道理的。

但是民主成功了，也并不意味着民主体制能够继续生存下去。那么亚洲第一个民主国家是哪个国家？到南京后，我听说中华民国是亚洲第一个民主共和国，中华民国的《临时约法》是按照美国的宪法制定出来的，很多方面例如分权制衡等，也是表现得相当激进的，但是不说外国人，就连我们自己对这是个民主国家的感觉也比较少。那么现在的问题就是，民主很可能不能继续存活下去，还存在着民主政治巩固的问题。那怎么巩固民主政治呢？西方的民主化理论，也就是我今天要批判的，比较注重制度设计，注重国际上的援助。制度设计就是比如，总统制好还是议会内阁制好；是多党制好，就是党越多越好，还是通过选举把党合并起来好，尽量不要弄得太多，小党林立以后妥协起来就会比较麻烦。所以方方面面就是强调制度设计以及国际上的援助。好像国内现在比较流行"治理"也就是 governance 这个词，good governance 也就是良治、善治，西方国家说"民主"这个词有内政干涉之嫌，good governance 听起来比较中立。但在美国以及其他西方国家说这个词，其实是民主政治的一个替代概念。它里面的内容包括参与、法治，其实是把西方的政治制度叫作 good governance，西方语境下的 good governance 与我们现在所强调的 good governance，在我看来还是有一定距离的。西方的意思是：你搞 good governance，我就支援你，我给你一定的经济援助。世界银行做了一个 good governance 的指标体系，它就说，你搞好了，你得分高，我就多给你点支援，得分低，我就少给你点支援。实际上这是西方国家用 good governance 或者自由主义经济，所谓华盛顿共识，作为向第三世界国家输出西方式市场经济和西方式民主的一种手段。

这个我就不展开讲了，实际上我想强调的是，现在西方国家比较流行的、比较民主化的研究或者转型理论，它把民主化的过程分成这样两个阶段，讨论这两个阶段的时候它注重了这样一些问题。那么，今天对这些理论，我主要是要在继承的理论上进行批判。当今西方转型理论的问题，我觉得，主要是民主制万能论。民主，作为一种价值观，一种理论，是一种好东西。说民主是一种好东西，国内是俞可平讲的，那是我北大的师兄，读博士的时候他比我高一年级。民主是个好东西，讲了以后，俞可平不光在国内，在国外也很出名。西方人说民主是个好东西，已经不知道讲了多少遍。西方人说民主作为一种理念，是好东西，同时作为一种手段，也是好东西。就是说你建立了民主制之后，你就可以更好地推进经济改革，用我们比较熟悉的语言来说，就是你可以激发人民的积极性，你这个国家就可以发展好了。所以，在民主万能论即民主作为理念、价值、手段、体制都是一种好东西的观念下，西方人，这三四十年的西方人，美国人，西欧人说：民主是个好东西，越早越快越好。

但是呢，我今天在这个问题上想说：民主是个好东西，但是民主化的过程可能是要付出代价的。民主政治是个好东西，但是，你看看世界上民主政治的现实，你对它进行分类的话，可以分为品位比较高的民主政治和品位低的、差的民主政治，我不知道大家同不同意这个概念。就是可能，民主也是有品质的，有质量的区别。你说，柬埔寨的民主政治怎么样？还有现在不行了的埃及的民主政治又搞得怎么样？你说乌克兰，它也是革命了以后搞民主政治，你说它的民主政治怎么样？所以我要讲什么问题呢？在来之前，我又在读亨廷顿（Samuel Huntington，1927—2008）的《民主化的第三次浪潮》，当然，这是一本非常好的书，对我们搞政治学的人，这本书是经典。但是，亨廷顿在谈第三次浪潮的时候，他对民主化的界定用了"要求"这个词。你引入了竞争性选举，你就是民主了，你就成功了，他不谈民主成功了以后如何真正地保障人民的政治、经济、文化权益。所以我要强调什么呢？在民主化第三次浪潮起来以后，特别是冷战结束以后的西方学者，在谈民主的时候都是说越早越快越好，但是他们没有涉及民主化成本高了以后很可能有人吃不消这个问题，也没有谈民主化品质不高以后可能会造成很大的后果。其次，我们做中国研究的人，或者说对中国经济的未来、民主政治的未来比较关心的话，怎么去看中国三十年来的政治发展？肯定是有这么一个问题。

所以，我们带着这个问题，再去看西方转型理论或者民主化理论的时候，我感觉到，一个非常大的缺点就是它这个视野比较窄。为什么说它视野比较窄？就是跟我刚刚说的两个阶段的理论有关系，它把民主分为一个是 transition，一个是 conservation。这个 transition 是一个非常短暂的过程，民主化运动起来了，把权威化体制解体了，然后引入了西方式多党竞争选举制，这是民主化成功的一个标志。如果从这个角度看中国式的渐进改革，肯定不在它转型理论研究之内了。因为你没有搞民主制，没有搞竞争性的选举，最多村民委员会里面有一点竞争性选举的机制。所以你看西方研究中国的时候，它讨论中国的政治改革、政治发展的时候，它大多数是实证研究，中国方方面面的变化、实证研究，它都有了。但是它没有把中国放在民主化第三次浪潮里去对中国的民主发展进行定位，中国根本没有进入它的视野里，因为你不符合它的标准。所以，我说它的视野比较窄，它的研究对象比较窄。

实际上，继续批判的话，西方学者里比较普遍的倾向就是民主化中国例外论。这是一种修正主义理论，比方说，我们学政治的，有一个李普塞特假设，它说经济发展促进民主化进程，为什么经济发展能够推动民主化呢？它有一种力量，即中产阶级，经济越发展，白领越多，这种受过良好教育、信息比较多、参与意识比较强的中产阶级越来越扩大。他们会要求民主，而且因为他们参与能力比较强，比较理性，所以有利于民主化的发展。李普塞特（Seymour Martin Lipset，1922—2006）写这篇论文的时候是 1959 年，已经四五十年过去了，所以西方学者有点奇怪，看不透中国，他们对中国的政治发展进行实证研究的时候，好几本流行的书，比如 *Middle Class Without Democracy*，说这是"没有民主的中产阶级"。哥伦比亚大学有一个很有名的研究中国问题的专家，他说这是权威主义的弹性，他讲改革开放以后，中国在制度化建设方面取得了许多进展，以前中国领导人毛主席逝世的时候，中国人民如朝鲜人民一样哭，哭什么？毛主席走了以后，我们怎么办。但是这三十年很好地解决了领导人的交接问题，我们的法制也得到了进展。他怎么解释这个问题呢？他用了弹性这个词，你这个权威主义不崩溃，它有弹性。他不是说你政治制度建设有进步，当然也有提及，但是他的结论不是说我们民主建设有了一些进展，他说你权威主义有了更大的弹性，他这样解释。还有一位 Lily Tsai，写了一本书，十年前比较有名，叫 *Accountability Without Democracy*，所谓"accountability"，就是政府要对老百姓进行回应，要向老百姓解释我怎么决策、为什么这么决策。她说中国的治理能力是有的，但是没有民主。在此我就不一一列举，去年我在出版的一本书里对西方转型理论和中国研究进行了一些评述，如果大家感兴趣的话可以看一看。

在西方转型理论框架下看中国的时候，它没有把中国放在一种比较研究的对象里面，没有把中国看作民主国家。我再多说一句，西方有一个人，也谈不上学者，他是记者出身，写了一本很有名的书，书名我一下子忘掉了。国内不是有很多星巴克嘛，星巴克是中产阶级的象征，喝喝咖啡是比较高档的东西，但是他说你不要说中国人和我们一样，和我们美国人、西方人一样喝咖啡，他们喝的咖啡是一样的，但是他们脑子里的意识是不一样的，他们是没有民主意识的。所以西方学者的民主化中国例外论，大意就是中国跟世界发展不一样，它比较特殊。它的经济再怎么发展，中产阶级再怎么强大，也走不上民主这条道路。

今天，我主要是批判西方的这些说法，但是好像我们国内也有中国特殊论这样一种情结存在。你不是说我们不民主吗，我们搞的是中国特色的民主，往往用特殊的文化论和国情论去代替共同价值，这种倾向其实也是有的。但是怎么去评价中国政治改革和政治发展的成果？中国是特殊吗，是例外吗？现在政治改革没有突破，是不是意味着将来永远是如此？所以我的研究，也是我今天讲座的主题，是在继承西方转型理论的基础上，怎么用中国的经验去修正和丰富这个转型理论。怎么去修正？主要是在这个转型理论里引入我刚才提到的两个概念，一个就是转型的成本，你成本是高还是低；然后呢，你民主成功了以后，品质怎么样？你是稳定的还是不稳定的,你是高效能的还是低效能的,你是高品位的还是低品位的。

俞可平是我的师兄,他是 85 级的博士生,我是 86 级的,师兄的坏话是不能讲的,民主肯定是个好东西,但是重复一句话意思不大。我在这里补充一下,民主是个好东西有两个前提,转型成本低的、转型比较平稳的、转型以后品味高的民主才是好东西。引入成本和品质这两个概念,我等会儿会提出一些指标,怎么去衡量成本,怎么去衡量民主的承受程度和品质。在这里,我就是想说,转型的条件,民主化成功的条件,不等同于低成本、高品质的民主的条件。

那么,最后作为一个结论,我想说,西方转型理论讲的两个阶段不够,还要再加一个阶段,就是你想要低成本、高品质、平稳的转型,是不是还要有民主化的基本建设这样一个阶段。当然,民主化的基本建设,用什么词,用什么概念,我们还可以继续讨论。如果你用这样一个眼光再去看中国的话,我们对中国的民主化前景是不是可以抱有一种谨慎但是比较乐观的态度。

在我讲转型的成本和民主的品质以前,我想先给大家看一些图表。据说,在 20 世纪 70 年代以后,民主化国家的数量越来越多,后来还有个阿拉伯之春,等我们讲成本的时候,我们会提到这个问题。以多党选举、竞争选举去定义的话,民主国家数量多的时候已经超过 120 个,190 多个国家里有 120 个,比例已经高达 60%,那么西方就会说:你中国不就是落后吗? 但是呢,不能光看数字。民主是在不断发展的,况且凭我们的生活感觉,大家公认的民主国家还是那么几个。

今天我想讲的首先就是政治转型的成本和主要指标。我们对民主化的转型模式进行分类的话,首先是以成本的高低进行分类。那么如何去衡量成本呢? 我认为主要有几个方面,虽然我没做过统计,但我想大家会比较同意我的观点。第一,在民主化过程中这个国家有没有分裂。民主化搞得不好有时候会导致国家的分裂,一个很典型的例子就是苏联。俄罗斯最近和美国、西方搞得那么僵,为什么? 因为乌克兰。以前关系好像就不太好,为什么? 苏联分裂成 15 个国家,独联体这 15 个国家在慢慢地往北大西洋公约组织靠,俄罗斯越来越没有安全感。就是因为这个才导致了俄罗斯吞并克里米亚。美国人说:苏联解体是件好事情,原来是一块石头,是强大的竞争对手。但是站在俄罗斯人的立场上看,解体是好事还是坏事? 如果说俄罗斯人觉得解体是一个问题的话,那么它一定是一种成本。除了俄罗斯,在第三次浪潮里还有谁? 南斯拉夫怎么样? 后来又打得头破血流。亚洲还有印度尼西亚也走出去一个东帝汶。在此我就不多讲,我想大家对这些也很熟悉。

第二个是民主化过程中流血事件与冲突的暴力程度。因为民主化是一个大的革命,它不光是有人失去权力,有人获得权力,它涉及体制等方方面面的利益,那么各种势力就要展开博弈。这个过程里有没有发生暴力? 例如叙利亚,你要推翻阿萨德,阿拉伯之春你要进行革命,死了多少人,这就是血流成河的暴力冲突。在这个基础上,我们可以说,没有死人、暴力程度比较轻的民主化是成本比较低的。那么,暴力冲突越激烈,涉及面越广,留下的痕迹越多,民主化的成本就越高。今天你死我活,留下的印记不是今天就能消除的,可能十年二十年依然还留存在那个地方。

第三个指标是比较大的方面,即新政权的稳定程度和凝聚力。民主革命以后,新生政权是不是稳定,有没有凝聚力,也是很重要的。因为往往新生的民主政权不稳定,没有凝聚力,就会影响社会秩序,影响经济的发展。邓小平经常说中国不能乱。为什么?乱了以后怎么搞经济?比如俄罗斯,现在石油价格上去了,经济比较稳定了,但是看看 20 世纪 90 年代,民主化了以后,叶利钦经常换政府,他搞不好,这一派跟那一派,没有凝聚力。可能我们年轻的同学不知道,叶利钦和议会有冲突的时候,把坦克开进议会,用武力把反对派抓起来。抓一两人相对来说比较简单,但是议会的反对派代表着很大一股势力,这就是政府的稳定程度和凝聚力问题。当年俄罗斯社会秩序紊乱,经济是负增长。所以大家觉得这五大块指标怎么样?可不可以从这三个指标对民主化第三次浪潮的各个国家进行分类?分类了以后可以看它的成本高还是低,数学比较好的同学可以根据数据建立一个模型。

如果大家同意我刚才讲的这五个方面可以衡量民主化成本的高低的话,那我们是不是可以将民主化分成四种情况。苏联和南斯拉夫是不是可以作为一种反面情况,是成本相对较高的国家。埃及也是这样,阿拉伯之春里死了很多人。它的经济靠旅游,但是国家一乱,旅游也就不行了。俄罗斯我简单提一下,政变了以后,国家地位下降很多,政局混乱,所谓的内战、车臣问题最近还算比较好,但是十年以前在莫斯科经常有黑寡妇占领莫斯科的剧院,引爆炸弹,还曾占领小学,把学生作为人质。虽然在民主化进程以前,苏联民主问题也没有解决好,但它把局势控制住了。民主化进程没搞好,局势没控制住,民主问题就以另一种方式爆发出来,对俄罗斯人、对车臣人都是很大的成本。那么俄罗斯经济不景气就不讲了。好像现在流行讲金砖四国。我这个人比较懒,一般喜欢待在绍兴老家,早稻田大学除了上课我也不去,一般学术会议我也不参加,但是六七年以前参加了一个中国、印度、俄罗斯三个国家的比较研究项目,我是政治组的负责人,不能不去。我就去了一趟印度,去了一趟俄罗斯,我的感觉好像俄罗斯没什么太大的出息,政府官员天天把发展经济挂在嘴边,但是因为它的财富是石油,石油是地下冒出来的,大家在石油跟前睡大觉,所以我觉得这个国家没什么生气。

这些就不再细说了,我想说的是,俄罗斯民主化以后,它的经济是负增长的,我们中国经济增长百分之八九,俄罗斯这十几年是经济每年负增长百分之八九。俄罗斯经济恢复到 1992 年水平的时候,是 2003 年,主要是靠石油,石油价格上升后,俄罗斯 GDP 和卢布的比价上去了,物价飞涨。俄罗斯人的平均寿命不长，一下子缩短了四五岁。这不是我编出来的，是我看数据看出来的，车臣战争也好，暴力事件也好，死的都是年轻人，平均寿命一下子就低了。我们把俄罗斯称为"硬着陆"、成本比较高的样本。

相对来讲，没有一个国家不为民主化付出代价，任何国家都会付出代价。民主化第三次浪潮里付出代价比较低的欧洲国家比如葡萄牙、西班牙、希腊，亚洲比如韩国、中国的台湾地区，南非和拉美马马虎虎。为什么我说它们代价比较低呢？一是因为它们民主化以后，经济继续发展，人民生活水平继续提高。我有数据，20世纪80年代末转型完成的时候，韩国和台湾的人均GDP是3000多美元，4000不到，现在韩国已经超过20000，除了金融危机会有负增长以外，其他时候都保持在5%左右，社会秩序是基本稳定的，重要的是在转型以后，自由和权利都得到了重大的改善。尽管政局不稳定，台湾地区的国民党和民进党打得不可开交，韩国前总统因为腐败问题被逮起来，这也是跟政治权力斗争有一定关系。但是我想说政局的不稳定和政治体制的不稳定还是有一定区别的，政治效率可能不如转型前，但问大家要不要回去，大家很可能说不。因为，虽然他们也付出了代价，但是跟前面那种硬着陆——飞机落地时机体受损伤、乘客死伤——比起来的话，它的着陆更平稳。大部分国家是介于这两种之间的，比如印度尼西亚，这种可以称之为中间模式。

最糟糕的是最后这一种，成本付出了，但民主没有成功，例如叙利亚、利比亚等，这样的例子也不少。考虑民主化过程的时候一定要把成本问题考虑进去。我想在座的各位一定对中国的未来很关心，如果问你们，中国转型像俄罗斯一样，你们愿意吗？我不知道你们怎么想，在日本的时候，有学生硬着头皮说愿意，民主比成本更重要。

假设民主付出了代价，高也好，低也好，得到了成功，那么下面的问题就是新的民主体制的成熟度。我用成熟度这个词，包括三个方面：稳定性、效能、品质。第一个是民主制度的稳定性问题，有些国家表面上搞了民主制、选举制，但是半死不活毫无生气地拖着。有些则是倒退的，例如俄罗斯，为了民主付出了那么大的代价，但是起码普京时期和叶利钦时期相比，人民的政治自由和权利受到了相当大的限制，一些独立媒体的老板反对普京，普京要么就把他抓起来要么就让他跑到国外去，新闻自由是倒退的。民主制度不稳定就会部分倒退甚至崩溃，你搞个政变把政府推翻了，民主制就崩溃了。所以民主制稳不稳定是个问题。

第二，民主制是不是有治理能力即效能的问题。亨廷顿在《民主化第三次浪潮》第一章里谈民主是什么的时候，他就不谈这个问题，不谈效能，他觉得民主和效能没有关系，他对民主标准的定义比较低，他觉得只要你搞选举了就是民主，他不管你效能高不高，说白了他就是这个意思。当然也可以这么区分，我搞了选举之后政治是政治，经济是经济，社会是社会，但是有一条，我们要一个政治体制,除了投票权利以外,我们可能对政府和这个体制还有许多的期待,就是你这个政府、这个体制能不能满足老百姓的要求、人民的期待,这就是一个很重要的问题,这就涉及民主体制的治理能力问题。台湾也好,韩国也好,大家都觉得以前的效能更高一点,但是经济继续发展,社会秩序也是基本稳定的,这算是比较好的。再看看非洲、亚洲许多所谓搞竞争选举的其他国家,泰国是一个什么样的情况?红衫军、黄衫军。我再给大家看个图片,肯尼亚是美国总统奥巴马父亲的故乡。奥巴马2008年第一次当选总统时,去过非洲,但他根本就不去肯尼亚,为什么?因为那一天正好因为大选发生了骚乱。《人民日报》也经常说:选举是人民投票行使主人公权利的神圣一刻。刚刚西方转型理论里的定义,竞争选举是民主的标志,可是却有许多国家,在选举前大家打起来了,这种国家在西方比较少,但是到了贫穷落后的国家,它从选举权就开始搞起来了,比如伊朗,虽然它在中东算是像模像样、还可以的国家。从这个意义上,民主有一个效能、有一个治理能力的问题,民主能不能解决你这个国家的各种现实问题,跟它的成熟程度是有关联的。

最后,就是民主政治的品质问题。选举大多数人占全了,少数人怎么办?所以,政治学里面对民主的品质进行划分的时候,有两个概念,一个叫选举民主,一个叫自由民主。美国、日本、西欧那些国家叫自由民主,这些国家当然也不是民主好得不得了,也存在一些问题。民主是一个不断发展的进程。但相对来讲,执政党和非执政党也比较容易妥协,执政党也会考虑反对派的意见。所谓言论、出版、结社的自由和权利相对来讲得到一种比较好的保证;而选举民主是选举我搞了,但其他的我不管了,就只有一种游戏规则。我想我们是不是可以通过这三个方面对于民主政治的成熟度进行区分。

其实,民主化第三次浪潮以后,民主品质比较高的、稳定程度比较高的、政府比较有效能的国家和地区也是比较少的,甚至可以说特别少。四五十个国家里,民主政治比较成熟的国家不是那么多,而且往往是那些软着陆比较成功的国家。

下面就有一个问题,为什么转型的成本和民主政治的品位如此不同?怎么去解释?那么,我想西方政治理论在研究民主化问题时可以概括分为两种不同的角度。一种是着眼于民主化运动的战略,就是强调主观能动性,战略、策略这方面。比方说转型的政治力学、抗议运动的战略和战术,比如说颜色革命里大家穿一样的颜色,比如说有一些行为艺术的东西在里面,怎么去动员民众,怎么去进行援助,成功了以后怎么进行制度设计。从这个方面搞研究可以称之为"战略研究",强调主观能动性,强调怎么制定战略。还有一个从我个人角度来讲比战略更为根本的研究角度,就是研究民主的环境和条件,因为你不可能脱离环境和条件去讲战略。在西方转型理论里有许许多多好的、但在这二三十年里被西方学者忘记的东西。比方说经济和社会发展水平，这肯定是有关系的，以及政治文化和政治意识，制度对民主的影响，或者托克维尔（Toc-queville，1805—1859）讲的自愿团体和智者经验对民主政治的影响，有的研究政治反对派的经验和组织程度对民主化的影响，这实际上就是民主化运动发生的时候，环境条件承受到什么程度，对以后转型的过程和民主制的安定有什么影响。

但是，他们谈民主化环境和条件的时候，可能没有特别提到成本意识和民主的品质，但我想他们肯定是有这个意识的。我想强调的，或者说我们考虑中国民主化转型模式的时候，现阶段比较重要的是民主化的环境和条件。所以我更愿意强调第二部分，民主化的初始条件，民主化运动的契机，民主化成功的条件不同于低成本、高品质民主政治的条件。因为从某种意义上来讲，民主化的契机更容易在贫穷的国家产生，这个很简单，越穷，为了生存的斗争越激烈，社会条件越复杂，政府的治理能力比较差。所以，危机产生的时候，经济的危机往往会演变成社会的危机、政治的危机，这时候，在一个国际化的社会、信息化的时代里，很可能外部的力量介入以后，民主化能够得到成功。阿拉伯之春里的茉莉花革命，一个卖茶叶的青年被警察拷打以后引发的危机，很短的时间里就演变成一场民主的革命。其实，包括埃及、叙利亚等国家跟年轻人失业率高、贫富差距大、社会矛盾尖锐等是有关系的。国家越穷，事情越多，政府尽管独裁，人民一起来，这种不满很容易聚集在民主化体制下，认为我们的国家之所以这么落后，我们之所以这么贫穷，就是因为这种独裁体制，只要实行民主就能改变国家的命运。所以从这个意义上说，民主化的契机更容易在贫穷国家产生，但是民主化发生了，可能推翻旧体制，但过程是不是平稳，成功以后政治是不是能走向成熟，这个条件和要求就很高了。

可以这样说，起码在中等发达国家水平以上的国家，民主化的成本低，民主政治走向成熟的可能性比较大。有没有贫穷的国家成本低而品位高的？也许有，也许没有。现在老是把印度和中国比，西方人看好印度，因为印度是民主体制。印度是在非常穷的基础上搞的民主制，在20世纪七八十年代有一两年宪法被终止了，但是在独立以后基本上维持了一种自由竞争的选举制。怎么看这个问题？还有没有其他例子？（听众：新加坡是不是？）新加坡在西方人眼里不是民主国家，它是一个权威主义国家，西方人把新加坡作为富有了但没有实现民主的例外。印度是比较贫穷但又比较民主的例外。那么怎么看这个问题呢？第一，它独立之前是由英国控制的，成本是由外来政权比较强硬的力量控制的。第二，印度的民主的质量可能也是有问题的。所以，从这个角度上、从以往的经验来看，高品位的民主确实需要很高的条件。没有这些条件，民主搞了以后也是半死不活。

亨廷顿的理论里经济发展和民主是有关系的，他采用了当年世界银行的指标，收入越高，民主的可能性越大，例外就是新加坡和那些石油国家。其他国家是辛辛苦苦付出劳动才能富起来，石油国家是不用付出劳动，靠石油就能冒出财富，所以它是个例外。收入水平越高，民主政治越稳定，品质越高。普沃斯基（Adam Przeworski）说："民主化的成功和 GDP 没有关系。但是当人均 GDP 达到 6055 美元，民主政治就是稳定的。"这样的研究还有很多，在此我就不多讲。的的确确，放眼全世界，富的国家比较民主，穷的国家即使搞了民主，民主也不会太好。那么为什么会这样呢？这里我想强调一点，往往我们对人均 GDP 也就是经济发展与民主之间的关系不进行探讨，但可能 GDP 不单纯只是 GDP，它还包含了很多信息。比如，一个国家教育程度很低，它的经济能发展到什么程度？或者说一个国家制度建设、法治水平很低，这个国家能发展吗？当然我也不是说不能发展，只是可能它不能发展到很高的水平。实际上，GDP 这个指标除了那些石油国家、资源国家之外，一定是跟一个国家国民的素质、法治和制度化建设、政府的治理能力有密切的联系的。如果从这个角度来看，那么以 GDP 来衡量经济发展与民主之间的关系，已经不仅仅是经济指标的问题，还有它后面的那些东西的问题。所以，西方国家研究民主化和各方面条件关系的时候，每个人的切入点不一样，但这个切入点和其他指标是有关系的。我们以李普塞特为例，他说经济发展推动中产阶级成长，从而促进民主化的要求，条件和民主化之间的关系，他阐述得就比较好。如果经济不发展，这个国家可能大多数都是下层的人民，因为家庭背景、教育环境、生存环境比较恶劣，越是下层人民，政治上就越不宽容，越容易激进，暴力倾向越严重，在这样的国家实行民主就比较困难。因为民主的本质之一是相互之间的妥协和包容，你可以说你的，我可以说我的，我们之间相互理解，包容，这样民主才能搞得好。如果说中产阶级成为社会的主流，他们比较理性而且社会的差距比较小，社会的同质性比较高的话，大家就比较说得来。用白话来讲，大家都差不多，想法也比较接近，妥协起来也比较容易。

所以，在这里我想用另外一个说法，我把贫穷国家搞民主说成是一种被动的民主，把那些已经发展到一定程度的国家的民主化运动说成是一种自觉的民主化运动，我不知道大家同不同意我的观点。其实，贫穷的国家搞民主，我不是说动机不纯，动机也是纯的，但它很可能因为活不下去了，认为我失业了，我贫困是因为你搞专制、你搞特权（而追求民主）。所以它把民主化作为解决社会问题、解决国家命运的一种手段，它是消极的。我通过民主化改变社会、国家和个人的命运，那这时候想的不是我的政治权利、言论自由，而是把民主化运动作为一种手段。我想再强调一下，韩国和台湾地区搞民主化运动，其实还是处于中高速发展的时候，它们搞了民主化运动，我的经济是改善的，我要的是我的经济和自由。经济越发展，中产阶级在社会里占的比重越高的时候，民主作为一种自觉性要求的可能性越高。实际上，为什么民主化的转型模式、成本和品质有如此大的不同？是不是跟条件和环境有很大的关系？为什么有关系？有时间看看西方政治学的经典，我们一定能从中得到很多启发。

最后，再回到俄罗斯和中国。上面谈到民主化有各种各样的条件，但是简化一下，就是经济发展水平和民主之间的关系。那么，经济发展水平越高，其他条件越好，民主化的成本可能会相对低一点；民主化成功以后，它的品质可能会更高一些。这是从一般的角度来讲，但每个国家有每个国家特殊的地方。我想，从我们中国的角度来看，一定要参考或者说一定要吸取经验的就是苏联和俄罗斯，因为同样是社会主义国家，同样是人口几亿的多民族国家，有很多共同性。其实，俄罗斯的经济条件在民主化第三次浪潮里不算低，算比较好的，为什么搞成现在这个样子呢？这是不是一个要认真考虑的问题？其他国家正常情况应该是经济发展了，人民比较富裕了，人也比较心平气和，参与意识比较强，政府的治理能力和制度化水平也比较高，转型也比较容易。那么，苏联，当时世界两个超级大国之一，怎么还搞成这个样子？

　　那么我想，第一，可能是跟社会主义国家的政治经济体制、民主结构等也有很大的关系。这个体制我们从转型角度分析是不是党政不分、政企不分，就是说党领导政府，政府直接领导国有企业。现在，中国的民营经济已经得到很大发展，为什么强调这个？等会儿我们的成就也可以从转型的角度分析。但是苏联没有搞私有经济就转型了。第二，政治体制是高度集权的体制，这种层层集权主要在四个层面，国家和社会集中在国家手里，强国家弱社会，党和国家集中在党的领导，党和中央集中在中央，中央是最高领导人，具有绝对的权威。这种体制有一个特点就是严格的命令系统和动员能力，就是集中力量办大事，但是行政、经济和社会的自主性、治理能力比较低。为什么这么说呢？在日本，总理不知道换了多少，从我1987年去到现在已经换了二十几个了，早稻田大学政治经济学部就出了三个，早稻田大学出了七八个。但是它的社会经济依然比较稳定，为什么？经济和社会行政相对独立于政治，所以政党政治乱了以后，在法律体系下我按照我的方式来运作，也不是说毫无影响，而是影响相对比较小。

　　那么，看完体制的特点以后，我们再看社会主义国家转型的特点。西方学者有一个二重转型、三重转型的概念，我先说二重转型，韩国、台湾地区转型的时候，就是一个政治转型，把政治体制进行改造，引入多党竞争的选举制度，这个就叫政治转型，它不涉及经济转型。但是三四十年以前的中国，三十年以前的俄罗斯，都面临着二重转型的问题，一个是经济转型，一个是政治转型，政治上要进行民主化建设，同时经济上又要把高度集权的计划经济变成市场经济，一种转型已经很难，两种转型就更难了。这时候就面临着选择，中国和俄罗斯在这儿就有了区别。是同时搞还是分开搞？分开搞是先市场经济还是先政治转型？是快搞还是慢搞？肯定是有这些问题在里头。答案已经很简单，俄罗斯是民主先行，中国是经济先行。中国也有政治改革，但到现在为止，中国的政治改革主要是为了配合经济转型，配合经济社会发展，这个是比较明确的，就是说，中国主要搞的是经济发展、经济转型。

俄罗斯呢，其实一开始跟中国差不多，走得稍微激进一点，但是戈尔巴乔夫经济上搞不好的时候，他就急了，他就搞政治改革推动经济转型，先搞民主化。所以他搞了两三年以后，也不是马上放开，他走得比较激进，在最高人民代表大会的选举中他就部分引入了自由竞争的选举。这样一来，政治反对派的空间越来越大，党内戈尔巴乔夫要面对保守党的反对，党外又要面对民主势力的挑战，他失去了政治主导权。社会主义国家不单单是政治转型，还有经济体制转型的问题，这时候就面临着策略选择的问题。俄罗斯是一个教训，它转型付出很大成本，但转型以后民主政治又不是很出色，为什么会这样？这可能和它先政治后经济、搞激进的改革有关系。政治丧失了主导权以后，各种势力你争我夺，没有一个核心力量把国家和社会凝聚起来。顺便提一下，苏联的改革据说还不是二重转型，而是三重转型。苏联解体以后变为 15 个国家，从国家体制来说，因为是多民族国家，国家的领土、疆域又发生了一种转型，这样就变成了三重转型。一个人能同时做三件事情吗？反正我是没这种水平，一段时间里做好一件事是最简单的，而苏联三件都非常难的事情要同时去做。刚才我们讲转型的条件的时候，有一般的条件和特殊的条件，中国这种社会主义大国是不是要对苏联的经验进行总结？

讲完了这些事例以后，我们是不是要对现有的转型理论进行修正？转型的两个阶段是不是要变为三个阶段？既然初始条件或者民主化运动发生时的大环境，政治经济文化条件，对转型的成本，对转型以后民主政治能不能走向成熟，有重大或者决定性意义，那么是不是要加一个民主化基本建设阶段，软着陆条件的形成阶段。有这个阶段来进行经济发展、社会发展。说到社会发展有时候我在想，十几年来有很多事，也出了很多问题，但是你看，社保体系基本建立。社保体系跟平稳转型有没有关系？我想，很可能以后是会有关系的。老百姓过得安逸，心平气和，肯定就不会喜欢暴力。

所以转型的第三个阶段就是民主化的基本建设阶段，这个阶段的重要性不体现在马上转型，而是为民主化的低成本、民主化的成熟创造良好的环境和条件。从这个意义上，我更愿意把中国的现代化发展分成三个阶段，我个人感觉，邓小平和江泽民时代是经济发展最优先的时代，胡总书记到现在习总书记的时期可能是经济发展和社会建设并重的时代，这两个阶段，可能和我刚才讲的民主化的基本建设阶段是重叠的，这时也搞政治发展，人民的权利和自由也逐步得到提高，但根本是解决经济发展、社会发展的问题，解决经济体制转型的问题。如果这两个阶段能够完成得比较好，那么我想以后中国的民主转型也会相对来说比较容易。

尽管西方学者说中国经济发展了，不可能民主，那是一个特殊的国家，尽管说我们的民主建设我们自己也感觉到有很多问题，但是我们引入转型成本和民主政治走向成熟这两个概念以后，我想，中国这三十年里在民主的基本建设方面还是取得了很大的成就。即使对照现在西方学者忘却但以前也曾经强调过的经济发展和人民生活水平,治理能力,教育,公民意识,NGO,等等,你说满意,肯定还不满意,但是说到进步,肯定还是有的。但是中国有没有到了能够成熟、平稳转型的阶段?个人觉得,恐怕也不见得。我这里讲了个结构性的矛盾和冲突,三大、四大裂痕(阶层、地区、城乡、民族)也许可能在慢慢得到愈合,但依然是存在着的。然后,在我们刚刚讲的社会主义国家一些固有制度方面的问题,我们肯定是比三十年前做的好得多。我是浙江人,这里是江苏,我们是民营企业发展得比较好的地方,也是工业社会发展得比较好的地方,但是外来的农民工和内陆地区巨大的经济落差是不是对我们的日常生活也在产生影响?能不能把中国的经济进一步发展,提供公共服务体系,培养人民自治自理能力,是不是和中国日后的民主进程有密切的联系?我就讲到这里,谢谢大家!

提问互动

主持人语:非常感谢唐老师精彩的报告!接下来我们进入互动讨论环节,大家有什么问题可以向唐老师请教。首先,我先来一个小小的提问,您讲到转型的三个阶段,那么当时我就想到国民党在大陆时期提的军政、训政、宪政这三个阶段。其实它们不一定直接相关,但是有一定联系。请问,中国近代以来的思想对我们以后的政治发展会起到一个怎样的作用?

唐亮:因为时间比较紧,大家先提问题,最后一起集中回答。

提问:中国经济水平不断提高,我们党不断强调三个自信,而且随着我们国家实力的不断加强,我们对中国特色社会主义民主道路越来越有自信,而且国家特别强调抵制议会民主,抵制多党制,坚决不走西方民主化的道路。那么将来会不会走中国特色社会主义道路,走民主化的第三条道路?

提问:在这里我想就研究民主的条件和研究的方法向您请教一下。民主的成本和民主成熟的条件可以引入作为研究民主化的一个维度和重要参考,但是在研究的过程中是不是还可以引入风险的概念,就是包括各种条件不具备或者各种不可控因素导致威权的回流?还有一个问题,民主在向世界扩散的过程中之所以面临衰朽的风险,会不会是因为它遇到了其他的一些因素,比如国家建构的问题。福山在研究民主的时候,也把国家建构这个因素纳入进去,您怎么看待民主这样一个普遍的价值遇到民族国家后,两者间的张力关系?

提问:唐老师你好。我的问题是民主化第三次浪潮以后的这些国家,他们一次走完西方国家长达数百年的过程,这种情况下它们应该失败是常态,成功是例外。西方国家选举权的放开是一个漫长的过程,这就保证了民主不至于失控,而现在人权等思想已经深入人心,不可能再通过对人权进行分类而限制选举权。那么西方式的选举式民主还适合民主化第三次浪潮里的国家吗？

唐亮：谢谢各位老师同学给我提了这么多尖锐的，对研究民主、研究中国政治发展非常重要的问题。姚老师提的军政、训政、宪政这种想法对现在有没有作用。中国人还是很聪明的，有很多人既了解世界形势，又对自己的国情有整体的把握，军政、训政、宪政这种思想在八九十年前就已经形成了。然而问题是思想有了，但是你有没有贯彻这种好的战略思想的能力？政治这个东西，有了思想，有了战略，没有实施这种战略政策的能力，就是个空话。洋务运动以后，中国不缺乏改革的思想，特别是在1949年或者1978年以前，有的时候是思想比较差，有的时候是有了好的思想，但国家四分五裂，没有人听你的，你怎么去按照你的好战略去实施呢？可能今天的中国跟孙中山时期的中国有一个很大的不同，今天的中国在邓小平以后不仅有好的战略思想，而且有实施这种战略思想的能力，所以我们才能走到今天。所以在有了发展方向以后，还要有一定的控制能力。这就是孙中山时期的中国和改革开放以后的中国不同的地方。思想有共通的地方，可以把以前的思想用通俗易懂的方式渗透到我们国家社会里面去，还有就是我们现在的政权有这个能力。

但是，发展方向是不是永远可以控制的呢？也不一定。我不知道大家危机感怎么样，我感觉到，现在中国还是有小小的危机。什么样的危机呢？前几年透支经济发展，产能过剩，房地产泡沫，金融泡沫，对中国的竞争力造成严重的影响。假如说，如果你不能很好地控制的话，经济上出现大问题，最受苦的是谁？最穷的人，中国社会的弱势群体，他们会没有饭吃。其实，民主化运动永远是少数人的运动，但是，在发生重大的社会经济危机的时候，社会上的部门、经济上的部门在民主化旗帜下会形成一种巨大的能量。当然，很多偶然因素会影响历史的进程，孙中山也好，邓小平也好，现在的习主席，他可以对现在的中国甚至以后的五年十年有一个规划。有些控制不了的因素进来了以后，进程可能会有一些微妙的改变，但是，这不妨碍我们通过总结世界各国包括我国的经验去讨论如何比较平稳地过渡，我们搞高质量的民主应该怎么走。这种思想可能会在危机时被人们忘记，但是如果这个思想还是被大家记住的话，这个国家的发展会更平稳，效率会更高。所以从这个角度来讲，历史的进程被偶然的因素影响了，但这不妨碍我们对历史的进程有一个很好的规划。

下面一个问题是，是不是条件具备了才能搞民主呢？我想肯定不是的。在这三十几年，我们没有重大的突破，当年，我在北大国际政治系读书时看张国焘的回忆录，要拿着图书证坐在那里看，那是内部发行的。台湾的报纸我们到20世纪80年代以后才能看。今天我讲的话大家可能觉得有点保守，但是80年代我讲这个话已经是很激进的了。从这个意义上来讲，我刚才讲的根本转型的两个前提，软着陆、高品质民主需要那么一些条件，条件具备一点，你放开一点；老百姓实践民主，我们积极地参与，我觉得这两个东西并不矛盾，是可以并进的，实际上我们也是这样做的。量变引起质变，我们现在处于量扩大的过程里。

我们现在强调三个自信，中国越发展，有没有可能走出一个特殊的道路来呢？我个人是这样理解的，我们党还是伟大光荣正确的，也是非常灵活的，政治这个东西，有的是做而不说，有的是说而不做，你们觉得有没有？如果说有的话，这个事情就比较好理解了，因为这五六年、七八年中国兴旺发展的同时也存在着许许多多的矛盾，有些还是非常尖锐的，特别是群体性事件，互联网，公民社会，对共产党的执政能力是一个重大的挑战。但是我理解的是，控制局面的需要，大的潮流是民主、自由、人权、平等、正义，我们习主席在联合国讲话刚讲过，这是普世的价值。但是大的潮流里有一些小的调整，不光是中国，还有许多国家在大的潮流里、在短时间内会有小的调整。

最后就是有关国家的建构的问题。我知道福山，福山有一本书《历史的终结》，但他在日本国内不太被引用，尽管他是日籍美国人，他畅销书写得多，在日本他被翻译的书只有一本，就是《历史的终结》。但是，国家的建构不光是他讲，很多人都在讲这个问题，我建议大家读读发展政治学的理论。民主体制三分法，民主主义体制，极权主义体制，权威主义体制，其实这个权威体制包含了太多，中国是权威主义体制，非洲许多国家也是权威主义体制，但是它们不一样。所以从这个意义上来讲，你从社会的结构、政治的结构对权威主义进行分类，要将把国家带向繁荣富强的权威主义体制，和半死不活的光是独裁但没有进步的权威主义体制区分开来。这也是我的课题，最好大家来共同研究。

一个是中国那么大，多党制有点难搞。有个日本朋友经常向我推销一个思想：你们不要多想了，跟我们日本学吧。我们自民党长期执政，但是党内有很多派别，执政党是不换的，但政府内的派别是经常换的，这个模式多好。这个是有点难的，因为它这个一党多派是建立在多党制的基础之上。但是我想，今天的中国是我们三十年前无法想象的，西方人也无法想象。说句实在话，现在美国、日本很后悔，它们没看到会有今天的中国，它们现在的政治主导权、国际主导权遭到挑战，就想当年我们对你多好，早知道你现在这么强，我就不帮你了。中国是大，是困难，我们努力了，就像南大，我们习总书记讲的，向世界一流高校努力了，这个事情急了也没有用，但是可以解决的。

最后一个问题就是西方两三百年的历史里，它的民主制也是不断遭到挫折。李光耀说过，西方国家搞资产阶级革命以后，民主制没有崩溃过的国家，只有两个，英国和美国。其他国家，法国大革命搞得轰轰烈烈，但还是经常帝制复辟。其实一两百年以前，西方民主制的质量还没有这么高，自由民主比较稳定要到第二次世界大战以后。还有一个很重要的条件，西方国家民主制之所以能变成自由民主，也是因为完成了工业化进程，大部分人变得小康了。现在的中国，现在的发展中国家，不可能按照两百年以前的标准去搞民主了，所以民主的标准提高了，即使按照西方的观念去做，我们中国也要创造条件争取软着陆。为什么？原来标准比较低、水平比较低的时候，你可以搞少数有产阶级的民主。那我们现在要搞所有人的民主的时候，不可能还是少部分富人，大部分穷人，少部分有教育有修养，多数人没有受过教育。所以从西方角度来讲，他们搞得比较早，在产业革命以前就搞了资产阶级民主。我们要搞多数人的民主，而且是比较好的民主的话，还是要做好民主化的初始条件。

（该演讲由南京大学历史学院硕士生葛银丽整理）

图书在版编目(CIP)数据

学衡名家讲演录.第一卷 / 孙江,李里峰编.—南
京：南京大学出版社，2017.5
ISBN 978-7-305-18423-9

Ⅰ.①学… Ⅱ.①孙…②李… Ⅲ.①社会科学-文
集②史学-文集③政治学-文集 Ⅳ.①C53

中国版本图书馆 CIP 数据核字(2017)第 078617 号

出版发行 南京大学出版社
社　　址 南京市汉口路 22 号　　　　　邮　编　210093
出 版 人 金鑫荣

书　　名 **学衡名家讲演录(第一卷)**
编　　者 孙　江　李里峰
责任编辑 官欣欣
照　　排 南京紫藤制版印务中心
印　　刷 南通印刷总厂有限公司
开　　本 787×1092　1/16　印张 16　字数 302 千
版　　次 2017 年 5 月第 1 版　2017 年 5 月第 1 次印刷
ISBN 978-7-305-18423-9
定　　价 48.00 元

网址：http://www.njupco.com
官方微博：http://weibo.com/njupco
微信服务号：njuyuexue
销售咨询热线：(025)83594756

＊ 版权所有,侵权必究
＊ 凡购买南大版图书,如有印装质量问题,请与所购
　图书销售部门联系调换